Ilse M. Zielasko • Vertraue dem Nichtwissen

Vertraue dem Nichtwissen

Ilse M. Zielasko

CIP-Titelaufnahme der Deutschen Bibliothek

Zielasko, Ilse M.:
Vertraue dem Nichtwissen / Zielasko, Ilse M.
I. Hilbinger Verlag, 1999
ISBN 3-927110-18-3

ISBN 3-927110-18-3

Konzeption und Gestaltung: Agentur für Informationsgestaltung
Immo A. Hilbinger, Heidenrod, Umschlag: Malte Raik von Freek
Umschlag: Titelgemälde *Transformation*
Umschlag und Inhalt: Gemälde, Ilse M. Zielasko
Fotos: Gemäldeaufnahmen Christian Bullinger, München
Druck: Saarbrücker Druckhaus, Untertürkheimer Str. 15, 66103 Saarbrücken
Printed in Germany

Für
Manuel, Kati, Daniel
und alle, die das Licht suchen.

Danksagung

Für die liebevolle Zuwendung und Unterstützung bei der Entstehung dieses Buches geht mein besonderer Dank an

Dr. Paul Schwarz
Hannelore Wolf
Birgit Knittel
Colette und Sylvie Mollard
Renate Nietzold
Christian Bullinger
und nicht zuletzt an Immo A. Hilbinger, meinen hochgeschätzten Verleger.

Auch an meine namentlich nicht genannten Schüler, die ich auf ihrem WEG bis heute begleitete und aus deren persönlichen Lebensgeschichten, Krisen und Entwicklungen ich lernen durfte, sei an dieser Stelle ein Herzensdank ausgesprochen.

Inhaltsverzeichnis

Der Schlüssel-Traum	9
Kindheit und Jugendjahre	11
Initiation	40
Suche	46
Selvarajan Yesudian und Elisabeth Haich	55
Ceylon, erste Begegnung mit Asien	64
Mexico – Ende einer Ehe	81
Trennung und Neubeginn	95
BKS Iyengar, Indien	106
Karlfried Graf Dürckheim und sieben bewegte Jahre	122
Eine schwere Entscheidung	167
M.P. Pandit – Aurobindo Ashram	179
Beruf als Berufung	217
Begegnung mit Heilern und paranormalem Heilen	245
Wiederbegegnung nach dreißig Jahren	262
Ablösung von meinem Meister	274
Jun Agpaoa Cruz, Wiederbegegnung und Abschied	277
Dr. Janine Fontaine	290
Gedanken zum Tod des Vaters	302
Eine schicksalhafte Diagnose	308
Wandlungen	316
Bibliographie	336

Der Schlüssel-Traum

Somnia a Deo missa
(Träume sind von Gott gesandt)

„Ich öffne eine Tür, mache Licht und steige viele Stufen hinunter in einen unterirdischen großen Raum. Dieser ist leer, Braun- und Grautöne dominieren. Ich durchschreite diesen gewölbeähnlichen Raum und stehe auf einmal vor vielen Menschen, von denen ich durch eine Glaswand getrennt bin. Es sind farblose, alterslose Gestalten, die mich mit weit geöffneten, großen Augen erwartungsvoll anschauen. Während dieser Wahrnehmung wird mir von rechts auf einem Tablett ein Schlüssel gereicht. Ich weiß, daß ich damit die Tür, vor der ich an der linken Seite der Trennwand stehe, öffnen muß. Sie geht nach innen auf... Sogleich kommen die Gestalten, eine nach der anderen, an mir vorbei und gehen den gleichen Weg hinauf, den ich zuvor heruntergekommen war..."

Ich wache auf und habe das seltsame, aber sichere Gefühl, daß meine Traum-Begegnung mit diesen Menschen, die ich aus ihrer Abgeschlossenheit befreit, „hereingelassen" habe, in direktem Zusammenhang mit meiner eigenen Lebensgeschichte zu sehen ist. Die Stufen meiner Entwicklung wurden durch Begegnungen geprägt, die mir auf sehr unterschiedliche Art und Weise geholfen haben, Wege zu finden und zu gehen, um meine innere Sehnsucht nach Ganzheit zu stillen, die ich von Kindheit an in mir spürte. Meine eigene Lebenserfahrung ließ mich früh den Zusammenhang zwischen Krise und Wandlung erkennen. Wenn ich es heute wage, „Licht zu machen in den Gewölben der

Tiefe“ von sechs Jahrzehnten gelebten Lebens, so tue ich dies, da mir im Traum der „Schlüssel als Offenbarungssymbol“ gereicht wurde, für mich ein Hinweis auf eine fällige Veränderung einer Situation der Verschlossenheit und Abgrenzung in Richtung Integration und Ganzheit.

Über den eigenen Lebensweg zu schreiben ist aus meiner Sicht ein schmerzhafter Prozeß, ein Wagnis! Gleichzeitig eine Möglichkeit, sich im Rückblick darüber Klarheit zu verschaffen, wie ich zu dem Menschen geworden bin, der heute mutig genug ist, diesen Schritt in die Tiefe der retrospektiven Selbstbegegnung zu wagen...

Kindheit und Jugendjahre

Man wird nicht hell dadurch, daß man sich Helles vorstellt, sondern dadurch, daß man Dunkles bewußt macht. Letzteres aber ist unangenehm und daher nicht populär.

C. G. Jung

Die Erinnerungen an meine frühe Kindheit sind in hohem Maße von Zeitgeist und Zeitgeschehen während des Zweiten Weltkrieges geprägt, dem entsprach auch meine familiäre Situation.

Wir wissen heute, daß in den ersten fünf Lebensjahren, diesem kurzen Lebensabschnitt, die Grundlagen für die zukünftige Struktur der Persönlichkeit gelegt werden. Dabei ist die erste Bindung, nämlich an die Mutter, entscheidend für alle weiteren Beziehungen, die wir im Leben eingehen. Auch der Vater und Geschwister sind von entscheidender Bedeutung für ein Fundament, auf dem die persönliche Psyche aufbaut. Nach diesen Erkenntnissen waren die Rahmenbedingungen für meinen Start ins Leben nicht gerade günstig, als ich Ende Juli 1939 durch eine komplizierte Zangengeburt als erstes Kind meiner Eltern auf die Welt kam. Die Kriegsvorbereitungen waren bereits in vollem Gange, der Einmarsch deutscher Truppen in Polen stand bevor. Dies bedeutete, daß mein Vater zum Militär eingezogen wurde und ich seine familiäre Anwesenheit erst im Schulalter erfahren habe.

Meine Eltern lebten damals in Speyer am Rhein, meinem Geburtsort. Mein Vater war Kaufmann und Spediteur im elterlichen Unternehmen, dessen Gründung schon zwei Generationen zurücklag. Meine Mutter war seit ihrer Verheiratung Hausfrau, worauf sie nach ihrem schulischen Abschluß in einer zweijährigen Ausbildung bei den „Englischen Fräulein“, Nonnen, vorbereitet worden war. Tanz und Musik waren für meine Mutter von großem Interesse und in beidem hatte sie eine langjährige Ausbildung. Hätte sie nicht geheiratet, wäre sie wahrscheinlich Pianistin geworden. Meine Mutter war eine dunkelhaarige Schönheit, mittelgroß und ihre tiefbraunen Augen hat sie mir vererbt.

Die elterliche Wohnung lag in der ersten Etage über den Geschäftsräumen und mein Zimmer, ein Eckzimmer, gab sowohl den Blick frei auf die Straße mit einer Lindenallee, als auch auf den Hof, wo der ganze Fuhrpark der Spedition stand. Der Duft blühender Linden erinnert mich noch heute an Kindheitstage. Ein ambivalentes Erleben war für mich der tägliche Vorbeimarsch deutscher Soldaten. Im Gleichschritt ihrer schwarzen Stiefel, die mir ein angstvolles Gefühl einjagten, und mit Marschmusik und Gesang, der mich wiederum faszinierte. Ich rannte jedesmal, wenn ich akustisch ihr Kommen wahrnahm, hinauf in mein Zimmer, öffnete das Fenster und fühlte mich dort sicher genug, das vorbeimarschierende, laut tönende Schauspiel zu genießen. Von oben erinnerten mich die vielen Stahlhelme immer an Pilzköpfe, das fand ich lustig.

Meine Mutter und Großmutter, die meine engsten Bezugspersonen in diesen Kriegsjahren waren, erzählten, daß ich ein „pflegeleichtes Kind“ war unter einer Voraussetzung: ich wollte alles zuerst erklärt haben, dann gab es kein Problem. Mit zwei Jahren telefonierte ich bereits mit großer Begeisterung, meine sprachlichen Fähigkeiten waren früh entwickelt und auch meine Tischmanieren wurden in diesem Alter als Besonderheit bewundert, wenn meine Mutter sonntags mit mir ins Restaurant ging. Ich bekam ein dickes Kissen auf einen normalen Stuhl, was mir zu Erwachsenengröße verhalf, und dann aß ich mit Messer und Gabel, hielt ein Glas oder eine Tasse perfekt mit einer Hand, wußte sehr wohl mit meiner Serviette umzugehen, sowohl während als auch nach dem Essen, und der Stolz meiner Mutter auf das Produkt ihrer Erziehung übertrug sich in angenehmer Weise auch auf mich. Ich liebte diese Restaurantbesuche sehr.

Weniger erfreuliche Erinnerungen sind die Bombennächte, in denen ich mich halb angezogen in mein Bett legen mußte, so daß ich in der Nacht bei Bombenalarm schnell genug angezogen war, um in Eile an der Hand meiner Mutter den nächstgelegenen unterirdischen Luftschutzbunker aufzusuchen. Unser Haus stand in der Nähe des Bahnhofes und insbesondere eines Stellwerkes, das an unser Grundstück angrenzte; beides ausgesuchte Bombardierungsziele. Der Aufenthalt im Bunker war für mich ein Horrorszenario, anders kann ich es heute mit einem Erwachsenen-Vokabular nicht ausdrücken: viele Menschen ganz eng zusammen, hysterisch schreiend, weinend, sich aneinanderklammernd. Ich hielt mich an meiner Mutter fest und schaute dies alles mit weit aufgerissenen Augen, absolut stumm, an. Doch dann kam der Abend, an dem ich mich weigerte, mich wieder halb bekleidet ins Bett zu legen in Erwartung einer erneuten nächtlichen Flucht in den Bunker. Meine Mutter versuchte mir zu erklären, daß das unseren Tod bedeuten würde, wenn wir uns nicht in Sicherheit brächten. Meine Antwort war: „Dann sterbe ich lieber in meinem Bett, ich gehe nicht mehr mit“. Von da an verhielt ich mich wie eine steife Puppe und meine arme Mutter mußte mich auf dem Rücken schleppen, da ich keinen

Schritt mehr tat. Sie war eine grazile Person und es kostete sie sicher eine äußerste Kraftanstrengung, sich und mich in größter Angst in Sicherheit zu bringen. Aus dieser Zeit habe ich eine Klaustrophobie behalten, Enge und Menschenansammlungen bedrängen und beklemmen mich bis heute...

Ich wuchs als Einzelkind auf, mein Vater war im Krieg, kam manchmal „zu Besuch“ und brachte mir Spielsachen mit, die er in Frankreich erworben hatte. Doch die mochte ich alle nicht und zeigte dies auch ganz offen. Ich liebte meine Sammlung von Papierschnitzeln, Gold- und Silber-Stanniolpapier, Steine verschiedenster Art, bunte Glasscherben, Stoffreste, Streichholzschachteln, farbige Bänder, Schnüre und was noch alles... Damit konnte ich etwas basteln, anordnen, zusammenfügen, gestalten, meiner Phantasie freien Lauf lassen. Mein Spielschrank war vollgestopft mit all diesen „Kostbarkeiten“, die ich zusammengetragen hatte. Doch in regelmäßigen Abständen geschah das Drama, daß meine Mutter den ganzen Schrankinhalt, dieses unordentliche nutzlose Zeug, bei einer ihrer Reinigungsaktionen ohne mein Wissen wegwarf. Meine Traurigkeit, Hilflosigkeit und Verbitterung darüber sind noch heute für mich nachvollziehbar. Sie gab mir keine Erklärung für ihr Verhalten, die ich damals hätte verstehen und akzeptieren können, und so waren schon früh das Vertrauen und die Intimität zwischen ihr und mir gestört.

Doch es gab eine zweite wichtige Person in meinem Umfeld, meine Großmutter mütterlicherseits, die ich heiß und innig liebte. Mit ihr hatte ich von Anfang an nicht nur eine biologische, sondern eine Seelen-Verwandtschaft. Sie lebte damals in Bonn, kam jedoch zu allen Festtagen und auch zwischendurch zu Besuch.

Sie erzählte mir Geschichten und meine Kreativität erkennend, unterstützte sie mich bei den schönsten Bastelarbeiten. Von ihr lernte ich auch das Gärtnern, den Umgang mit Erde. Hinter dem Haus hatten wir einen großen Garten, in den Kriegsjahren in erster Linie als Nutzgarten dienend. Hier gab es Möhren, Radieschen, Kohlrabi, Salat, Tomaten, Gurken, Obstbäume, Beerensträucher jeder Art und die Beete waren von Walderdbeeren gesäumt, deren besonderes Aroma mich damals und auch heute noch entzückt. In der Mitte lag eine Rasenfläche für die Liegestühle, beschattet durch zwei herrliche Kirschbäume. Auch ein Blumenrondell gab es, wo meine Großmutter jahreszeitlich orientiert eine Duft- und Blütenpracht zauberte. Das alles imponierte mir so sehr, daß ich bat, auch einen kleinen Garten für mich haben zu dürfen. Ich hatte da auch schon einen ganz bestimmten Teil des Gartens im Sinn: vielleicht vier Quadratmeter groß und in der Mitte ein kleines weißes Fliederbäumchen, was mich mit seinem intensiven Duft jedes Jahr entzückte. Für Düfte, Farben, Klänge und die Qualität des Anfühlens eines Gegenstandes war ich von frühester Kindheit an besonders empfänglich, sensibel. Ich bekam meinen Wunsch erfüllt und machte mich an die Arbeit, meinen ersten Grundbesitz so zum Blühen zu bringen, wie meine Großmutter das konnte. Ich suchte mir die schönsten Blumen im Garten aus, brach von jeder Sorte eine, grub ein Loch in die Erde, steckte die Blume hinein und begoß sie mit großem Eifer, um sie schnell zum Wachsen zu bringen. Ich war überglücklich! Doch die totale Ernüchterung, besser gesagt Erschütterung, kam am nächsten Morgen, als ich gleich in der Frühe in den Garten eilte, um nach meinen Blumenkindern zu schauen; da lagen sie alle platt und angewelkt auf der Erde, sie waren tot, so empfand ich diesen Anblick. Ich setzte mich zu ihnen und weinte bitterlich. In diesem Zustand der Trauer und Hilflosigkeit fand mich meine Großmutter und sie erteilte mir eine Lektion, die ich bezüglich ihres Symbolcharakters auch heute noch für elementar halte: „Alles, was wachsen und gedeihen soll, muß zuerst Wurzeln schlagen in die Erde, dann kann es nach oben, dem Himmel entgegen wachsen, gedeihen, blühen und Früchte tragen..." Sie zeigte mir, wie dies ganz praktisch umzusetzen ist und so lernte ich in ganz frühen Jahren vorbildlich und hingebungsvoll zu pflanzen. Die Liebe zu Blumen, Garten und der Natur überhaupt gehört zu meinen großen Vorlieben, die mir im Laufe meines späteren Lebens immer ein Gefühl von Verbundenheit und Eingebundensein in das große Ganze der uns umgebenden Schöpfung vermitteln sollten, gerade dann, wenn ich mich isoliert und unverstanden fühlte.

Von Bedeutung für meine spätere Fähigkeit der Präkognition und des Hellsehens ist sicher meine Mondsüchtigkeit gewesen und deshalb erwähnenswert. Dies zeigte sich in der Form, daß ich nachts aufstand, irgend etwas tat, mich wieder ins Bett legte und am nächsten Tag nichts mehr davon wußte. Es gab, um ein Beispiel anzuführen, auf der Fensterbank meines Kinderzimmers eine Gießkanne mit Wasser und Eierschalen darin, besonders gut für die Pflanzen, wie meine Mutter sagte; diese trank ich eines Nachts vollkommen aus. Meine Mutter war oft fassungslos, vor allem, weil ich hartnäckig leugnete, so etwas getan zu haben. Ich wußte aber nichts davon!

Von frühester Kindheit an liebte ich es, mich körperlich in Geschicklichkeit und Ausdauer zu trainieren. Dazu dienten mir ein Damenfahrrad und ein Paar Stelzen, etwas später kamen die Rollschuhe und Schlittschuhe dazu. Auf dem Rad übte ich die tollste Akrobatik, ich schaffte es, mit den

Händen die Pedale zu bedienen und die Beine dabei senkrecht in der Luft zu halten. Auch einen „Flieger“ trainierte ich, auf einem Bein auf dem Sattel balancierend sauste ich durch die ganze Länge unseres Hofes, denn diese Kunststücke erforderten ein entsprechendes Anlauftempo. Leider mündete der Hof durch ein meist offen stehendes großes Hoftor auf die Straße und das Bremsen oder Abspringen gelang mir nicht immer zum rechten Zeitpunkt. So kam es immer wieder zu Verletzungen durch Stürze und die Erinnerung an den auf meine Nase gedrückten Ätherbausch, wenn eine Wunde genäht werden mußte, erfüllt mich noch heute mit Grausen.

Die Kriegszeit war in vielen Bereichen eine Zeit der Entbehrungen und dennoch habe ich besondere Erinnerungen an die Weihnachtszeit und das Fest als solches, die mir in ihrer Wärme und Emotionalität unvergeßlich geblieben sind. Mit Großmutter durfte ich Weihnachtsgebäck backen, kneten, ausstechen, bestreichen, bepinseln, es duftete dabei so himmlisch, daß ich das Christkind und seine hilfreichen Englein schon fast zu spüren glaubte. Wenn dann das Abendrot sich an den kalten Winterabenden zeigte – es waren damals Winter mit viel Eis und Schnee – dann erklärte mir Großmutter, daß die Weihnachtsvorbereitungen im Himmel auf vollen Touren liefen. Ach, war das alles so verheißungsvoll und romantisch! Ich fühlte mich in ihrer Gegenwart so geborgen und aufgehoben in einer Qualität, die ich in späteren Jahren nie mehr erreichte, aber als Sehnsucht noch immer in mir trage.

Als der Krieg zu Ende war, kam mein Vater, der nicht nur den Krieg sondern auch „Stalingrad“ überlebt hatte, wieder nach Hause, elend und krank. Er war ein fremder Mann für mich und zum Glück hatte ich Zeit, mich allmählich an seine Existenz zu gewöhnen, da er so gut wie immer unterwegs war, beschäftigt mit dem Wiederaufbau des in Trümmer liegenden Speditionsbetriebes in Landau. Sein Bruder war aus Rußland nicht heimgekehrt und so lastete alle Verpflichtung des Neuanfangs und Wiederaufbaus allein auf meinem Vater. Schließlich kam ich in die Schule, die ich vom ersten Tag an liebte. Dies hatte zum einen seinen Grund in der Person meines Lehrers und zum anderen hatte ich endlich Gesellschaft von Gleichaltrigen, die mir in den Kindheitstagen gefehlt hatte. Ich war immer wißbegierig und so sog ich förmlich alles auf, was mir an Wissen geboten wurde. Eine zwangsläufige Folge waren dann die Einserzeugnisse.

Ein einschneidendes Erlebnis, mein erstes bewußtes Trauma, war die Beschlagnahmung unserer Privatwohnung durch den französischen Stadtkommandanten bei Kriegsende. Binnen einer Stunde mußten wir nur mit den allerpersönlichsten Sachen unser Heim verlassen. Es war Frühling, und zu Weihnachten hatte ich mein erstes großes Bett bekommen, Teil eines weißen Schleiflackzimmers, worüber ich überglücklich war. Ich erlitt ohnmächtig, hilflos, verständnislos meinen ersten materiellen Verlust. Aus meiner heutigen Perspektive gesehen bin ich der Meinung, daß die Fähigkeit des Loslassens von Besitz und dem, was ich vor allem mein jeweiliges Zuhause nenne, auf der Prägung durch den damaligen Verlust beruht... Diese traumatische Erfahrung lehrte mich für alle Zeit, daß uns nichts für immer gehören kann, daß jeder Besitz nur temporär überlassen, geschenkt ist.

Meine Familie und ich fanden in einer Dreizimmer-Wohnung bei meiner Großmutter Unterkunft. Ich mußte mit ihr zusammen in einer Dachmansarde wieder in meinem alten Kinderbett schlafen. Ihr Schlafzimmer hatte sie meinen Eltern zur Verfügung gestellt, denn im März bekam die Familie Zuwachs, mein Bruder Michael wurde geboren. Es war zu dieser Zeit, im Frühjahr 1947 und unter diesen Umständen, daß ich mysteriöse Erstickungsanfälle bekam und zeitweise die Sprache verlor. Es handelte sich wohl um einen Pseudocroup, eine genaue Diagnose konnte nicht gestellt werden. Die Atmosphäre war für mich wohl irrespirabel geworden, so sehe ich es zumindest aus meiner heutigen Sicht. Dies ging einige Wochen, dann wurde ich zur Atemtherapie gebracht und allmählich verloren sich die Symptome. Die existentielle Angst zu ersticken kenne ich auch heute noch. Der Körper hat seine eigene Datenbank und alle Verletzungen und erlittenen Leiden können unter entsprechenden Umständen aktualisiert werden. Das Jahr 1947 war das entbehrungsreichste Nachkriegsjahr, wir, das heißt alle Menschen in der französisch besetzten Zone, litten unter Hunger und es gab kaum etwas zu essen. Das Maisbrot, das ich morgens in der Bäckerei schlangestehend abholte, hatte einen Geschmack, den man schlichtweg als ungenießbar bezeichnen mußte. Wäre nicht mein Vater gewesen, der immer wieder das Nötigste organisierte, wie und wo, das wissen die Götter, wir hätten nicht gewußt, wie wir diese Zeit überleben sollten.

Mein Wechsel aufs Gymnasium brachte mir eine aufbauende und willkommene Veränderung, neue Freundschaften wurden geknüpft, neue Fächer, neue Lehrer, und vor allem bekamen wir hier eine von den Amerikanern organisierte „Schulspeisung“. Einmal pro Woche gab es sogar eine kleine Tafel Schokolade, eine ganz besondere Köstlichkeit!

Doch kaum eingewöhnt in meine neue schulische Umgebung, verzogen wir nach Landau in der Pfalz. Ich war jetzt elf Jahre alt und die Pubertät machte sich bemerkbar, körperlich und geistig. Wieder ein Neuanfang! Zu diesem Zeitpunkt fing ich an, mich für Philosophie zu interessieren. Ich fühlte mich irgendwie entwurzelt und suchte eine Heimat im geistigen Bereich, meinem Alter oder sagen wir besser, meiner damaligen Reife entsprechend. Es mag dem Leser ungewöhnlich vorkommen, daß mich in diesem Alter der beginnenden Pubertät ausgerechnet Jean-Paul Sartre faszinierte. Ich stellte alles in Frage und die Lektüre von Sartres *Im Räderwerk* (*L'engrenage*) brachte mich schließlich zu der Überzeugung, daß es am besten sei, sich aus diesem Leben zu verabschieden. Es war meine Großmutter, die in letzter Minute einen Selbstmord verhinderte. Die Erfahrung, daß es nichts Definitives gibt und jede Weltanschauung relativiert werden muß und von daher natürlich auch keinen Anspruch auf absolute Gültigkeit haben kann, fehlte mir damals noch. Meine Großmutter mußte viel erklärende Überzeugungsarbeit leisten, bis ich wieder einigermaßen ins Lot kam. Meine Eltern haben von all dem nichts mitbekommen. Der Vorfall blieb ein Geheimnis zwischen meiner Großmutter und mir.

Mit Beginn der Pubertät nahmen die Schwierigkeiten mit meiner Mutter zu. Gleichzeitig wurde ich mir der Tatsache bewußt, daß die Beziehung zu meinem Vater auf einer „bedingten Liebe“ basierte, abhängig von meinem Wohlverhalten. Ich hatte mich nach ganz bestimmten Wertmaßstäben zu verhalten, die er für akzeptabel hielt. „Sein Wort war Gesetz“, das kannte ich bereits von meiner Mutter...! Im Alltag stellte sich das so dar: Meine Kleidung wurde bemängelt und ich bekam Vorschriften, wie ich mich als „ordentliches Mädchen“ anzuziehen hätte. Meiner Mutter paßte plötzlich meine Stimme, oft sagte sie auch mein

„Ton“, nicht mehr, meine Nase wurde ihr zu dick, meine Füße seien Plattfüße, der aufgesuchte Orthopäde konnte das beim besten Willen nicht bestätigen. Ich spürte auf einmal, daß meine Mutter meine Rivalin geworden war. Alles, was ihr an mir nicht paßte, und das war viel, wurde mit Hausarrest bestraft, oft von einer Woche Dauer. Die einzige Ausnahme, die es gab, daß ich trotzdem nach Erledigung meines Pflichtpensums, wie Schule, Hausaufgaben und eine Stunde Klavierüben, aus dem Haus durfte, war der Auftrag, Besorgungen für sie zu machen. Es war mir meinen Mitschülern gegenüber oft peinlich, daß ich Verabredungen und auch Einladungen absagen mußte, weil ich wieder einmal Hausarrest hatte. Manche luden mich daraufhin auch gar nicht mehr ein... Verstehen konnte ich dies, doch es tat weh!

Es mußte schon ein Anlaß sein wie ein Konzert mit dem Dirigenten Furtwängler, dem ich die Blumen im Namen der Stadt Landau überreichen durfte, daß der Hausarrest ausgesetzt wurde... Ich fühlte mich todunglücklich, unverstanden, und die mir ständig widerfahrenden Ungerechtigkeiten verletzten mich nicht nur zutiefst, sondern bauten in mir einen Widerstand auf, der sich in den folgenden Jahren als eine Form der Konfliktbewältigung zur Rebellion entwikkeln sollte. Die chronische Gereiztheit meiner Mutter, ihre negative Kritik, ständiger Tadel und vor allem die Kälte, die sie mir tagtäglich vermittelte, brachten mich in einen Zustand der Entzweiung meiner selbst und nicht nur das, ich fühlte mich in meiner inneren Sicherheit bedroht.

In diesem familiären Klima kam das erste Erlebnis des Verliebtseins. Ich erlebte jedes Verliebtsein mit großer emotionaler Beteiligung, himmelhochjauchzend, zu Tode betrübt. Ich entwickelte ein attraktives äußeres Erscheinungsbild, mit wohlproportionierten weiblichen Rundungen, langen schlanken Beinen und einem schwarzbraunen Pferdeschwanz. Dies wurde von den Jungen meines Alters nicht übersehen, wie ich sehr wohl bemerkte! Auch meinem Vater blieb diese Entwicklung nicht verborgen und er reagierte, für mich vollkommen unverständlich, eifersüchtig: Ein Telefonanruf, ein Händchenhalten, ein Besuch in der Eisdiele mit einem Jungen genügten schon, meinen Vater das Schlimmste kommen zu sehen; und das Schlimmste war wohl für ihn, daß ich eine sexuelle Beziehung eingehen könnte. Doch nichts lag mir ferner, ich hatte überhaupt noch keinen Gedanken, ja, noch nicht einmal eine Vorstellung von dem, was ihm solches Kopfzerbrechen machte. Es gab immer wieder Szenen, Tadel, Kritik und Verurteilung, so daß ich anfing, zu Hause nur noch das Nötigste von meinen Erlebnissen zu erzählen. Es gab keine Vertrauensbasis mehr, auf der ich das Verständnis hätte finden können, dessen ich so sehr bedurfte. Einsichten von heute, zu denen ich damals natürlich noch nicht in der Lage war.

Vielleicht ist es an dieser Stelle auch einmal angebracht zu sagen, daß ich bei der Schilderung meiner Kindheits- und Jugendproblematik mit meinen Eltern keine Schuldzuweisungen verbinde, sondern nur wiedergebe, wie ich sie altersgemäß und entwicklungsbedingt erlebt habe. Aus heutiger Sicht waren meine Eltern ganz sicher mit mir überfordert, da ich zum einen sicher nicht einfach war, und zum anderen ist diese Zeit vor dem Hintergrund der Kriegs- und Nachkriegsjahre zu sehen, in der meine Eltern natürlich auch mit sich selbst, ihrer Ehe und dem existentiellen Neubeginn voll beschäftigt waren.

In diese Zeit hinein fällt auch die Förderung meines Zeichen- und Maltalentes durch meine Lehrerin für Bildende Kunst. Ich bekam die Aufgabe, unter anderem in der Stadt verschiedene Motive mit Kohle zu zeichnen, im Landauer Zoo saß ich ganze Nachmittage und vertiefte mich in die charakteristischen Merkmale der verschiedenen Tiere, die ich skizzierte, übte mich in einigen Selbstportraits und suchte schließlich die Expression in Farbe. Ich bat meinen Vater, mir alle nötigen Utensilien für die Ölmalerei kaufen zu dürfen. Ich durfte, mein Vater unterstützte meine Talente immer sehr großzügig und zeigte auch Interesse an dem, was ich schuf. Der Umgang mit Leinwand und Farbe verhalf mir über so manche innere Unruhe hinweg, ich vergaß mich und die Welt, wenn ich an einem Bild arbeitete. Diese Selbstvergessenheit in konzentriertem Tun war mir von Kindheit an gegeben. Auch nicht unerwähnt möchte ich die Großzügigkeit meines Vater lassen, wenn es sich um Kosten für meine Erziehung oder Bildung handelte, ich hatte Trainerstunden im Tennis, von Kindheit an besuchte ich Gymnastik- und Ballettunterricht, im Winter hatte ich in Arosa, in der Schweiz, wenn wir Ferien machten, Ski- und Schlittschuhunterricht, und mein Klavierunterricht, der acht Jahre dauerte, fand bei einer bedeutenden Pianistin statt. All dies wußte ich schon damals zu schätzen, doch heute bin ich ausgesprochen dankbar, daß ich all die Möglichkeiten hatte, schon in jungen Jahren das kennenlernen zu dürfen, wovon viele Erwachsene oft ein Leben lang träumen.

Schulisch hatte ich nie Probleme, die eine Versetzung hätten gefährden können. Ich liebte Sprachen, Französisch, Latein und Englisch, auch Deutsch gehörte zu meinen starken Fächern. Die Mathematik wurde mir in der Oberstufe durch einen für mich unerträglichen Professor im wahrsten Sinn des Wortes vermiest. Sport und Bildende Kunst gehörten immer zu meinen „Note-1-Fächern“. Ich ging nach wie vor gerne in die Schule.

In den Ferien lernte ich verschiedene europäischen Länder kennen. Mitte der fünfziger Jahre reisten wir regelmäßig ins Ausland. Mein Vater liebte weite Reisen und Autofahrten konnten ihm nie zu lang oder zu weit sein. Mein jüngerer Bruder Michael und ich teilten auf diesen Reisen stets ein Hotelzimmer, und es sind in meiner Erinnerung viele lustige, angenehme Bilder und Erlebnisse haften geblieben, auf deren Schilderung ich hier jedoch nicht eingehen kann, da ich mich auf die Wiedergabe der Erlebnisse beschränken muß, die mich subjektiv zu den Wandlungen geführt haben, die mein individuelles Schicksal formten.

Ein Erlebnis besonderer Art war mein erster Ball, ein Schülerball, der gemeinsam von meinem Gymnasium und dem Altsprachlichen Gymnasium veranstaltet wurde. Ich war im sechzehnten Lebensjahr und besuchte zur gleichen Zeit die Tanzstunde. Ich war sehr aufgeregt, trug einen weit schwingenden schwarzen Taftrock und eine weiße Spitzenbluse, dazu schwarze Lackschuhe mit hohem Absatz. Schick, fand ich das damals. Es wurde von der Ballregie zu einem Preistanzen aufgefordert, ein Boogie-Woogie, „en vogue“ zu jener Zeit. Der eleganteste Herr des Abends, ich lebte in einer Kleinstadt und wußte, daß es sich um den Sohn des Chefarztes des Städtischen Krankenhauses handelte, bat mich um diesen Tanz. Er war älter als ich und machte gerade sein Abitur. Ich fühlte mich geschmeichelt. Wir tanzten so harmonisch, aufeinander abgestimmt und eingespielt, daß wir prompt den ersten Preis gewannen. Der Abend war eine Hochform der Gefühle, als wir schließlich auch den nächsten ersten Preis machten mit einem Wiener Walzer. Wir hatten uns beide spontan verliebt, und es begann eine wunderschöne Beziehung, die dann später jäh von meinem Vater gelöst wurde.

Meine Eltern, vor allem meine Mutter, fühlten sich durch meinen Umgang mit Claus, so hieß meine erste Liebe, geschmeichelt. Der Familienhintergrund stimmte und das zählte. Als Claus dann zum Medizinstudium nach Heidelberg ging und unsere Treffen der Planung bedurften, wurde dies durch alle möglichen Verbote und Verdächtigungen von seiten meiner Eltern erschwert. Es gab keinerlei Grund für all dies, und so empfand ich die mir widerfahrende Behandlung als ungerecht und unerträglich. Meine Eltern zeigten dadurch für mich eine unentschuldbare Schwäche, mit deren Bewältigung und Einordnung ich damals überfordert war.

In all diesen Schwierigkeiten, in denen meine leidenschaftliche, emotionale Welt steckte, fing ich an, Sinn und Zweck der Religion zu hinterfragen. Im Religionsunterricht gab es nur unbefriedigende Diskussionen zu diesem Thema, keine Antworten. Beten hatte ich von Kind auf gelernt: Gott tat Gutes, war eine Lichtgestalt, ein Helfer in der Not, der Schöpfer einer schönen Welt. Doch er hatte mich in eine Situation gebracht, in der ich nicht wußte, wie ich sie bewältigen sollte. Ich hatte niemanden, dem ich mich hätte rückhaltlos anvertrauen können. Ich mußte allein einen Ausweg aus dieser inneren Krise finden. In meinem Tagebuch gibt es in großen Buchstaben den Eintrag: „Ich muß Gott finden, wie und wo auch immer!" Ich war noch nicht sechzehn Jahre alt, als ich diese Worte niederschrieb als Ausdruck meiner Suche nach Sinnhaftigkeit und einem Erklärungsmodell...

Ich las sehr viel, meine Wissensbegierde war stets maßlos. Die Schriften von Rudolf Steiner fanden mein besonderes Interesse. Ich hatte einen Geographie-Professor, der Anthroposoph war und mir zu dieser Lektüre verhalf. In der Reinkarnationslehre, die ich sofort für mich als gültig übernehmen konnte, fand ich eine Erklärung für die seit meiner Kindheit immer wiederkehrenden Alpträume, in denen ich eines gewaltsamen, grauenvollen Todes starb. Diese Träume kamen ab diesem Zeitpunkt nicht wieder.

Die Moralvorstellungen der damaligen Zeit, dazu in einer Kleinstadt, kann sich ein junger Mensch von heute, wenn ich nur an meine eigenen Kinder denke, gar nicht mehr vorstellen. Verlogenheit und Scheinheiligkeit waren an der Tagesordnung, um die bürgerlichen Wertvorstellungen ja nicht anzutasten, geschweige denn in Frage zu stellen. Mein Seelenzustand war desolat. Hätte ich vielleicht von meinen Eltern etwas menschliche Wärme bekommen, hätte ich diese inneren Konflikte leichter bewältigen können. Doch Berührung, sich in den Arm nehmen, überhaupt Körperkontakt, war reduziert auf einen obligatorisch hingehauchten Gutenmorgen- oder Gutenachtkuß.

Es gibt aus jenen schwierigen Jahren der Pubertät auch etwas Positives in Verbindung mit meiner Mutter zu berichten, wofür ich ihr bis heute dankbar bin. Sie war eine exzellente Hausfrau, Gastgeberin und Köchin. Obgleich wir immer Personal hatten, mußte ich unter ihrer Anleitung so lange putzen, bügeln und kochen, bis meine Fertigkeiten ihrem Anspruch genügten. Dann war ich von diesen Hausarbeiten wieder befreit. Von dieser damals unfreiwilligen Schulung profitiere ich ein Leben lang. Auch was Benimmfragen angeht wurde ich für alle Lebenslagen geschult. „Benimm" nicht zu verstehen als bloße Etikette, sondern als Sicherheit im sozialen Umgang.

Eines Abends, ich war an der Vorbereitung für eine Lateinarbeit, betrat mein Vater mein Zimmer und über der Lächerlichkeit eines wunderschönen Kugelschreibers, den ich von meinem Freund bekommen hatte, entzündete sich eine Szene, die in Gewalt endete. Es war das erste und einzige Mal, daß mein Vater mich schlug. Dies löste in mir eine solche Panik aus, daß ich von zu Hause weglief, und nach tragischen Kettenreaktionen kam ich nur wieder nach Hause, um mein Elternhaus danach für immer, abgesehen von kurzen Wochenendaufenthalten, zu verlassen.

Ich studierte Sprachen auf einer privaten Fremdsprachenschule, Englisch und Französisch und machte durch Fleiß in der Hälfte der Zeit in beiden Sprachen meine Examina als Übersetzerin und Wirtschaftskorrespondentin. Eine offizielle Verlobung, die inzwischen mit meinem Freund Claus stattgefunden hatte, wurde ebenso offiziell wieder gelöst. Auf Wunsch meines Vaters ging ich als „Industrial Trainee“ für ein halbes Jahr nach Amerika. Ich sollte dort in Fort Wayne, Indiana, in den „World Headquarters“ der größten amerikanischen Spedition für Haushaltsgut, alle Abteilungen durchlaufen und so eine in Sachen Spedition umfassende Schulung erfahren, gleichzeitig meine Sprachkenntnisse fundieren und erweitern.

Das kam mir alles sehr entgegen; Distanz zu meinem Elternhaus war damals mein innigster Wunsch, und der Atlantik zwischen uns war gerade groß genug, dem zu entsprechen. So reiste ich von Bremerhaven aus mit der MS „Berlin“ am 19. April 1958 nach New York. Ich hatte den Kapitän dieses Schiffes zuvor durch Freunde in Bremerhaven kennengelernt und so hatte ich als Passagier der ersten Klasse die Ehre, die Tischdame des Kapitäns zu sein. Das waren alles neue Eindrücke, die meinem angeschlagenen Selbstwertgefühl ausgesprochen guttaten.

Als unser Schiff nach einer orkangeschüttelten Überfahrt in den frühen Morgenstunden ruhig in den Hafen von New York einlief, spürte ich den ersten Schauder beim Anblick der Freiheitsstatue, ein Geschenk Frankreichs aus dem Jahre 1886. Ich fühlte mich ganz persönlich angesprochen und betroffen, Freiheit! Als wir dann an der Skyline von Wall Street bis über das Empire State Building hinausfuhren, um dann etwa auf der Höhe des Rockefeller Centers vor Anker zu gehen, stand ich einfach sprachlos, erwartungsvoll an der Reling. Auch die vielen Ozeanriesen aus allen Teilen dieser Welt, die an den Docks lagen, erfüllten mich mit Staunen.

Angekommen, war mein Ziel das „Waldorf Astoria Hotel", wo es für mich eine Reservierung gab. Die Halle des „Waldorf" faszinierte mich damals unbeschreiblich und bei allen späteren Besuchen in dieser Stadt, in diesem Hotel, nahm ich mir die Zeit, in aller Ruhe einen Tee zu trinken, um diese besondere, prickelnde Atmosphäre zu genießen. In schwindelnder Höhe in meinem Zimmer, öffnete ich zuerst einmal die Fenster und mein Gehör wurde sogleich von einer ungeheuren Welle von Geräuschen überflutet. Das ist die Stimme von New York, dachte ich, eine Geräuschsymphonie, die in der Höhe anschwillt. Ich hatte zwei Tage Zeit, ehe ich nach Fort Wayne weiterfliegen mußte. Die nutzte ich natürlich, um mich zunächst mit einer üblichen Sightseeing-Tour etwas zu informieren, ehe ich dann allein die großen Geschäfte auf der Fifth Avenue zwischen der 36. und der 42. Straße entdeckte, darunter bis heute mein Lieblingskaufhaus „Macy". Ich habe mir damals vorgenommen, wenn ich einmal viel Geld hätte, würde ich hier einkaufen...! Das Leben erfüllte mir diesen Wunsch mehrfach. Auch ein Besuch im Metropolitan Museum, das eines der größten der Welt ist, gehörte zu meinem ersten Kennenlernen von New York. Alles war unerhört auf- und anregend. Den Abend verbrachte ich in Begleitung von New Yorker Freunden meines Bremerhavener Freundes. Wir gingen in die Radio City Music Hall, wo als Premiere *Die Katze auf dem heißen Blechdach* mit Liz Taylor aufgeführt wurde. Die Darbietungen vor dem eigentlichen Film, vor allem die fünfzig Revue-Girls, mit einer Präzisions-Show, die in Paris nicht überboten werden kann, sind mir unvergeßlich. Alles war hier „king-size", überdimensional, umwerfend!

Der Mittlere Westen, wozu der Staat Indiana zählt, war ein absolutes Kontrastprogramm zu New York, und hier sollte ich sechs Monate eine Schulung durchlaufen. Am Flughafen holte mich die Präsidentengattin der damals größten Speditionsfirma der Welt persönlich ab. Ich hatte sie und ihren Mann bei einer Tagung in Deutschland durch meinen Vater kennengelernt, bei dieser Begegnung war auch die Einladung nach Fort Wayne ausgesprochen worden. Am Abend gab es in ihrem Haus eine Dinner-Party, zu der ich eingeladen war. Ich kannte schöne, luxuriöse Häuser auch in Deutschand, doch was ich hier kennenlernte, überbot alles bisher Gesehene! Wir waren etwa fünfzehn Personen, Cocktail trinkend lernte man sich kennen und sprach sich mit Vornamen an. Das Dinner war gut, doch lange nicht so beeindruckend wie das Ambiente, amerikanisches Essen war für mich gewöhnungsbedürftig. Doch dann passierte nach dem Dessert etwas für mich eigenartiges: Die Ladies bekamen alle eine Cocktailschürze, schön, in Spitze, mit Gold und Silber-Lurex durchzogen, und dann wurde gemeinsam abgedeckt, die Küche gemacht, in einer halben Stunde waren Diningroom und Küche wieder blitzblank. Beeindruckend und seltsam für meine europäische Erziehung...! Dann sollten wir zu den Herren gehen, die inzwischen verschwunden waren. Es ging in den Keller, wo ich nicht schlecht staunte: Da waren ein Billard-room, eine Schießbahn, wo eifrig geballert wurde, ein Raum mit Slot-machines, „Klein Las Vegas“, eine Juke-box, aus der Elvis und Frankyboy abwechselnd tönte, eine Bar und ein Rauchsalon. So etwas kannte ich bis dahin nur aus dem Film. Im Laufe des äußerst unterhaltsamen Abends bekam ich von einem gutaussehenden Herrn aus dem Vorstand eines großen Elektro-Konzerns in Chicago eine Einladung an den Michigan See zum übernächsten Wochenende. Ich sollte nach Büroschluß von seinem Hubschrauber abgeholt werden. Ich akzeptierte und fühlte mich geschmeichelt, in solchen amerikanischen Luxuskreisen verkehren zu können. Doch es sollte dann ganz anders kommen...

Es war eine hübsche, kleine möblierte Wohnung für mich gefunden worden, mit dem Bus konnte ich direkt bis an das Bürogebäude fahren, in dem ich arbeitete. Im sogenannten „Contract Department“ fing ich mein Trainingsprogramm an, und vom ersten Tag an hagelte es Einladungen zum Dinner oder Picnic. Ich freundete mich spontan mit der Leiterin meiner Abteilung an, Ann hieß sie, und sie lud mich für Sonntag zum Picnic ein und wollte mich bei dieser Gelegenheit gerne mit ein paar Freunden bekannt machen. Ich nahm dankend an. Sie, ihr Mann Maurice und ihre beiden Kinder holten mich mit dem Auto ab, und wir fuhren aufs Land zu einem idyllisch gelegenen Picnic-Platz, wo ein Barbecue installiert war, ebenso Tische und Bänke, mit oder ohne Überdachung. Nach und nach trafen die Freunde ein und dann kam der Augenblick, in dem ein braungebrannter, sehr großer, schlanker, dunkler Typ auf mich zukam und mir von Ann als Studienkollege ihres Mannes vorgestellt wurde. Raul, so hieß er, studierte am „Indiana Tech“ und kam aus einer Industriellenfamilie aus Kolumbien. In diesem Augenblick begann eine Liebe, die mein Leben prägen sollte wie keine andere! Wir gingen zunächst sehr offiziell miteinander um, spanisch korrekt. Doch es hatte gefunkt! Raul rief mich gleich am Tag darauf für das nächste „date“ an und von da an sahen wir uns täglich bis zu meiner Abreise im Herbst.

Raul lebte mit einem Freund aus Barranquilla zusammen in einer möblierten Wohnung. Dort kamen fast ausschließlich Kolumbianer und Mexikaner zusammen. Sie lernten zusammen und feierten zusammen. Wenn wir frei hatten, dann wurde gesungen, begleitet von Gitarren, und getanzt. So viel getanzt, wie in diesem Sommer 1958 habe ich nie wieder in meinem Leben. An den Wochenenden fuhren wir in das „Große-Seen-Gebiet“ und feierten Beachparties bis in die Nacht hinein, unter dem schönsten Sternenhimmel, den man sich vorstellen kann. Es war ein sehr heißer Sommer, täglich über dreißig Grad. Ich lernte mexikanisches Essen kennen, ein Freund war ein passionierter Hobbykoch, wir tranken Cuba libre, Cola mit Rum und trotz der täglichen anstrengenden Arbeit in einem amerikanischen Großraumbüro, fünfhundert Büroangestellte arbeiteten in meiner Firma, empfand ich das Leben wie eine fortlaufende Fiesta, anders kann ich es nicht nennen.

Mit Raul erlebte ich eine Liebe, die mir all das gab, was ich vorher nie gehabt hatte, Körperkontakt, seine Hand auf meiner Schulter, in meiner Hand, immer wollte er mich spüren, auf eine liebevolle und gleichzeitig dezente Art, ganz gleich, wo wir waren. Unser Liebesleben war von einer Intensität und Ausdauer, Zärtlichkeit und Leidenschaft, wie ich sie in dieser Form nie wieder erlebt habe. Wir harmonierten miteinander, trotz der völlig fremden

Kulturen, aus denen wir kamen, auf eine Art und Weise, daß man hätte glauben können, wir seien ein altes Ehepaar. Auch unsere Umgebung bemerkte dies. Damit waren natürlich alle anderen Kontakte, die sich anbahnen wollten, von Raul eifersüchtig überwacht und abgewehrt. Es war „unser amerikanischer Sommer"...

Ich lernte in der Spedition enorm viel und fand jeden Tag aufs neue interessant. Auch die Menschen, die mir im Geschäftsleben begegneten, waren stets von einer Hilfsbereitschaft und Offenheit, wie wir das in Deutschland nicht kannten. Ich arbeitete während der Woche oft Überstunden, die gut bezahlt wurden, so daß mein mir zur Verfügung stehendes Budget aufgebessert wurde. Es gab so viele schöne „Anziehsachen", die ich gerne haben wollte und „man" ging hier „gedresst" ins Büro, täglich in einem anderen Outfit. Wenn ich einen gewissen Luxus und materielles Wohlergehen des öfteren beschreibe, dann sicher nicht, um damit zu prahlen, sondern weil diese außergewöhnlichen, schönen und angenehmen Dinge damals eine hohe Wertigkeit in meinem Leben hatten. Das sollte sich später ändern.

In diesen Monaten war ich vollkommen frei von all den Zweifeln und Verzweiflungen, mit denen ich diese Reise angetreten hatte. Meine Liebesfähigkeit und mein ganzes Liebespotential waren hier angesprochen und ich erlebte eine innere Einheitlichkeit und gleichzeitig eine Ausdifferenzierung und Komplexität, wie man sie vielleicht nur in diesem Alter und in einer großen Liebe erfahren kann. Vor allem fehlte hier jede Art von Zensur, wir waren beide außerhalb unserer Pflichten, die wir sehr ernst nahmen, frei, das zu tun, was uns beliebte.

Ich erlebte eine Liebesbeziehung auf verschiedenen Ebenen, auf der körperlichen Ebene als Verschmelzung, im Gefühl als Leidenschaft und im Denken als intellektuelle Verbundenheit und geistiges Verstehen. Ich erfuhr eine Bejahung meiner Person, wie ich sie vorher nicht gekannt hatte. Es ist nicht verwunderlich, daß Raul und ich zu der Entscheidung kamen, uns zu verloben, es war fast eine reflexartige Reaktion auf all die Erlebnisse, die wir in dieser Zeit miteinander teilten. Wir sahen damals auch nicht den Konfliktstoff, den wir zu bewältigen hätten, wenn ich zum katholischen Glauben konvertieren müßte, nur ein äußeres Zeichen, um mich in die strenge, spanisch geprägte Kultur von Kolumbien einzupassen, denn dort würden wir gemeinsam leben. Raul brauchte noch ein Jahr, um sein Ingenieur-Diplom zu erhalten. Dann wollten wir in Deutschland heiraten, ehe ich mit nach Barranquilla, der größten Hafenstadt Kolumbiens, gehen würde.

Es kam der Tag des Abschieds und der obligatorischen Abschiedsparty in Fort Wayne. Danach begleiteten Raul und sein bester Freund mich nach New York, von wo es wiederum mit der MS „Berlin“ zurück nach Bremerhaven gehen sollte.

Wir hatten uns noch eine Woche Zeit genommen, um zuerst noch Washington DC kennenzulernen, Boston und dann entlang der landschaftlich reizvollen Ostküste nach New York zu fahren. Es waren wunderschöne Herbsttage, immer blauer Himmel und noch so heiß, daß ein klimatisiertes Auto ein Segen besonderer Art war.

Dann kam der Augenblick des Abschieds, wieder war ich im „Waldorf“ in New York, ein tränenreiches „goodbye“, doch getragen von der Hoffnung, bald für immer zusammen sein zu können.

Als wir uns das letzte Mal umarmten, ahnten wir beide nicht, daß es einunddreißig Jahre dauern würde, bis wir uns wiedersahen.

Zurück in Deutschland sollte ich meine neu erworbenen Kenntnisse im Verschiffen von amerikanischem Haushaltsgut gleich in der Niederlassung des väterlichen Unternehmens einbringen, wo es am meisten gebraucht wurde, das war in Kaiserslautern. Ich machte meinen Führerschein, besuchte einen Abendkurs, um Spanisch zu lernen und ließ mich für volljährig erklären; da ich Bankvollmachten für die Firma bekam, war dies ein guter Grund und Anlaß, mich diesbezüglich durchzusetzen. Arbeitsmäßig klappte alles, ich hatte mich schnell eingearbeitet und die Zusammenarbeit mit den Amerikanern machte mir Freude. Doch privat, im familiären Bereich war alles beim alten. Meine Röcke waren wieder zu kurz, die Absätze zu hoch, dazu rauchte ich, färbte meine Haare blauschwarz, nichts paßte zu den Ansichten meiner Mutter. Mein Vater hielt sich mit persönlicher Kritik zurück, doch ich spürte seine inneren Vorbehalte. Ich hatte mir vorgenommen, die Zeit bis zu Rauls Abschluß so gut es ging durchzustehen, Arbeit war dazu ein gutes Mittel. Doch im tiefsten Innern fühlte ich mich entsetzlich einsam und verlassen. Täglich wartete ich auf einen blauen Luftpostbrief aus USA, es kamen viele und ich schrieb viele, doch die Sehnsucht nach dem Geliebten ist nicht mit geschriebenen Worten zu stillen...

Es vergingen etwa vier Wochen nach meiner Rückkehr, als es mir morgens beim Aufstehen übel wurde. An einem Wochenende in Landau mußte ich mich spontan nach dem Frühstück übergeben, so daß meine Mutter ihre Vermutung äußerte, daß ich schwanger sei. Es war so! An eine Abtreibung habe ich zu keinem Zeitpunkt gedacht, schließlich gehörte die Reinkarnationslehre zu meinem Weltbild und überhaupt, potentielles Leben zu zerstören wäre mir, egal unter welchen Umständen, unmöglich gewesen. Mein Verlobter freute sich riesig über die Nachricht, daß wir schon vor seinem Diplom zu dritt sein würden. Glücklicherweise hatte ich dann eine wunderbare Schwangerschaft, es ging mir ausgezeichnet, man sah an meiner Figur kaum eine Veränderung, die Trapezmode kam mir damals gerade sehr gelegen.

Während dieser neun Monate korrespondierte mein Vater mit der kolumbianischen Botschaft und besorgte allerhand Gesetzesbestimmungen, die eine Heirat mit einem Kolumbianer betrafen. Es gab keine Scheidung zu jener Zeit, und im Falle eines Scheiterns der Ehe hätte das Kind in jedem Fall das Land nicht verlassen dürfen.

Ich erinnere mich heute nicht mehr an all die verschiedenen Punkte, die mehr und mehr anfingen, mir Angst einzujagen. Genau das hatte mein Vater bezweckt, denn er wollte mein Weggehen nach Südamerika unter allen Umständen verhindern. Ich habe viele Erlebnisse aus dieser Zeit so verdrängt, daß erst nach Jahren, in meiner tiefenpsychologischen Arbeit mit Graf Dürckheim, einiges wieder in mein Bewußtsein gehoben wurde.

Im Juni 1959 kam mein Sohn Manuel Raul auf die Welt. Ich war nach einem normalen Arbeitstag allein mit dem Auto in eine Privatklinik zur Entbindung gefahren. Meine Mutter sagte mir, daß sie diese Aufregung nervlich nicht verkraften könne und deshalb würde sie meinen Vater zu einer Tagung nach Kopenhagen begleiten. Die Enttäuschung und der Schmerz über das Verhalten einer Mutter, meiner Mutter, ihrer Tochter gegenüber in dieser Situation ist bis heute unvergessen. Die Geburt war äußerst langwierig und schmerzhaft, ich wollte danach nie wieder ein Kind...

Bald nach der Geburt von Manuel teilte mein Vater mir mit, daß meine Mutter schwanger sei und ich noch einmal einen kleinen Bruder bekommen würde. Ich konnte es nicht fassen! Meine Mutter war zu diesem Zeitpunkt zweiundvierzig Jahre alt. Es sollte dann für beide Kinder eine Kinderschwester in Landau engagiert werden, und so könnten die beiden Jungs wunderbar gemeinsam betreut werden.

Soweit die Planung meiner Eltern. Ich arbeitete in Kaiserslautern und mein Kind war in Landau. In der gegebenen Situation hatte ich gar keine andere Wahl, als gute Miene zum bösen Spiel zu machen, denn so empfand ich es.

Im Spätsommer desselben Jahres hatte ich mich im Spanischkurs mit einer gleichaltrigen aparten Person angefreundet und sie fragte, ob sie mich nach dem Unterricht mit ihrem Lieblingscousin bekannt machen dürfe, der sie abhole, um gemeinsam essen zu gehen. Natürlich war ich einverstanden und lernte an diesem Abend meinen späteren Ehemann Georg kennen. Ich war zu jener Zeit innerlich noch gebunden und dennoch hatten die ganzen Ereignisse des letzten Jahres mich verunsichert. Waren es die Umstände der Distanz, der allein bewältigten Schwangerschaft und die Verunsicherung durch meinen Vater, die schließlich zu einer Entfremdung zwischen Raul und mir geführt hatten, langsam aber sicher? Es muß so gewesen sein, ansonsten wäre diese neue Beziehung, die sich so real und greifbar anbot, nicht möglich gewesen. Nach diesem Kennenlernen gingen Georg und ich öfter zusammen aus, auch zu offiziellen Bällen, und Georg lernte meine Eltern und

Manuel kennen. Er war damals noch in seinem Ingenieurstudium in Darmstadt und kam nur zu den Wochenenden. Es war zwei Jahre her, daß er seine Mutter an Leberzirrhose verloren hatte, ein Verlust, den er nur schwer verschmerzte, da er eine sehr enge, innige Beziehung zu ihr gehabt hatte. Er suchte, eigentlich genau wie ich, einen neuen emotionalen Raum, in dem man sich geborgen fühlen konnte. Wir verliebten uns und ich entschied, dies Raul mitzuteilen und ihn um die Auflösung unserer Verlobung zu bitten.

Er war verzweifelt und sowohl er als auch seine Familie setzten alles daran, daß Manuel Raul nach Barranquilla kommen sollte, wenn ich einen anderen Mann heiraten würde. Es gab viele Aufregungen, Familiendiskussionen, Telefonate und schließlich setzte meine Mutter mich massiv unter Druck: „Wenn du das Kind nach Südamerika gibst, hast du in deinem Elternhaus ab sofort Hausverbot. Wir sind bereit, das Kind zu adoptieren, so daß es mit Christian aufwachsen kann. Überlege es dir und sage Bescheid." Christian ist mein jüngster Bruder.

Inzwischen kündigte sich meine Tochter Kati an und diese Tatsache machte Entscheidungen unumgänglich. In die Ehe mit Georg konnte ich auf Druck seiner Familie Manuel nicht mitnehmen, zu seinem Vater durfte ich ihn nicht geben, also gab ich ihn zur Adoption durch meine Eltern frei und heiratete Georg, der genau wie Raul auch nur ein Jahr älter als ich war. Wir wohnten dann in unserer ersten gemeinsamen Wohnung in Darmstadt, wo auch unsere Tochter Kati im Dezember geboren wurde. Sie war gesund und munter, mir ging es gesundheitlich gar nicht gut. Immer öfter hatte ich kolikartige Schmerzen, ein Arzt mußte gerufen werden und allmählich war die ganze Familie über meinen Gesundheitszustand beunruhigt. Es stellte sich dann heraus, daß ich Gallensteine hatte und operiert werden müsse. Doch das sollte erst einmal verschoben werden. Mein Mann sollte nach seinem Studienabschluß ein Jahr in einem Automobilbetrieb in Innsbruck volontieren, ehe er in die väterliche Firma eintreten sollte. Also zogen wir alle drei in ein idyllisches kleines Tiroler-Haus, außerhalb von Innsbruck gelegen, direkt dem „Patscherkofel" gegenüber.

Es wäre eine wunderschöne Zeit gewesen, hätte ich nicht immer öfter unter diesen Koliken zu leiden gehabt. Schließlich wurde ich als Notfall an einem heißen Föhntag im Juni operiert. In Spiritus präsentierte mir mein Chirurg dann eine Gallenblase, die aussah wie eine gefüllte Blutwurst, es ging nichts mehr rein und nichts mehr raus. Dazu mußten auch im Zwölffingerdarm Steine entfernt werden. Er sagte, daß er bei einer so jungen Patientin einen solchen Steinreichtum noch nicht erlebt hätte. Wen wundert's?

Mein Mann stand mit unserer Kati, wenige Monate alt, allein da. Über eine Empfehlung der Klinik bekamen wir eine Kinderschwester, die einsprang. Meine Eltern kamen für ein paar Stunden zu Besuch, besichtigten unser Haus und machten einen Besuch bei mir in der Klinik und das war es dann. Dieses Verhalten meiner Mutter, ihm und ihrem Enkelkind gegenüber, hat Georg meiner Mutter nie vergessen.

Von dieser schweren Gallenoperation war ich kaum genesen, als eine Mandeloperation unumgänglich wurde. Eine Nierenbeckenentzündung und eine Nierenfunktionsstörung kamen hinzu und brachten mich erneut zu den „Barmherzigen Schwestern" in die Klinik. Meine „Moral" wie auch mein Immunsystem waren auf einem Tiefpunkt angekommen. Die landschaftliche Schönheit von Tirol gab mir oft Trost und Kraft, die Unannehmlichkeiten, die sich immer wieder vor mir auftaten, durchzustehen, ohne den Lebensmut zu verlieren.

In dieser Zeit und auch in den folgenden Jahren meiner Ehe – wieder zurück in Kaiserslautern – lernte ich mich allmählich in die wechselnden gesellschaftlichen Konventionen einzupassen, die uns ewig zu Kompromissen zwischen unseren innersten Wünschen und unseren Handlungen zwingen. Der Übergang von meinen Jugendjahren, die durch Leidenschaft geprägt waren und es mir gestattet hatten, mich immer wieder aufs neue in Frage zu stellen, in ein Leben, das von Konventionen bestimmt war, vollzog sich fließend und unausweichlich.

Initiation

Es war noch nicht sieben Uhr und wie jeden Morgen in diesen bereits vergangenen sieben Monaten meiner Schwangerschaft stand ich gut gelaunt auf, holte mir ein großes, weißes Badetuch und ging im Evakostüm meine ersten fünfhundert Meter schwimmen. Das geheizte Schwimmbad lag im Garten direkt vor dem Schlaftrakt unseres Hauses und die Sonne ließ bereits die spätsommerliche Blütenpracht, vor allem der Polyantharosen, so richtig leuchten. Ich genoß ganz bewußt diese besondere Atmosphäre des frühen Morgens. Nach dem Schwimmen fühlte ich mich stets rundum wohl in meiner Haut und fit für den Tag.

Mein Mann und unsere inzwischen fünfjährige Tochter Kati erwarteten mich bereits am Frühstückstisch, den ich wie immer schon am Vorabend eingedeckt hatte. Dieses gemeinsame Familienfrühstück war mir immer wichtig. Die Gespräche mit meinem Mann Georg über die bevorstehenden Tagesereignisse in der väterlichen Autohandelsgesellschaft, über Politik und Wirtschaft ließen mich in den Jahren meines „Hausfrauen-Daseins“ am unternehmerischen Geschehen und Planen teilhaben. Bei den sogenannten Geschäftsessen, innerhalb und auch außerhalb unseres Hauses, lernte ich viele interessante Menschen kennen, Persönlichkeiten aus der Automobilindustrie oder Politiker, Personen des öffentlichen Interesses und Professoren unserer Universität. Diese intellektuellen Anregungen, die von solchen Begegnungen ausgingen, waren mir stets wichtig als Ausgleich zu meinem sonstigen Engagement in Familie, Haus, Garten und Gesellschaft.

Meine Herkunft aus einem „Unternehmer-Elternhaus“ und mein persönliches geschäftliches Engagement bis zu meiner Verheiratung haben wohl den Grundstein dafür gelegt, daß ich bis heute an politischen und wirtschaftlichen Zusammenhängen und Entwicklungen interessiert bin.

An diesem besonderen Augusttag, dessen Beginn ich gerade beschrieb, verabschiedete ich meinen Mann, der geschäftlich nach Wolfsburg fahren mußte und brachte anschließend meine Tochter Kati zum Kindergarten. Danach war der Tagesablauf geruhsam, ohne besondere Ereignisse, wie immer, wenn mein Mann verreist war.

Dies änderte sich jedoch schlagartig, als ich vor dem Abendessen wie üblich meine zweiten fünfhundert Meter geschwommen hatte und beim Abtrocknen mein weißes Badetuch voller Blutflecken entdeckte. Der erste panische Schrecken ließ mich dennoch blitzschnell reagieren. Ich eilte zum Telefon und rief die Gynäkologische Klinik in Darmstadt an, wo ich schon von unserer Tochter entbunden wurde, um mich mit meinem Professor zu besprechen. Die Antwort war, daß ich mich sofort in liegender Position von Kaiserslautern nach Darmstadt bringen lassen sollte. Ein Krankentransport blieb mir erspart, da inzwischen mein Mann unseren Prokuristen, der auch privat der Familie nahe stand, gebeten hatte, diesen „Eiltransport“ zu übernehmen.

Nach rasender Fahrt in der Klinik angekommen, war die Diagnose „Placenta praevia“, das bedeutet, daß der Mutterkuchen vor dem Geburtskanal gelagert ist und so keine normale Geburt möglich ist. Ein Kaiserschnitt war unumgänglich, doch den wollte man so lange wie möglich hinauszögern, da das Kind noch sehr klein war, es war erst sieben Monate und eine Woche alt. Das hieß in der Klinik unter ständiger Beobachtung im Bett bleiben. Bei einer weiteren Blutung war das Leben meines Kindes und auch das meine in Gefahr. Es war eine ernste Lage, und ich war mir dessen absolut bewußt, ohne die geringste Angst zu haben. Doch das muß ich erklären!

Es war etwa im vierten Schwangerschaftsmonat, als ich einen Traum hatte, der die Geburt meines Kindes betraf. Von frühester Kindheit an hatte ich ein sehr reges und bewußtes Traumleben, darunter auch Träume der Praecognition, und so hatte ich gelernt, meine Träume als Teil meines wachbewußten Lebens sehr ernst zu nehmen. So auch diesen Traum, an dessen Ende ich aus einer Operation erwachte und einen kleinen Sohn hatte. Ich erwachte emotional hocherregt, schweißgebadet und zitternd weckte ich meinen Mann, dem ich das Traumerlebnis unter Tränen schilderte. Von diesem Moment an wußte ich, daß ich einen Sohn haben würde, was zu diesem Zeitpunkt noch nicht medizinisch bestimmt werden konnte, wie dies heute allgemein üblich ist.

Mit diesem Wissen lag ich also geduldig in meinem Krankenzimmer, es war so heiß, daß jeden Morgen die Markise heruntergelassen und ich auf den Balkon gebettet wurde. Ich las sehr viel, eine Beschäftigung, die mir meine diversen Krankenhausaufenthalte angenehmer machten, als sie waren.

So war fast eine Woche vergangen. Es war Samstagabend und meine geliebte Großmutter mütterlicherseits besuchte mich am Nachmittag. Sie war eigens per Bahn aus der Pfalz angereist. Es war ein schöner, überaus harmonischer Nachmittag. Wie immer hatte ich das Zusammensein mit ihr sehr genossen. Wir verstanden und mochten uns noch immer sehr. So schlief ich an diesem Abend in tiefer

Zufriedenheit ein. Doch dann wachte ich plötzlich auf und fühlte mich überall feucht und klebrig. Ich knipste das Licht an und lag in einem blutdurchtränkten Bett. Das Läuten nach der Nachtschwester, der folgende Aufruhr, die Eile, in der ich für eine Operation vorbereitet wurde, lief für mich im wahrsten Sinne des Wortes wie im Traum ab. Ich hatte das schon einmal erlebt...!

Was ich jedoch noch nicht erlebt hatte, war dieses Gefühl des Verblutens, die Reaktionen, die der Körper veranstaltete. Das Zittern wurde immer heftiger, unkontrollierbar, dazu eine Eiseskälte, die von den Füßen her an mir hochkroch. Als ich meine schriftliche Einwilligung für die Sectio geben sollte, konnte ich kaum noch einen Stift halten, eine Unterschrift wurde daraus nicht mehr.

Zu der allgemeinen Aufregung kam für das Operationsteam das Warten auf den Chef. Der Professor war über das Wochenende zu einer Tagung in Baden-Baden und hatte sich über meinen Zustand informieren lassen. In Kenntnis des Ernstes der Lage wollte er die Operation selbst vornehmen und wurde von einer Polizeieskorte über die Autobahn nach Darmstadt geleitet. Die letzten Sekunden vor dem Eingriff haben sich mir als unvergeßliches Bild eingeprägt: Ich liege auf dem Operationstisch unter gleißendhellen Lampen, rundum vermummte Gesichter, zum Einsatz bereite hochgestreckte Gummihandschuhhände und dann endlich über meinem Gesicht die Augen von meinem mir vertrauten Professor. Seine Worte sind das Letzte, was ich bewußt aufnahm, ehe ich in die Dunkelheit fiel: „Sie müssen mir jetzt helfen, daß ich sie retten kann." Meine Antwort: „Wenn ich lebe, dann lebt mein Sohn."

Wenn ich nun versuche, das Unbeschreibliche beschreiben zu wollen, so habe ich da gewisse Schwierigkeiten. In unserem Alltagsleben leben wir in der Dreidimensionalität, doch das Erleben, das ich schildern möchte, findet in einer anderen Dimension der Wirklichkeit statt. Ich versuche, meine Nah-Tod-Erfahrung, die ich in der Nacht des 4. September 1965 machte, so verständlich und so chronologisch wie möglich zu schildern. Zunächst war da nur pechschwarze Dunkelheit, lautes, unangenehmes Dröhnen, ich befand mich in einem zylindrischen Raum, alles überaus unangenehm und ängstigend, machte zum Teil selbst große Anstrengungen, aus dieser äußerst bedrängenden Enge herauszukommen, zum Teil wurde ich nach oben gezogen. Da sah ich auf einmal am Ende dieses Tunnels ein Licht, das beim Näherkommen immer heller und strahlender wurde und schließlich war ich in ein Meer von weißem Licht getaucht. Ein nie zuvor erfahrenes Empfinden von Freiheit, Ungebundenheit, Friede, Ganzheit, Erlöstheit, Offenheit ohne Grenzen und Beschränkungen erfüllte und umhüllte mich. Verbal kann ich es nur so ausdrücken, ich war reines Bewußtsein, reines Gewahrsein, ohne Körperlichkeit, ich war nicht mehr ich selbst, besser gesagt, nicht mehr, wie ich mich selber als Ich kannte. In diesem Zustand überblickte ich meinen ganzen Lebenslauf, zum Teil chronologisch, zum Teil aber auch gleichzeitig. Ich empfand tiefes Bedauern, ja Reue, bei all den Ereignissen, die vor mir abliefen und bei denen ich mich schuldig fühlte aufgrund meiner eigenen beurteilenden Instanz. Ich erfuhr eine Art „Gericht“, war aber gleichzeitig mein eigener Richter. Als ich in diesem Lebensfilm bei der aktuellen Situation ankam, wußte ich, daß ich zu meinem Sohn zurück mußte. Dieses Wissen war Liebe, auch das wußte ich. Dann gab es wiederum Dunkelheit, Kälte, entsetzliche Enge und Angst und ich verlor das Bewußtsein.

Am nächsten Morgen öffnete ich unter allergrößten Anstrengungen und Schmerzen meine Augen. Lange zuvor hatte ich die Gegenwart meines Mannes wahrgenommen. Ich fühlte mich wie in Beton eingegossen, anders kann ich es nicht beschreiben, und mit großer Anstrengung brachte ich die Frage nach dem Verbleib unseres Sohnes über meine Lippen. Ich erfuhr, daß er um 23.45 Uhr geboren wurde, viereinhalb Pfund wog und intensiv versorgt werden mußte. Ich konnte ihn nicht sehen. Sieben Bluttransfusionen brachten mich dem irdischen Leben wieder näher, mein Hb-Wert war auf 42% gesunken. Ich litt physisch mit jeder Zelle meines Organismus, psychisch litt ich mit meinem Sohn, doch ich wußte zutiefst, daß wir beide leben würden.

Seit diesem Ereignis weiß ich, daß es Gefangenschaft bedeutet, in einen physischen Körper geboren zu werden und daß die nicht stoffgebundene Dimension unsere wahre Heimat ist. Diese Erfahrung sollte mein ganzes Leben verändern...

Ich hatte große Schwierigkeiten, das Erlebte meinem Mann mitzuteilen. Auch in den Jahren danach hatte ich stets eine große Scheu, über dieses Nah-Tod-Ereignis zu sprechen, selbst bei den wenigen vertrauten Menschen, die dafür in Frage kamen. Es ist sicher erwähnenswert, daß ich bis zu diesem Zeitpunkt keine bedeutenden Kenntnisse über okkulte und paranormale Phänomene besaß, was sich danach allerdings ändern sollte.

Diese Erfahrung war der Anfang eines zweiten Lebens in dieser Inkarnation. Sie war der Anfang meines spirituellen Erwachens, dem Jahre dramatischer Veränderungen und Erfahrungen folgen sollten. Es vergingen genau zwölf Jahre bis Prof. Dr. Karlfried Graf von Dürckheim bei unserer ersten Begegnung in Todtmoos-Rütte mir dieses Erlebnis als „Initiation“ bestätigen sollte.

Suche

Nach drei Wochen Klinikaufenthalt konnte mein Mann endlich Mutter und Sohn nach Hause holen. Der leuchtend rote Porsche, der für die erste Autofahrt von Daniel am Klinikausgang auf uns wartete, konnte genauso wenig an meinem desolaten äußeren und inneren Zustand etwas ändern, wie zu Hause die vielen Blumen, Geschenke und ein neues gelbes Sportcoupé mit herbstlichem Blumenschmuck, das mein Schwiegervater mir als Geschenk vor die Garage gestellt hatte. Es sollte Ausdruck seiner großen Freude über den ersten Enkelsohn sein.

Ich war physisch so schwach, daß ich immer nur kurze Zeit auf sein konnte. Dazu kam, daß Daniel alle zwei Stunden gefüttert werden mußte. Nach zehn Gramm aus seinem Fläschchen schlief er vor Erschöpfung schon wieder ein. Das Kind mußte Tag und Nacht betreut werden. Nachts wechselte ich mich mit meinem Mann ab, am Tag hatten wir bald ein zuverlässiges, nettes Kindermädchen als Unterstützung.

Das Immunsystem war ohnehin sowohl bei mir als auch bei meinem Sohn in desolatem Zustand und so folgte ein Infekt dem anderen, wir waren beide ständig krank. Die äußeren Umstände entsprachen nicht mehr meinen inneren Veränderungen, mein Lebensstil, meine Rolle im sozialen Umfeld, meine Einstellungen, all das mußte ich neu definieren. Meine transpersonale Erfahrung hatte mir ganz andere Formen von Liebe und Verstehen aufgezeigt, als ich sie bisher kannte. So fiel es mir schwer, die Begrenzungen, Bedingtheiten und Konventionen in den zwischenmenschlichen Beziehungen so anzunehmen, wie sie eben waren. Ich hatte niemanden, mit dem ich meine Krise, denn in einer solchen befand ich mich, hätte besprechen können. Meine Vorstellung von Realität hatte sich komplett gewandelt und ich spürte ein wachsendes Gefühl der Unzufriedenheit, des Mangels, nicht jedoch eines Mangels an etwas Materiellem oder klar Definierbarem, es war unbestimmt, schwer faßbar und nicht beschreibbar. Meine innere Krise begann sich in körperlichen Symptomen bemerkbar zu machen.

Aufgrund des erlittenen Geburtstraumas erkrankte ich an der Schilddrüse. Die Struma wuchs nach innen und drückte schließlich so auf die Luftröhre, daß eine Operation unumgänglich wurde. Diese ließ ich wieder in Innsbruck machen, wo ich schon meine Gallen- und Mandeloperation hatte. Der inzwischen befreundete Operateur war bekannt für seine schönen, superkleinen Narben und auch in meinem Fall hielt er wieder, was sein Ruf versprach.

Ich hatte mir nach dieser Operation, die wiederum recht kompliziert war und dreieinhalb Stunden dauerte, eine Besserung meines Zustandes versprochen oder sagen wir besser erhofft. Doch nun schien gar nichts mehr im Lot zu sein. Ich konnte nicht mehr schlafen, Schlaftabletten mußten mir helfen, mein Vegetativum spielte verrückt, Psychopharmaka sollten das regulieren, mein Kreislauf kollabierte des öfteren und so ging es auch nicht mehr ohne Kreislaufmittel. Die besten verfügbaren Ärzte bemühten sich um meinen physischen, lamentablen Zustand.

Nichts stimmte mehr, Schuldgefühle und Gewissensbisse machten mir zu schaffen, ich fühlte mich entmutigt und die Distanz zwischen meinem Mann und meiner Familie wurde immer größer. Ich fühlte mich isoliert, allein gelassen, unruhig und depressiv.

Heute, Jahrzehnte danach, weiß ich, daß ich durch den Leidensdruck, unter dem ich damals stand, diesem Unbehagen und Aufgewühltsein, den Zugang zu meiner spirituellen Entwicklung fand. Doch damals wußte ich nur, daß ich ganz einfach in der Gegenwart wieder funktionsfähig werden wollte und dazu bedurfte ich dringend irgend einer Hilfe, von der ich konkret keine Vorstellung hatte.

Wenn die Not am größten..., so kam ein Ereignis, das Zeichen setzen sollte für meine weitere Entwicklung.

Ich besuchte meine Patentante in Speyer am Rhein, meiner Geburtsstadt. Ich hatte von frühester Kindheit an eine besondere Beziehung zu ihr. Sie ist das, was man eine typische „Wassermannfrau" nennt, ungewöhnlich, etwas exzentrisch und „luftig", eine wohltuende Ergänzung zu meiner „Löwe-Natur", so erlebte ich es damals, ohne es näher definieren zu können.

Wir tranken Tee, als sie nach der Uhrzeit fragte und sagte, sie müsse um sechs Uhr zum Yoga-Unterricht in Heidelberg sein. Als sie mein spontanes Interesse sah, lud sie mich ein, doch einmal mitzukommen. Ich nahm an und besuchte so die „Erste Deutsche Yoga-Schule" in Heidelberg im Hainsbachweg, geleitet von Herrn Ekkert, einem Sacharow-Schüler. Ich war fasziniert und meldete mich spontan zum Einzelunterricht an, die Zeiten mußten festgelegt werden, denn Kaiserslautern-Heidelberg ist nicht gerade um die Ecke herum.

Ich fuhr spät am Abend nach Hause mit der Überzeugung, etwas gefunden zu haben, was mir aus meinem Dauer-Krisenzustand heraushelfen könnte.

Mein Mann ist passionierter Jäger und brauchte für dieses Hobby viel Zeit für sich, die mir und der Familie abging. Auf dieser Tatsache basierte seine spontane Zustimmung zu meinem Yoga-Vorhaben. Er sah darin für mich ein

Ilse M. Zielasko

DURCHGANG

Äquivalent zu seinen jagdlichen Ambitionen und somit wären wir „pari“, so drückte er sich jedenfalls aus.

Ich fuhr dann zweimal pro Woche zum Privatunterricht nach Heidelberg. In vier Wochen konnte ich einen perfekten „Lotos-Sitz“, den Kopfstand, etwas merkwürdig anmutende Reinigungsübungen, mit Metronom lernte ich langsam und rhythmisch zu atmen und vieles mehr. Ich war eine überaus gelehrige Schülerin, ambitioniert und durch meine jahrelange tänzerische und gymnastische Ausbildung auch körperlich bestens vorbereitet.

Das Bemerkenswerteste aber war, daß ich auf Anweisung meines Lehrers nach einer Woche alle meine Medikamente in die Toilette kippte, heute wüßte ich natürlich eine andere Möglichkeit der Entsorgung, und von nun an versuchte ich meine somatischen Probleme yogisch zu beheben. Meine veränderte Haltung, innerlich und natürlich auch äußerlich, erregten die Neugierde meiner Umgebung.

Immer öfter wurde ich gefragt, was machen Sie, daß Sie so gut aussehen, diese Harmonie und Ausgeglichenheit ausstrahlen? Zunächst gab ich bereitwillig Auskunft und erzählte mit Begeisterung von meinen Yogaübungen und den spür- und sichtbaren Auswirkungen auf Körper und Geist. Ich stand selbst unter der Faszination des Anfangs wie Hermann Hesse in seinem Gedicht „Stufen“ sagt: „Und jedem Anfang wohnt ein Zauber inne, der uns beschützt und der uns hilft zu leben“.

Es war ein wunderbares Gefühl, sich im eigenen Körper mehr und mehr wieder wohl zu fühlen. Ich übernahm Verantwortung für mein Befinden, meine Gesundheit und meine Lebensfreude, anstatt meine Ärzte, meinen Ehemann, meine Familie und wen und was noch alles dafür verantwortlich zu machen. In der Praxis sah das so aus, daß ich täglich eine Stunde Yoga übte: Körperhaltungen, „asanas“ genannt, Atemübungen, „pranayama“ und Tiefenentspannung, „savasana“. Ich erschloß mir einen völlig neuen Zugang zum eigenen Sein, zu meiner Ganzheit, über die Bewußtmachung meines Körpers. Die einzig greifbare Realität, die wir haben, ist unser Körper. Diese materielle Erscheinungsform, die wir Körper nennen, steht nicht im Gegensatz zu unserem Verstand, zu Psyche und Geist, sondern sie beinhaltet all dies, was wir schließlich unser „Ich“ nennen. Ich erfuhr durch mein tägliches Exerzitium, daß sich mit der Veränderung und Entwicklung meines Körpers auch mein Bewußtseinszustand veränderte. Später sollte ich lernen, daß der Körper sich entwickeln, perfektionieren muß, um immer höhere Frequenzen des Selbst offenbaren zu können. Jede materielle Erscheinungsform unterliegt diesem Gesetz und durchläuft so den entsprechenden Entwicklungsprozeß. Die biographischen Ereignisse, die diesem Prozeß dienen, sind nicht so bedeutungsvoll, wie wir immer glauben, sondern die Erfahrungen, das Wissen, die man daraus zieht, zählen. Erlebnis und Wandlung gehören auf dem spirituellen Weg der Entwicklung zusammen.

Schicksalhafte Ereignisse und meine Reaktionen darauf beschleunigten meinen Entwicklungsprozeß. Ich kam eines Abends in Heidelberg zum Yoga-Unterricht, und da gab es meinen Lehrer nicht mehr. Es wurde gemunkelt, er habe sich nach Indien abgesetzt wegen finanzieller Unregelmäßigkeiten. Bis heute kenne ich den wahren Grund für sein Verschwinden nicht. Das war ein Schlag für meine gerade so mühsam erarbeitete neue Selbstsicherheit. Ein Yogi... und so ein Abgang? Ich verstand gar nichts mehr und der dünne Yoga-Boden unter mir brach ein.

Ab diesem Zeitpunkt fing ich an, über die Dinge, die mir wichtig waren, nicht mehr so bereitwillig Auskunft zu geben. Ich fing an zu begreifen, daß Schweigenkönnen auf dem eingeschlagenen Weg von großer Wichtigkeit ist. So kam es, daß ich mich wieder auf mich selbst besinnen mußte und wie es denn nun auf dem eingeschlagenen Yoga-Weg ohne Lehrer weitergehen sollte.

Es mag sich bei meiner Schilderung so darstellen, als hätte ich in diesen Jahren meiner Suche nur Zeit und Muße für meine eigene Selbstverwirklichung gehabt. Dem war absolut nicht so. Ich hatte einen großen Haushalt, der in jeder Beziehung sehr lebendig war. Da waren die beiden Kinder, meine Tochter ging inzwischen zur Schule, hatte Ballettunterricht, Reit- und Klavierstunden, und ich war der Chauffeur. Das tägliche Kochen, wir waren mit der Hausangestellten fünf Personen, nahm ich sehr ernst und nicht nur das, ich koche ausgesprochen gern und wie man weiß, ist dies auch zeitaufwendig. Kochen ist für mich die kreativste Beschäftigung von allen Hausarbeiten. Für meinen Mann war Essen und ist es bis heute der wichtigste Lebensgenuß. Wo gerne und gut gekocht wird, fehlen auch die Freunde nicht, und so war unser Haus meist voll von Freunden und Geschäftsbesuch. Auch die Kinder brachten alle ihre Freunde mit zu uns. Im Sommer reizte natürlich das herrliche Schwimmbad im Garten. In den sechziger Jahren hatte noch nicht „jeder" diesen Luxus und so waren sowohl bei den Kindern als auch bei den Erwachsenen die Gartenparties sehr beliebt. Ich verdanke es meinem Frühaufstehen, das ich von Kindheit an liebe, daß ich mit all den so unterschiedlichen Anforderungen und Tätigkeiten immer zeitgerecht fertig wurde. Ich „funktionierte", ich meine es wörtlich, in meiner Rolle als Mutter, Ehefrau und Gastgeberin hervorragend!

Es war dann eines Tages wieder meine Patentante, die mir bei meiner Suche nach einem neuen Yogalehrer weiterhalf. Sie schlug vor, daß wir zusammen nach Zürich fahren und einen Sprechtermin mit Herrn Selvarajan Yesudian vereinbaren sollten. Er sei Inder und sie sei vor Jahren schon in einer Krisenzeit bei ihm, in seiner Yoga-Schule, gewesen. Aufgrund der Entfernung Speyer-Zürich habe sie dann den Unterricht wieder aufgeben müssen. Sie hatte eine sehr hohe Meinung von diesem Herrn und auch von einer Dame, mit der zusammen er die Yoga-Schule führte. Gemeint war hier Elisabeth Haich.

An einem herrlichen Frühsommertag des Jahres 1967 fuhren wir gemeinsam nach Zürich, wohnten wunderschön in einem Hotel auf dem Zürichberg mit Blick über den See und die Alpen. Jeder, der diese Gegend kennt, wird die Faszination verstehen, mitempfinden, die von dieser Landschaft vor allem bei strahlend blauem Himmel ausgeht. Es war ein herrlicher Tag. Auch die Erwartung einer ersten Begegnung mit einem indischen Meister trug zu meiner euphorischen Stimmung bei.

Per Taxi ließen wir uns dann am Spätnachmittag zu der verabredeten Zeit in die Conrad-Ferdinand-Meyer-Straße 14 fahren. Ich vergesse nie die ersten Eindrücke, die ich beim Öffnen der Tür dieser Yoga-Schule hatte. Zunächst der Geruch von Sandelholz-Räucherstäbchen, sehr intensiv, mir damals noch fremd, man wurde gebeten, die Schuhe auszuziehen und in einen dafür vorgesehenen offenen Schrank zu stellen. Schweigen war angesagt. Es gab einen großen Büchertisch mit den Werken von Selvarajan Yesudian und Elisabeth Haich. Ich staunte und war angenehm gefangen in einer Atmosphäre der Ruhe und der Harmonie, die ich als eine ganz besondere Qualität wahrnahm. Man bat mich, vor Herrn Yesudians Sprechzimmer auf einem eigens dafür vorgesehenen Stuhl Platz zu nehmen, der Meister würde mich rufen. Mein Herz schlug bis zum Hals, als endlich die Tür aufging und ein strahlender, tiefdunkler Herr im weißen Ärztekittel mir die Hand reichte und mich in korrektem Deutsch hereinbat. Da saß ich nun dem Meister gegenüber, meine Aufregung war auf einmal weg, es war als ob wir uns schon immer kannten. Er hörte sich meine yogische Geschichte an, ohne Kommentar, und wir kamen auf seinen Vorschlag hin überein, daß ich in Zukunft einmal im Monat zum Unterricht und zum persönlichen Gespräch mit ihm nach Zürich kommen sollte. Im Sommer gab es dann eine Sommerschule in Ponte Tresa im Tessin, die zum Teil von Herrn Yesudian und zum Teil von Frau Haich geleitet wurde. Dort fanden Vorträge, Übungs- und Fragestunden statt, man konnte in dem sogenannten „Ashram" wohnen, spartanisch, aber sehr sauber und gepflegt. Ein subtropischer Garten und ein kleines Schwimmbad verschönerten den Aufenthalt. Ich war hingerissen von all diesen neuen Perspektiven und natürlich von Herrn Yesudian selbst. Ein wunderschöner Mensch, etwa fünfzig Jahre alt, edel und ästhetisch in Erscheinung und Auftreten.

Nach diesem persönlichen Dialog nahm ich dann im großen Übungsraum am Gruppenunterricht teil. Der Boden, auf den man seine Matte oder Badetuch legte, war ein grüner Teppichboden mit Fußbodenheizung, sehr angenehm. Der Raum war licht und hell und über mir beeindruckte mich eine große runde Lampe mit den Darstellungen der zwölf Tierkreiszeichen. Es gab zwei von diesen Lampen. Ohne es zu ahnen, hatte ich hier meine erste Begegnung mit der Astrologie, in die mich Elisabeth Haich zu einem späteren Zeitpunkt initiieren sollte.

Die Atmosphäre war auch hier wieder von Ruhe und Frieden geprägt, nur die angenehm weiche Stimme von Herrn Yesudian und seine Anweisungen unterbrachen die Stille. Die Übungen, die wir hier machten, unterschieden sich deutlich von denen, die ich in Heidelberg gelernt hatte. Sie waren viel einfacher auszuführen, dazu wurden Suggestionen gegeben. Ich ließ alles auf mich wirken und fühlte mich am Ende der Stunde ganz wunderbar.

Als meine Patentante und ich wieder ins Freie traten, schauten wir uns lachend an, jeder trug eine schwere Büchertüte, wir hatten beide alles gekauft, was von Herrn Yesudian und Frau Haich auf dem Verkaufstisch ausgelegt war. Wir waren überglücklich, und ich umarmte meine Patentante in Dankbarkeit, mich an diesen wunderbaren Ort, zu einem wunderbaren Meister geführt zu haben.

Selvarajan Yesudian und Elisabeth Haich

Nach der ersten Begegnung mit Herrn Yesudian fuhr ich von nun an einmal im Monat an einem Donnerstag nach Zürich, besuchte am Nachmittag die Yoga-Übungsstunde, hatte dann eine persönliche Besprechung mit Herrn Yesudian und am Abend besuchte ich den Vortrag von Frau Haich mit anschließender Meditation. Ich wohnte meist in der City, wo das „St. Gotthard Hotel“ oder das „Carlton Elite“ meine bevorzugten Hotels waren. So konnte ich am Freitagmorgen noch einen Einkaufsbummel über die Bahnhofstraße machen, die in diesen Jahren noch ein echtes Shopping-Erlebnis bot.

Leider konnte meine Patentante an diesen Besuchen nicht mehr teilnehmen. Doch ich lernte in dieser Zeit Leute aus ganz Europa kennen, die so oft sie konnten die Yoga-Schule besuchten. Man sprach sich nach dem Unterricht an, nachdem bereits über Monate Blickkontakt bestanden hatte, und verabredete sich zum Abendessen in einem kleinen italienischen Restaurant ganz in der Nähe der Schule. Es waren bekannte Namen und Persönlichkeiten, mit denen ich manch unvergeßliche Stunde in angeregtem, vertraulichem Gespräch verbrachte.

Um für den Leser diese Begeisterung, die mich jahrelang den Kontakt zu meinen beiden wundervollen Lehrern und ihrer Schule aufrechterhalten ließ, etwas verständlicher zu machen, möchte ich hier einmal Herrn Yesudian selbst zitieren:

> Die Mitglieder unserer Schule haben Gelegenheit, den wöchentlichen Yoga-Unterricht zu besuchen. Dort werden die Grundsätze der Selbsterziehung nicht nur erklärt, sondern auch gelehrt, so wie sie im

täglichen Leben praktisch angewendet werden. Wir lernen erhobenen Hauptes gehen. Wir lernen unsere Augen öffnen und das Leben sehen. Wir lernen die Burg der Finsternis verlassen und unser wahres Erbteil der Freiheit antreten. Wir lernen die Göttlichkeit der Schöpfung kennen. Wir lernen die Göttlichkeit des Menschen sehen. Wir lernen, ihres eigenen Wertes und ihrer Göttlichkeit bewußte Menschen zu sein.

Wenn ein Mensch kraftvoll bis ins Mark, wenn ein Einzelner furchtlosen Geistes und seiner Würde bewußt wird, ist das mehr wert als Tonnen theoretischer Erkenntnis. Was wir brauchen, sind aufrichtige Männer, Frauen und Kinder, ausdauernde Arbeiter, welche bereit sind, die träge Vergangenheit abzuschütteln und für das Wohl anderer zu wirken. Yoga betont immer wieder nachdrücklich, daß die einzige Hilfe, welche wir der Welt geben können, darin besteht, daß wir zuerst uns selbst helfen. Erst wenn ich selbst stark, furchtlos und unabhängig bin, bin ich in der Lage, auch in anderen den Drang zu erwecken, ebenfalls so zu werden, aber niemals vorher. Einmal erwacht wird der Einzelne den Leitgedanken seines Lebens dem Beispiel entnehmen, das er vor Augen hat. Unser Ziel ist also Selbsterziehung. Gib einer Eiche den richtigen Boden, und sie wird bald wachsen und ihre gewaltigen Äste ausbreiten! Gib einem Mitmenschen den Leitgedanken der Kraft – und er wird wie ein Weiser handeln! Solch eine stille, bewußte Erziehung ist: Yoga.

Von Jugend an war ich eine Suchende und stellte Fragen, wo immer ich hoffte, eine Antwort bekommen zu können. Was für einen Sinn hatte dieses Leben, wenn am Ende doch immer nur der Tod und Verwesung stand? Wozu sich bemühen, lernen, verzichten, bescheiden sein, anständig und was noch alles, was eine sogenannte gute Erziehung im Elternhaus versucht hatte mir beizubringen? Doch diese Fragen spielten sich alle in meinem Kopf ab und verursachten sehr viel Unruhe in meinem Innern, ohne daß es im Außen bemerkt wurde. Nach meinem Nah-Tod-Erlebnis aber waren meine Fragen anders geworden. Ich wußte jetzt, daß es eine ganz andere Dimension gab, in der all diese Ganzheit und Einheit, nach der ich mich sehnte, existierte. Ich wußte, daß ich einen Weg, meinen Weg, finden mußte, um wieder diesen wunderbaren Zustand erfahren zu können und dazu brauchte ich Anleitung, Wegweisung. Angekommen bei Herrn Yesudian und Elisabeth Haich fühlte ich mich auf dem richtigen Weg und war darüber voll innerer Freude und Dankbarkeit.

In meiner Ehe kriselte es. Es gab zwar keine Diskussionen mehr, ob, wann und wo mein Mann zur Jagd ging, ich hatte ja jetzt „mein Yoga", doch das Thema Jagd blieb nach wie vor ein Reizthema. Wir merkten dabei beide nicht, daß wir emotional vollkommen auseinanderdrifteten. Ein routiniert geplanter Alltag und natürlich die Kinder waren die beiden Faktoren, die uns so etwas wie Gemeinsamkeit vermittelten. Unser einst erfülltes Liebesleben war zu einem seltenen Sexerleben geworden, von Erfüllung gar nicht mehr zu reden...

Über diesen evident werdenden Krisenzustand meiner Ehe war ich nicht nur unglücklich, sondern auch sehr beunruhigt, besorgt. Ich liebte meine Familie, unser kultiviertes Zuhause und all die schönen Dinge, die wir besaßen und uns leisten konnten. Reisen, Ferienaufenthalte am Meer, kulturelle Ereignisse, Theater, Konzerte, Festspiele, wir spielten beide Tennis, im Winter waren wir begeisterte Skiläufer, auch die kulinarischen Genüsse der „Sterne-Restaurants" waren für uns beide stets ein Lustgewinn. Gesundheitlich konnte ich bei all dem wieder mithalten. Und nun ein Zustand, der sich zum Problem entwickeln sollte.

In meiner Not bat ich bei meinem nächsten Zürichbesuch um einen Gesprächstermin bei Frau Haich. Ich hatte ihre *Einweihung* gelesen, eine „Muß-Lektüre" für jeden sinnsuchenden Menschen und meine Erwartungen in dieses Gespräch waren groß.

Ich bekam einen Gesprächstermin bei ihr zu Hause in der Restelbergstraße auf dem Zürichberg. Aufgeregt läutete ich pünktlich um vier Uhr nachmittags an ihrer Tür, ein Hund bellte und dann öffnete sie mir selbst, elegant, dezent geschminkt, liebevoll und freundlich, bat mich in den Salon, wo ich wieder das gleiche herrliche Panorama über den Zürichsee und die Alpen vorfand, das ich in dieser Stadt so ganz besonders liebe. Sie bat mich Platz zu nehmen, Hund und Katze folgten dieser Aufforderung gleichermaßen.

Sie sah mich an, forschend, prüfend, fast durch mich hindurchschauend und sagte: „wir kennen uns" mit einer Selbstverständlichkeit, die umwerfend war, obwohl wir uns in diesem Leben das erstemal persönlich gegenüber saßen. Ich fühlte mich tatsächlich „erkannt" und so kamen wir sehr schnell auf die Thematik vergangener Inkarnationen. Sie bestätigte mir in diesem Gespräch, daß zwei ganz bestimmte Träume, die ich in meiner Kindheit bis etwa zu meinem elften Lebensjahr hatte, mit zwei vergangenen Inkarnationen zu tun hatten. In beiden Leben war ich gewaltsam zu Tode gekommen, entsprechend war die emotionale Ladung dieser Träume. Wir sprachen weit über eine Stunde zusammen und erst gegen Ende kam ich zu meiner Eheproblematik, die sie sofort durchschaute und verstand. Sie gab mir die Adresse und Telefonnummer einer emigrierten ungarischen Dame in Zürich, die Horoskope für mich und meinen Mann erstellen sollte. Bei einem nächsten Gesprächstermin würden wir meiner Eheproblematik astrologisch fundiert auf den Grund gehen.

Schon nach zwei Wochen hatte ich dann einen großen braunen Umschlag aus der Schweiz kommend in den Händen, Inhalt: die beiden Radix-Horoskope von meinem Mann und mir. Ich versenkte mich in all die Zeichen und Symbole, ohne das Geringste zu verstehen. Voller Ungeduld fieberte ich dem nächsten Besuchstermin bei Frau Haich entgegen.

Das Wiedersehen mit Frau Haich zur Horoskopbesprechung fand dann in einer ganz anderen Atmosphäre statt, nämlich in Ponte Tresa, wo ich meinen ersten Sommeraufenthalt im Ashram hatte. Das Privathaus von Frau Haich und Herrn Yesudian lag dem Ashramgelände genau gegenüber. Erwartungsvoll läutete ich pünktlich zur festgesetzten Zeit und wurde von Frau Haich in einem roten Kleid begrüßt, das ihre wundervoll blauen Augen so richtig zum Strahlen brachte. Sie liebte die Farbe Rot, was sie bei ihren Vorträgen und Fragestunden wiederholt zum Ausdruck gebracht hatte. Wir nahmen im Salon Platz, mit Blick auf den See, den Lago di Lugano. Es war schwülheiß, typisch für das Tessiner Sommerklima, die Atmosphäre hatte eine ganz besondere Qualität, die ich nicht näher beschreiben kann, doch bei jedem Treffen mit Frau Haich nahm ich sie wahr, subtil, dennoch spürbar. Als die beiden Horoskopgrafiken auf dem Tisch ausgebreitet lagen, rückte sie, mit einer für sie sehr typischen Bewegung ihre Brille zurecht und schaute mich von unten nach oben lächelnd an mit den Worten: „So, so, die Löwin mit dem Stieraszendenten und ihr Mann ein Stier mit einem Steinbockaszendenten. Ich bin auch eine Stiergeborene, ich sagte Ihnen bereits, daß wir uns alle sehr lange kennen.“

Danach sagte sie mir Dinge über meinen Mann und mich, aus der Vergangenheit, Gegenwart und Zukunft, die mich nicht nur in Erstaunen versetzten, sondern auch meinen Eifer weckten, diese wunderbare Wissenschaft der Astrologie selbst zu erlernen, denn sie ist ein Erklärungsmodell für schicksalhafte Zusammenhänge. Außerdem waren alle ihre Aussagen, die mich und meine Familie betrafen, richtig, sowohl vergangenheits- als auch zukunftsbezogen.

Am nächsten Tag kaufte ich in Lugano die ersten astrologischen Lehrbücher und begann im Garten des Ashrams mein persönliches Astrologie-Studium, das mich bis zum heutigen Tag fasziniert und sowohl mir selbst als auch bei der Beratung meiner Schüler eine große Lebenshilfe geworden ist. Es ist mir wichtig klarzustellen, daß die heute so populäre Mundanastrologie mit ihren Vorhersagen, die oft an üble Wahrsagerei erinnert, statt menschenfreundliche Beratungshilfe zu sein, zu keinem Zeitpunkt mein Thema war. Die Qualität einer astrologischen Beratung hängt immer von der Bewußtseinsstufe und den spezifischen Lebensidealen des Beraters ab. Das persönliche Niveau des Astrologen entscheidet über das Niveau der Aussage. Im übrigen sollten solche Beratungen nur in einem Dialog stattfinden und nicht schriftlich oder auf Kassette. Die ganz persönlichen Eindrücke bezüglich Erscheinung, Aufmachung, Benehmen, Sprache, Bildung oder Nicht-Bildung und vieles mehr, sind wichtige Indizien für den Berater, wo der Ratsuchende in seiner Entwicklung zum aktuellen Zeitpunkt steht. Auch die Reaktionen, beziehungsweise die

Belastbarkeit eines Menschen, müssen bei der Aussage individuell mit berücksichtigt werden. Ich selbst folge bis zum heutigen Tag dieser einst mahnenden Empfehlung von Frau Haich. Geldverdienen mit der Befriedigung der Neugierde von Astrologie-Klienten ist eben ganz etwas anderes als eine astrologische Lebenshilfe nach dem Verständnis einer alten, großen Seele, wie Elisabeth Haich es war.

Um das Kapitel über Elisabeth Haich abzurunden, werde ich etwas vorgreifen müssen. Neun Jahre lang war sie meine hochverehrte Lehrerin und ist für immer meine geistige Mutter geblieben. Herr Yesudian verhalf mir zu einem soliden Yoga-Fundament, philosophisch, psychologisch und physisch, ebenfalls neun Jahre lang. Mit meinem zweiten Mann bestand dann mit beiden Lehrern ein etwas engerer privater Kontakt, da wir die Freude hatten, die beiden bei meinen jährlichen Aufenthalten in der Sommerschule in Ponte Tresa zum Essen in die „Villa Magliasina" einladen zu dürfen. Das Zusammensein mit diesen beiden großen Menschen war immer etwas Besonderes. Eine unvergeßliche Begebenheit sollte ich noch erwähnen, gedacht für all die sogenannten Yogis, die glauben, daß man schon durch Einhalten einer entsprechenden Diät sich dem Göttlichen nähert... Herr Yesudian suchte sich einmal ein Gericht mit Schweinemedaillons aus und Frau Haich bestärkte ihn darin, er solle das ruhig einmal essen, in diesem Restaurant könne man das. Als mein Mann einen köstlichen Burgunder kredenzen ließ, sagte Frau Haich wieder: „Du mußt das einmal probieren, das darfst du dir nicht entgehen lassen." Und so trank Herr Yesudian bei jedem Zuprosten einen Mini-Schluck, um nicht die Harmonie unserer Eßkultur zu stören. Das ist Toleranz, Einfühlungsvermögen und geistige Souveränität. Um Mißverständnissen vorzubeugen, Herr

Yesudian, indischer Brahmane, trank normalerweise keinen Alkohol und war selbstverständlich Vegetarier.

Eines Tages war es dann Herr Yesudian, der mir dringend riet, ich solle mit einem gewissen Herrn BKS Iyengar in Indien Kontakt aufnehmen, da für meine weitere yogische Ausbildung in Europa keine geeigneten Möglichkeiten bestünden. Er sagte mir, daß Jehudi Menuhin sein Schüler sei und viele andere bedeutende Persönlichkeiten. Er sei der größte derzeitige Yoga-Meister. Herr Yesudian zeigte mir dann das Buch *Licht auf Yoga* von Herrn Iyengar und bemerkte, daß es eine Art Yoga-Bibel sei. Ich kannte dieses Buch noch nicht, doch beim Anblick der vielen Asana-Fotos empfand ich Abscheu. Doch mein Vertrauen in Herrn Yesudian war unerschütterlich und so nahmen die Dinge in seinem Sinne ihren Lauf, doch erst zu einem späteren Zeitpunkt. An dieser Stelle möchte ich bemerken, daß Frau Haich absolut anderer Meinung war als Herr Yesudian, was meine weitere yogische Entwicklung betraf. Sie fand diese Empfehlung falsch und blieb wohl bei ihrer Meinung, denn auf keinen meiner aus Indien an sie gerichteten Briefe erhielt ich eine Antwort...

Ich möchte das Kapitel über Frau Haich nicht beenden, ohne nochmals auf ihr Buch *Die Einweihung* hinzuweisen, das in fast alle Weltsprachen übersetzt ist und für jeden Suchenden ein Lehrbuch ganz besonderer Art ist. Ihr persönliches Leben als auch frühere Inkarnationen werden in diesem Buch beschrieben. Es ist in meiner recht umfangreichen Bibliothek mein Lieblingsbuch und so zitiere ich daraus einen bedeutungsvollen Absatz:

> Ich erkenne, daß ich alle diese Geschehnisse, die ich in meinem Leben auf der materiellen, irdischen Ebene

als „Wirklichkeit" erlebte, in meiner Einweihung in der Pyramide vor mehreren tausend Jahren schon erlebt hatte. Damals lagen die Geschehnisse in der Tiefe meiner Seele als unbewußte, noch latente Energien, noch reine Ursache. Denn alles, was hier auf Erden geschieht, ist die Verwirklichung dessen, was auf der geistigen Ebene schon fertige, auf ihre Verwirklichung wartende Ursache ist. Wenn man fähig ist, diese Tiefe des Selbst, wo jene Energien auf ihre Verwirklichung warten, bewußt zu erreichen, so erlebt man mit den Ursachen gleichzeitig die Wirkung – die Zukunft – als vollkommene Gegenwart! Und die Gegenwart, unser Leben, alles, was mit uns geschieht, ist nichts anderes als Gelegenheit, Einweihungsprüfungen zu bestehen. Die inneren Spannungen, die wir mit unseren Gedanken, Worten und Taten seit Äonen in uns aufgespeichert haben und die die Ursachen unseres Schicksals, unserer Zukunft sind, zu lösen und von ihnen frei zu werden. In dem Maße, als wir diese Spannungen bewußt machen und ausleben, befreien wir unser von diesen Energien gebundenes und durch diese Gebundenheit beschränktes menschliches Bewußtsein und identifizieren es mit dem wahren, hinter jedem persönlichen „Ich-Gefühl" wartenden göttlichen Selbst – mit Gott – und das ist

Ceylon, erste Begegnung mit Asien

Es mag überraschen, daß ich in diesem und dem nachfolgenden Kapitel meine Erfahrungen an zwei geographisch so weit auseinanderliegenden Orten schildere. Der Spannungsbogen zwischen Ost und West, Asien und Mittel- beziehungsweise Südamerika, hat direkten Bezug zu meiner persönlichen Lebensgeschichte. Die „Wieder-Begegnung“ mit diesen gegensätzlichen Kulturen und den Menschen, die in meinem Leben Hauptrollen übernommen haben, hat mich schon zur Zeit des Geschehens und Erlebens zutiefst berührt. Ich wurde mit karmischen, sehr alten Strukturen meiner Vergangenheit konfrontiert, auf die ich zum damaligen Zeitpunkt noch nicht genügend vorbereitet war, um zu einer Interpretation meiner Wahrnehmungen fähig zu sein. Doch die Betroffenheit spürte ich schon damals in einer Weise, daß ich starke physische Reaktionen hatte. Es ist ja heute eine bekannte Tatsache, daß unsere Gedanken nicht nur mit unserem Körper in Zusammenhang stehen, sondern auch mit Ort und Zeit. Wenn ich bei diesen Reisen ab und zu einen Blick erhaschen konnte auf ein in meinem tiefsten Innern verschlossenes, Jahrtausende altes Wissen, so sei daran erinnert, daß die Entwicklungsgeschichte unseres Planeten in Jahrmilliarden gerechnet wird... So phantastisch wie die Zahlen ist auch die Vorstellung davon...!

In meinen Tagebüchern finde ich so detaillierte Aufzeichnungen über Ceylon, diese wunderbare Insel, die heute Sri Lanka heißt, wie über keine andere Reise. Dies mag seinen Grund darin haben, daß ich mich vom Betreten ceylonesischen Bodens an in einer besonderen Schwingung fühlte. Ich machte die Reise zusammen mit meinem Mann und einem befreundeten Ehepaar, Abflug von Frankfurt nach Colombo war der 13. Januar 1973.

Mein Empfinden einer gesteigerten Sensibilität und Sensitivität teilte ich schon gleich am Anfang unseres Aufenthaltes meinem Mann mit. Mir fällt an dieser Stelle das bekannte Experiment mit den zwei Geigen ein: Von zwei gestimmten Geigen liegt die eine auf einem Tisch, auf der anderen wird auf einer leeren Saite ihr Ton gespielt. Der Beobachter stellt fest, daß auf dem anderen Instrument die gleiche Saite zu vibrieren beginnt, mitschwingt... Es gibt mehrere Beispiele des Zusammenklangs oder der „sympathischen Resonanz".

Genau dieses Gefühl der Resonanz, das mich in einen bis dahin unbekannten Zustand innerer Ausgeglichenheit versetzte, war eine unerwartet gegebene Situation, die meine innere Arbeit einer Wandlung vibratorisch zu unterstützen schien. Das Zusammensein mit meinem Mann war wieder mit Nähe verbunden und die kalte, schmerzende Distanz, die sich zwischen uns gelegt hatte, war verschwunden. Dies waren ideale Voraussetzungen für all die unvergeßlichen Erlebnisse, die wir miteinander teilen durften. Ich machte mir auch Gedanken darüber, ob nicht ganz einfach das Freisein von familiären, gesellschaftlichen und geschäftlichen Verpflichtungen die Ursache für dieses unbeschreibliche Hochgefühl war. Aber nein, wir hatten andere Urlaube in dieser Alltagslosgelöstheit verbracht und da war nicht diese Art der Vibration in meinem Energiesystem, wie ich sie hier kennenlernte.

Ich hoffe, den Leser meines Buches mit der Schilderung des Tagesablaufs und der vielfältigen Erlebnisse, die diese Insel uns bot, nicht zu langweilen. Da Sri Lanka heute immer mehr im politischen Chaos versinkt, ist es vielleicht ganz aktuell, von den einmaligen Schönheiten und der Jahrtausende alten Kultur dieser Perle im Indischen Ozean zu berichten, gerade aufgrund der Tatsache, daß eine Zeitspanne von fünfundzwanzig Jahren dazwischenliegt.

Als wir am 14. Januar 1973 um 13.10 Uhr Ortszeit, nach einem Achtstunden-Direktflug aus der Maschine stiegen, hatte es 32° C im Schatten. Die Einteilung der Fluggäste nach Hotels dauerte fast zwei Stunden, dann begann eine abenteuerliche Busfahrt, siebenunddreißig Kilometer bis zum „Pegasus-Reef Hotel“ in Hendala, vorbei an einheimischen Hütten und Dörfern in Palmenwäldern gelegen. An jedem Wasserloch wuschen und badeten sich schöne, schlanke, braune Menschen, darunter viele Kinder. Daneben wurde geangelt, und dazwischen tummelten sich zahlreiche Hunde, alle sehr dünn und mit langen hochstehenden Schwänzen, schwarze, klapprige Rinder und Ziegen vervollständigten dieses Szenario. Es herrschte Linksverkehr auf abenteuerlichen Straßen und noch abenteuerlicheren Brücken. Wir hielten jedesmal den Atem an, ob wir auch lebend auf die andere Seite kommen würden. Schieres Entsetzen löste der Anblick der „Metzgerläden“ entlang der Straße aus. In offenen Hütten aus geflochtenen Palmen hingen Fleischteile vollkommen ungeschützt, an anderer Stelle wurde gerade geschlachtet und das alles bei über 30° C im Schatten. Todmüde bezogen wir in dem ganz neuen „Pegasus-Reef Hotel“ unsere sehr schönen, mit zartgrünen Rattanmöbeln eingerichteten Zimmer mit Blick auf ein gleichfarbiges Schwimmbad und ein türkisfarbenes, ruhiges Meer.

Am Abend nahmen wir dann das erste ceylonesische Curry-Gericht zu uns, ein „beef-curry“ mit Umbra und Reis. Ein Curry-Gericht ist eine Symphonie von Scharf und Süß, Bitter und Sauer. Die Hauptingredienzen einer Curry-

Gewürzmischung sind Chilies und Pfeffer, doch erst die weiteren Beigaben anderer Gewürze ergeben die feinen Geschmacksunterschiede: Nelken, Zimt, Gelbwurz, Ingwer, Basilikum, Koriander, Dill, Fenchel, Kreuzkümmel, Kardamom, Knoblauch und noch andere. Dazu tranken wir ein leichtes, wohlschmeckendes ceylonesisches Bier, und tropische Früchte, Ananas, Papaya, die reifsten Mangos, die ich je geschmeckt habe, und die zehn Zentimeter kleinen Bananen, reif und süß, rundeten das Mahl ab. Danach nahmen wir noch einen Drink in der „Shobena Bar", gemischt mit Arrak, dem Nationalgetränk der Ceylonesen, das jahrelang in Holzfässern gereift sein muß. Im Arm meines Mannes schlief ich erfüllt und glücklich ein, obgleich der Airconditioner auf vollen Touren summte und die Zimmertemperatur noch immer 27° C betrug.

Das Frühstück, das uns von einer atemberaubenden ceylonesischen Schönheit, gekleidet im landesüblichen Sarong und engem Mieder, barfuß, liebenswürdig und mit sanften, stillen Bewegungen serviert wurde, bestand aus frischstem Pineapple-Juice, einer riesigen Kings Coconut, Toast, gesalzener Butter, der köstlichsten Orangenmarmelade, die ich je gegessen hatte, und natürlich dem obligatorischen Ceylon Tee. Nach solchen Gaumenfreuden erkundeten wir den weißen, feinsandigen Strand, der hier wie um die ganze Insel von Kokospalmen gesäumt ist und wanderten bis zum nächsten Fischerdorf in ständiger Begleitung einer neugierigen Kinderschar, die uns alle ihre Adressen, auf kleine Papierstückchen geschrieben, übergaben mit der Bitte und in der Hoffnung auf eine Postkarte aus Deutschland. Ich erfüllte übrigens diese kleinen bescheidenen Wünsche der Kinder mit den unvergeßlichen samtschwarzen Augen. Ein Junge unter ihnen tat sich besonders hervor und kletterte im wahrsten Sinne des Wortes affenartig auf eine hohe Kokospalme und schnitt uns zwei ganz junge Kokosnüsse ab, „curumba“ genannt. Wieder am Boden, schlug er mit einem Messer eine etwa zwei auf zwei Zentimeter große Öffnung hinein und reichte sie uns zum Trinken. Ein anderer elfjähriger Junge bat uns zu einem Besuch in seiner Hütte, doch wir vertrösteten ihn auf ein andermal und gingen zurück zu einem Bad im Meer, das für etwas Abkühlung sorgen sollte. Doch 29° C Wassertemperatur bedeuteten keine Erfrischung, so blieben wir einfach im kristallklaren Wasser auf einem weichen Sandpolster als Untergrund liegen, Körper und Seele badeten gleichermaßen in einem Wonnegefühl, das ich ebensowenig beschreiben kann wie den Geschmack einer ausgereiften, gerade gepflückten Mango-Frucht. Man muß es erleben, um zu wissen...!

Überall gibt es auf Ceylon Krähen, am Strand versuchten sie sogar, unsere Kokosnüsse zu stehlen. Man durfte nichts liegen lassen, Achtsamkeit war angesagt. Die ceylonesische Küche hatte es mir von Anfang an angetan, ebenso meinem Mann. Sie ist leicht, doch durch die Chilis sehr scharf, ohne Durst zu machen. Am Abend erlebten wir den ersten Schlangenbeschwörer. Er arbeitete mit zwei Kobras, ich durfte eine davon anfassen, eine eigenartige Berührung, doch ohne jede Angst. Schlangen faszinierten mich schon immer. Außer der Schlangenvorführung ließ dieser Magier dann noch etwas ganz Unglaubliches geschehen. Er zeigte uns einen Mango-Samen, wir durften ihn in die Hand nehmen, und dann ließ er vor unseren Augen einen Mangobaum daraus wachsen, mit Wurzeln und allem, was zu diesem Gewächs gehört, eine unglaubliche Vorführung.

Am nächsten Tag war um sieben Uhr Wecken, um acht Uhr Abfahrt nach Colombo zur Stadtbesichtigung. Auf der sieben Meilen Fahrt dorthin hatten wir das Vergnügen, einem Arbeitselefanten beim Beladen eines Lastwagens mit riesigen Holzstämmen zuzusehen. Man belehrte uns, daß ein „guter Elefant“ einen Wagen vollkommen selbständig be- und entladen kann. Der Besitz eines solchen Tieres ist natürlich für den Besitzer ein Vermögen wert. Dann waren wir auch schon im orientalisch-asiatischen Basarviertel von Colombo, in „Pettah“. Der Lärm solcher Viertel war mir nicht unbekannt, doch die Gerüche waren hier von einer Penetranz, wie ich sie später nicht einmal in Indien wiedergefunden habe. Kaum zu beschreiben waren auch die Typen von Menschen, die Angebote an Früchten, Gemüsen und Fischen, die zum Teil auf Haus- und Budendächern zum Trocknen ausgelegt waren, Gewürze, in einer unzählbaren und vorher nie gesehenen Vielfalt, Fleisch in einer Darbietung wie schon beschrieben, dazwischen brannten überall Räucherstäbchen in den verschiedensten Duftnoten, Tausende von schwarz glänzenden Krähen, die „Polizei Ceylons“ genannt, flogen, hüpften, schrien und schimpften dazwischen. In „Pettah“ sollten morgens vor sechs Uhr sogar Kinder verkauft und verkrüppelt zum Betteln angeboten werden. Davon wollten wir uns allerdings nicht selbst überzeugen...!

Eine Hafenrundfahrt entspannte die etwas strapazierten Nerven und Sinne wieder, ebenso eine Fahrt durch das vornehme „Cinnamon“ Viertel, wo die Botschaftsresidenzen und die Villen der Reichen waren. Ein Besuch bei einem Juwelier, der uns als das erste Haus am Platz von unserem Hotel-Concierge empfohlen worden war, rundete unseren Stadtaufenthalt in angenehmer Weise ab. Ich kaufte mir zwei ungewöhnlich große, klare Mondsteine und sechs tiefdunkle blaue Saphire, für deren Vorkommen Ceylon berühmt ist.

Colombo besichtigen, ohne in einer Batik-Fabrik gewesen zu sein, ist fast nicht denkbar. Auch wir besuchten eine solche und bewunderten die unglaublich schönen und für unser Farbempfinden ungewöhnlichen Farbzusammenstellungen. Natürlich konnte ich nicht widerstehen, auch einen federleichten Baumwoll-Sari und einen Sarong zu erstehen. Diese Art der Kleidung ist den ceylonesischen Klimaverhältnissen viel besser angepaßt als unsere europäischen Sommerkleider. Der Bus brachte uns wieder zurück zum Hotel. Eine Busfahrt ist hier wirklich etwas ganz besonderes, jeder Bus hat zwei Fahrer, der eine sitzt hinter dem Lenkrad und der andere muß ständig, auf dem Trittbrett stehend, aussteigen und nachsehen, ob „man“ aneinander vorbeikommt. Bei alldem ist die Huperei das wichtigste Verständigungsmittel!

An einem anderen Tag fuhren wir schon früh morgens nach Colombo und bestiegen dort einen sogenannten „luxury train“, einen Luxus-Zug, den die Engländer zurückgelassen haben, mit voll klimatisiertem Speisewagen, in alle Richtungen schwenkbaren Sitzen und weißgekleidetem, überaus freundlichem Personal, das barfuß, in völliger Lautlosigkeit immer im rechten Moment zur Stelle war. Die Fahrt ging nach Kandy, der letzten Hauptstadt der singhalesischen Könige, in einer wunderschönen Hügellandschaft gelegen. Zunächst ging es vorbei an dichtem Dschungel, den Hütten der Einheimischen, an Lotusteichen, wo die Eingeborenen bis zur Hüfte im Wasser wateten und Lotusblüten schnitten, dann kamen die ersten lichtgrünen Reisfelder, Wasserbüffel bei der Arbeit und dann die ersten Hügel des Hochlandes, mit Wasserfällen, Teichen, Flüssen und dazwischen immer wieder dieses unbeschreiblich schöne Grün der Reisfelder und die malerischen Alltagsszenen der Eingeborenen.

In „Bentota“, eine Station vor „Kandy“, fünfhundert Meter über dem Meer gelegen und zweiundsiebzig Meilen von Colombo entfernt, stiegen wir aus. In Bussen ging es weiter aufwärts ins zentrale Hochland, etwa eine halbe Stunde bis zu den ersten Teeplantagen und der Besichtigung einer Teefabrik in „Nuwara Eliya“. Soweit das Auge reichte, bedeckte ein samtgrüner Teppich von Teebüschen die Hänge und Täler. Malerisch der Anblick der Teepflückerinnen bei ihrer Arbeit, mit ihren typischen bunten Kopftüchern, die geflochtenen Teekörbe auf dem Rücken, so daß die Pflückerinnen beide Hände frei hatten, die gepflückten Blätter über die Schultern nach hinten werfen zu können. Es waren meist Tamilen, also Hindus, mit dem roten Punkt Shivas auf der Stirn, nicht älter als etwa siebzehn Jahre, wunderschöne junge Frauen mit blütenweißen Zähnen, die sie beim Lachen zeigten. Unser Reiseführer erzählte uns, daß diese bezaubernden, grazilen Geschöpfe von ihren Aufsehern wie Leibeigene behandelt wurden und jederzeit zu Liebesdiensten bereit sein müssten und das bei einem Hungerlohn von fünfzig Pfennig am Tag... Eine Pflückerin schafft es übrigens, bis zu vierundzwanzig Kilo grünes Blatt pro Tag zu pflücken.

In der Teefabrik erklärte man uns die Unterschiede der einzelnen Teesorten. Die beste ist B.O.P. – broken orange pekoe – dunkel, nicht zu klein, ohne Stiele, von den jüngsten Blättern. Das Fermentieren, also die Gärung, dauert etwa eineinhalb bis zwei Stunden, dabei entwickeln sich die ätherischen Öle des Aromaträgers und das anregende Tein. Wir kauften ein Pfund dieser exquisiten Sorte, in der Hoffnung, zu Hause, in Deutschland, noch einen „Nachgeschmack“ dieses Erlebens zu haben.

Zurück zum Bus, zur Bahn, der Zug wartete immer bis die Ausfluggäste wieder kamen und dann erst fuhr er weiter. Ein Lunchpaket erwartete uns, das Beste davon war ein Riesenstück süßester Ananas, einfach köstlich! Und natürlich immer wieder Tee nach dem englischen Sprichwort „any time is teatime“. Vom Bahnhof in Kandy aus ging es dann mit einer österreichischen Reiseleiterin, die mit einem Singhalesen verheiratet war, zum „Temple of the Tooth“, einem dreistöckigen Tempel, „Dalada Maligawa“ genannt, wo ein Zahn Buddhas als Reliquie aufbewahrt wird. Wir opferten am Altar „Frangipani“, Gardenien, mit ihrem betörenden Duft, und beobachteten Buddhisten bei der Andacht. Ceylons Geschichte und Kultur sind untrennbar mit dem Buddhismus verbunden seit der Regierung des indischen Großkönigs Asoka im dritten Jahrhundert vor Christus. Es ist die Hochburg des Theravada-Buddhismus und der Legende nach hat Buddha Ceylon dreimal besucht. Aufgrund dieser Überlieferung gibt es in Ceylon einige geheiligte Orte, die zu den wichtigsten Wallfahrtsstätten der Buddhisten zählen. Ich habe ganz vergessen zu erwähnen, daß ich bei meiner Ankunft am Flughafen in Colombo von einem buddhistischen Mönch in Deutsch angesprochen worden war. Er war überaus freundlich, von sehr angenehmer Ausstrahlung und übergab mir Prospektmaterial über den Buddhismus. In einem kurzen Gespräch lud er mich zu einem Besuch in seinem Kloster in Kandy ein. Ich kaufte dann noch ein Buch, das er anbot, *Geistestraining durch Achtsamkeit*, der Autor war Nyanaponika und er stand leibhaftig vor mir. Im Nachhinein habe ich es sehr bedauert, seine Einladung zu einem Besuch nicht wahrgenommen zu haben.

Nach einer Besichtigung von Kandy fuhren wir zu dem weltberühmten Elefantenbad, wo die Dickhäuter bewegungslos im braunen Wasser des Flusses lagen und sich von ihren Führern mit dem Schrubber reinigen ließen. Einige Elefanten erwarteten uns schon am Rande des Flusses und ihre Führer boten ihre Dienste an: Zwei Rupies kostete das Besteigen für ein Foto für das Familienalbum, fünf Rupies zahlte man für einen Elefantenritt hinunter zum Fluß. Die umstehenden Einheimischen hatten mit uns Touristen sichtbar ihren Spaß.

Die letzte Besichtigungsstation war an diesem Tag der Botanische Garten „Peradeniya", wo wir unzählige Floraarten bewunderten, Orchideen in nie zuvor gesehener Pracht, Größe, Farbigkeit. Von etwa sechstausend Pflanzenarten, die es in der Welt gibt, gedeihen allein auf Ceylon viertausend, es ist wahrlich eine blühende Insel.

Als wir spät abends in Colombo ankamen, war es bereits dunkel und wir mußten aufpassen, daß wir im Bahnhofsgelände nicht über die am Boden hingekauerten, zum Teil schon schlafenden Menschen, stolperten. Manche hatten eine Zeitung unter sich oder unter ihren Kindern ausgebreitet, was für ein Ruhebett!

All diese Eindrücke und kontrastreichen Erlebnisse mußten erst einmal verarbeitet werden. Wir wollten uns einige Tage Zeit dazu gönnen.

Zurück im Hotel, saßen wir unter einem sternenklaren Nachthimmel, bald war Vollmond, zusätzlich von brennenden Fackeln beleuchtet, genossen wir ein Barbecue Roast Dinner, das hier eine Jahrhunderte alte Tradition hat. Romantik pur! Ein Sextett sorgte für Tanzmusik, wie sie in Paris oder New York nicht anders klingt...

Ich fühlte mich unendlich lebendig und war dankbar für die wiedergewonnene physische und psychische Nähe zu meinem Mann.

Wir setzten unsere Ausflüge zu den Sehenswürdigkeiten der Insel und ihrer langen kulturellen Vergangenheit fort. Ein Ausflug nach „Hikkaduwa“, zu den berühmtesten Korallengärten Asiens, stand als nächstes auf dem Programm. Wieder fuhren wir mit dem Zug ab Colombo, vorbei an malerischen Fischerdörfern, sahen jetzt ganz andere Fischerboote, als wir sie bisher an der Küste gesehen hatten. Sie sind portugiesischen Ursprungs, genau wie die Bevölkerung. Grabsteine und überall kleine schwarze Hausschweine sind Anzeichen einer katholischen Bevölkerung; sowohl die Buddhisten als auch die Hindus haben weder das eine noch das andere. An dieser Südküste Ceylons standen Tausende von Kokospalmen, der Baum, von dem alles verwertet wird: Von den Blüten zapft man den „Toddy“ ab, aus dem Arrak destilliert wird, die Kokosnuß wird gegessen und getrunken, aus dem trockenen weißen Fruchtkern preßt man das Öl, das Hauptkochfett, das Holz wird verarbeitet und aus den Palmzweigen wird alles Mögliche geflochten, vor allem die Hüttendächer und die Kokostaue, die für den Fischfang benötigt werden. Zwischen den einzelnen Kokospalmen waren Taue gespannt, und die Einheimischen brachten nach Sonnenuntergang die Tongefäße hoch oben an den Palmen an und bewegten sich dabei durch die Benutzung der gespannten Kokostaue auf dem direktesten Weg von Baum zu Baum.

In „Hikkaduwa“, einhundert Kilometer von Colombo entfernt, zogen wir uns im „Coral Gardens Hotel“ um zur Bootsfahrt zu den Korallengärten. Zwölf Personen gingen dann in ein Boot mit Glasfaserboden. Wir saßen alle sehr gespannt unter uns schauend in das kristallklare Wasser, wo sich leuchtend gelb, schwarz, blau, rot gefärbte Fische zwischen den vielfältigsten Korallenformen und Farben tummelten. Danach gab es ein Hummeressen im nahen Strandhotel. So viele frisch gefangene Hummer wie auf Ceylon haben wir selten wieder gegessen. Mein Mann, ein ausgesprochener Hummer-Liebhaber, bestellte sich oft schon zum Frühstück ein solches Schalentier, was ihm den Spitznamen „George, the Lobster" einbrachte.

Anschließend besichtigten wir noch eine Schildpattverarbeitung, wobei die Schildkrötenplatten zurechtgefeilt und dann in einem offenen Feuer aneinandergeschmolzen wurden. Wir erwarben ein paar schöne Stücke als Erinnerung.

In einer Klöppelschule für Mädchen entdeckten wir die herrlichsten Spitzen, die Jüngsten der Kinder waren etwa fünf Jahre alt und arbeiteten den ganzen Tag. Ich habe noch nicht erwähnt, daß, wo immer der Zug hielt, die Einheimischen in Scharen auftauchten begleitet von jeder Menge Kinder, die Babies auf dem Arm und das nächste schon unterwegs. Alle lächelten, winkten und beschauten uns mit großer Neugierde, es war immer eine Atmosphäre, die Harmonie ausstrahlte, Einfachheit und Ursprünglichkeit. Es fiel auf, daß die Menschen immer korrekt und sauber gekleidet waren in ihren malerischen Sarongs oder Saris, alle waren schön frisiert, die älteren Mädchen trugen die Zöpfe bis zu den Oberschenkeln reichend und die Frauen ihre gekonnt geschlungenen Knoten.

Die Tage vergingen wie im Flug. Auch mit unseren Freunden teilten wir viel Freude, Lachen und Wohlwollen und einen angeregten Gedankenaustausch.

Wir machten noch einen großen, anstrengenden Tagesausflug. Wieder war unser Transportmittel der Luxus-Zug, diesmal nach „Pollonaruwa“, dreihundertvierundsiebzig Kilometer von Colombo entfernt. In „Aukana“ stiegen wir aus und gingen zu Fuß zu einem uralten Buddha-Tempel mitten im Dschungel. Die Statue war aus dem Fels gehauen, sechzehn Meter hoch, etwa 500 nach Christus entstanden. Sie gilt als eine der großartigsten Buddha-Statuen der Welt. Ich spürte sehr stark das energetische Pulsieren dieses Ortes, es war ein ganz besonderer Platz. Wie wir wissen, ist auch ein Fels keine tote Materie, obwohl er kein Bewußtsein hat, ist auch er einem ganz bestimmten Lebenszyklus unterworfen. Als ich frontal zu dieser Riesenstatue stand, fiel mir spontan das Chacra-System des Menschen ein. Der aufrecht stehende Mensch, mit seinen übereinander angeordneten Chacras, ist über das Scheitel-Chacra mit dem Kosmos verbunden. Ein unvergeßliches, unbeschreibliches Gefühl der Verbundenheit mit allem, was mich umgab und weit darüber hinaus, habe ich in einem beglückenden Augenblick angesichts dieser monumentalen Buddha-Darstellung erfahren dürfen.

Von da ging es weiter mit Bussen, unsere Gruppe bestand aus Franzosen, Engländern und Japanern. Wir fuhren zur Ruinenstadt „Anaradhapura“, die vom 4. Jahrhundert vor Christus bis zum 9. Jahrhundert nach Christus das Zentrum der singhalesischen Kultur war. Die Architektur ist stark hinduistisch geprägt, der künstliche See, der im 12. Jahrhundert angelegt wurde, gehört zu den schönsten und größten seiner Art. Die alten Tempel dieses Ortes werden von den Buddhisten als heilig verehrt. Zu den eindrucksvollsten Skulpturen Ceylons gehört die „Gal Vihara Gruppe“, der meditierende Buddha oder sein trauernder Lieblingsjünger Ananda und der ins Nirwana eingegangene Buddha, eine dreizehn Meter und achtzig lange Felsskulptur. Ich spürte sofort die Energie dieses Kraftortes und verweilte in Stille und Andacht. Die Umgebung ist wunderschön, wohltuend. Im Wasser schwammen Schildkröten, Wasserbüffel badeten, die buntesten Schmetterlinge umflatterten uns und setzten sich auf mich, bunte Vögel flogen und zwitscherten umher und natürlich fehlten auch die schreienden Affen nicht. Sie waren sehr scheu, solange man sie nicht fütterte. Bezaubert haben mich in dieser Gegend die vielen Lotusteiche, ihre Blüten rot, weiß, rosa und stets der Sonne zugewandt. Wir befanden uns in der sogenannten Trockenzone der Insel, ganz anders deshalb die Pflanzen- und Tierwelt. Es gab jede Menge Krokodile, giftige Schlangen, Python und Kobra, in den Seen standen überall blütenweiße Reiher und Störche. Wir besichtigten noch einige weitere Bauten, darunter eine Dagoba von achtzehn Meter Durchmesser, die sogenannte „Wata Daga". Sie hat vier Stufenaufgänge mit je vier Mondsteinen und vier Buddha-Statuen vor der Dagoba. Die Steinreliefs zeigten menschliche Figuren, Elefanten, Löwen, Stiere und Gänse. Eine aus einem Felsblock gehauene Statue mit dem Palmblattmanuskript in den Händen stellt König Parakrama Bahu dar, der als bedeutender Herrscher galt, und noch heute ist sein Bild auf den Fünf-Rupienscheinen zu finden.

Bei der Weiterfahrt zu den weltberühmten Fresken von „Sigiriya", zur „Himmelsburg auf dem Löwenfelsen", passierten wir Kautschuk-, Kakao- und Teakplantagen. Erwähnenswert ist auch unser militärischer Begleitschutz, den wir nach Verlassen des Zuges erhalten hatten, ein Panzerwagen mit bewaffneten Soldaten vor der Buskolonne, einer in der Mitte fahrend und einer am Ende. Genau auf dieser Strecke war im letzten Herbst ein Touristenbus überfallen und ausgeraubt worden. Es war eine absolut einsame Gegend, besiedelt von Leoparden und Elefanten, deren Trampelpfade wir sehen konnten. Mitten aus diesem Dschungel ragte dann auf einmal ein 200 Meter hoher Felsen auf, der im 5. Jahrhundert als Festung ausgebaut worden war. Im Festungsgraben, über den wir auf einer Brücke gingen, lagen einst in Massen Krokodile, jetzt schwammen darin die schönsten Lotusblüten. Über eine sehr steile Treppe, für asiatische Füße konstruiert, erreichten wir auf etwa halber Höhe des Felsens eine Galerie, von der eine schwindelerregende Wendeltreppe zu den weltberühmten „Sigiriya-Fresken" führt. Nicht alle aus unserer Gruppe fühlten sich in der Lage, dieses Hindernis zu überwinden. Doch es lohnte! Die 21 Darstellungen von Mädchen von außerordentlicher Schönheit, vollbusig, mit großen Edelsteinen geschmückt, „topless" und zum Teil sehr gut erhalten, wurden um etwa 485 nach Christus auf den nackten Felsen gemalt. Noch weiter aufwärts kam man wieder zu einer Plattform, auf der die riesigen Pranken eines Löwen in den Stein gemeißelt sind. Man sagt, daß früher der Eingang zum königlichen Palast durch das Maul dieses Löwen ging. Der letzte steile Aufstieg führte zu den eigentlichen Palastruinen und zu einem Wasserreservoir. Der Ausblick von hier oben war unvergeßlich, unter uns der Dschungel und wie glänzende Spiegel darin verstreut die Stauseen.

Es war ein anstrengender, sehr heißer Tag und bei der Rückkehr in dem klimatisierten Zug schmeckte das servierte Dinner vorzüglich. Es war Mitternacht bis wir wieder in Colombo ankamen und noch später bei unserer Ankunft im Hotel.

Der Juwelier, bei dem ich in Colombo meine Edelsteine erworben hatte, Mr. Saheed, schickte uns eine private Einladung zu sich nach Hause, die wir gerne annahmen. Sein Chauffeur holte uns am Nachmittag ab und brachte uns zu einer traumhaft schönen Villa im „Cinnamon Gardens"

Viertel von Colombo, das wir zuvor schon besichtigt hatten. Saheeds sind Mohammedaner, es gab keinen Alkohol und nichts vom Schwein. Es wurde Tee gereicht, köstliche Sandwiches, verschiedene Pasteten und ein leckerer Schokoladenkuchen. Wir bestaunten das Hochzeitsalbum, das man uns ganz stolz zeigte und die zweitausend geladenen Gäste. Herr und Frau Saheed klärten uns auf, daß selbst die Ärmsten der Armen mindestens einhundert Hochzeitsgäste einladen und sich zu diesem Anlaß enorm verschulden. Der Nachmittag verging schnell mit interessanten Gesprächen, die uns die Möglichkeit gaben, ceylonesisches Leben nochmals von einer ganz anderen Seite her zu beleuchten. Wir sprachen zum Abschied eine Gegeneinladung aus und hatten dann tatsächlich die Freude, Mr. Saheed im darauffolgenden Jahr bei uns in Kaiserslautern begrüßen zu dürfen.

Unser Aufenthalt ging seinem Ende zu. Wir genossen die letzten Tage mit Nichtstun, Strandleben, Träumen in einen makellos blauen Himmel, die Meeres-Badewanne vermittelte ein Wonnegefühl für Körper und Seele und schenkte unserer Haut den entsprechend braunen Teint.

Als wir am 28. Januar zurückflogen, wurden wir kurz vor Abflug auf dem Flughafen ausgerufen und waren nicht wenig überrascht, als ein Gesandter von Mr. Saheed mir einen überdimensionalen Anturienstrauß überbrachte, frisch geschnitten, um den Flug zu überstehen. Es waren über einhundert Blüten in den verschiedensten Rottönen aufeinander abgestimmt. Die Stewardess war in großer Verlegenheit, wo und wie sie dieses Riesenbukett unterbringen sollte, doch ihr Wohlwollen machte es möglich.

Nach dem Start schaute ich noch einmal hinunter auf die „Löweninsel", wie sie übersetzt heißt, der Tropenhimmel färbte sich über dem Golf von Bengalen in märchenhaften

Farben, ein Sonnenuntergang, wie er nur in den Tropen erlebt werden kann, samtschwarz das Meer, leuchtend rot begrenzt am Horizont, übergehend in orangerot, helleres orange, gelb, türkisgrün und zartblau, dann dunkelblau und schließlich nachtschwarz. Diese Farbschilderung ist nur ein schwacher Ausdruck dessen, was sich als Naturschauspiel vollzog.

Wieder daheim, erinnerten mich die viel bewunderten Anturienblüten sieben Wochen lang an die vergangene Reise, meine erste Begegnung mit Asien und den Beginn einer großen Liebe zu diesem Kulturkreis. Sie behielt für mich etwas Geheimnisvolles, das tiefer gründete als in dem bewußt Erlebten. Goethe sagte einmal, daß man die Geheimnisse nicht gewaltsam entschlüsseln soll, da sie sich selbst offenbaren.

Mexico – Ende einer Ehe

Wisse, was den Körper vollständig durchdringt, das kann nicht vernichtet werden. Nichts kann die unvergängliche Seele zerstören.

Bhagavad-Gita, 2. Kapitel, 17. Vers

Am Freitag, den 22. Februar 1974, startete um 11.30 Uhr der Jumbo, der meinen Mann und mich von Frankfurt nach Mexico zu einem dreiwöchigen Ferienaufenthalt brachte. Nachdem die Flughöhe erreicht war und der kühlende Champagner half, die ganze Aufregung der letzten Tage etwas zu vergessen, lehnte ich mich in meinem Sitz zurück und überließ mich meinen Gedanken. Da war einmal die Vorfreude, die Erwartung und zum anderen die Fülle dessen, was ich zurückließ.

Ich dachte an meine Yogaschüler, von denen ich mich gestern abend nach dem wöchentlichen Unterricht, den ich inzwischen gab, verabschiedet hatte, an mein Yoga-Studio, das ich von meinem Schwiegervater außerhalb von Kaiserslautern, mitten im Pfälzer Wald gelegen, bekommen hatte. Es war ein separates Gebäude, zu einem Wochenendhaus gehörend, in dem die Familie während des Krieges zeitweise gewohnt hatte. Ich hatte es mit moosgrünem Teppichboden und orangefarbenen Vorhängen ausgestattet, wohltuend kontrastierend zu dem weißen Rauhputz der Wände. Das Gebäude selbst lag inmitten eines riesigen Geländes auf einer Anhöhe, umgeben von Wiesen, Kastanienbäumen, Kiefern und einem Obstgarten. Selbst ein Brunnen war vorhanden. Wenn ich das große schmiedeeiserne Eingangstor hinter mir schloß und auf der Fahrstraße nach oben fuhr, hatte ich jedesmal ein ganz besonderes Gefühl von Geborgenheit, Sicherheit und Freude. Es war meine erste eigene Yoga-Schule, die Schülerzahl war noch klein, ich gab ein bis zwei Kurse pro Woche, mehr ließ mein Zeitplan nicht zu. Bis heute war es das schönste Ambiente, in dem ich Yoga unterrichten durfte. Um diesen ganzen Komplex Yoga kreisten also meine Gedanken, um dann zur Familie und den organisatorischen Themen der letzten Tage überzugehen.

Ein Abschied von den Kindern war stets herzerweichend, sie standen auf der Straße vor unserem Haus und winkten, weinten, bis wir mit dem Auto um die Ecke bogen. Als Mutter hatte ich immer im Magen so ein schwer definierbares Schuldgefühl. Hatte ich doch jahrelang mit den Kindern Urlaub gemacht, Erholungsurlaube von mehreren Wochen in Frankreich am Meer oder im Winter in den Bergen von Graubünden. Diese Fernreisen, die mein Mann und ich uns immer gewünscht hatten, waren sozusagen neu in Planung und Durchführung. Wir spürten beide, daß unsere Ehe auch einmal Zeit außerhalb des familiären und gesellschaftlichen Rahmens brauchte, um wieder zu mehr Nähe zu kommen. Bei einer solchen Reise mußten wir uns neu aufeinander einstellen, schließlich waren wir 24 Stunden pro Tag zusammen. Wir hatten beide unsere Ceylonreise in so guter Erinnerung, daß wir unausgesprochen davon ausgingen, daß auch diese Fernreise wieder eine neue Qualität von Harmonie und Erlebnis in unsere Beziehung bringen würde. Wir hatten Erwartungen und wie meist in solchen Fällen, konnte die Realität dem nicht standhalten. Mexico übte auf mich von Anfang an eine beunruhigende Faszination aus. Mein Wunschziel wäre Indien gewesen, doch mein Mann initiierte diese Reise.

Es war früher Abend, als unser Flugzeug zur Landung in Mexico-City ansetzte, eintauchte in eine Dunstglocke, unter uns ein endloser Lichterozean. Es ist an Ausdehnung die größte Stadt der Welt, auf einer Höhe von 2.240 Metern gelegen. Bei zwanzig Millionen Einwohnern kann man sich all die negativen Begleiterscheinungen vorstellen wie Umweltverschmutzung und Kriminalität. Bei der ersten Taxifahrt vom Flughafen ins Hotel wurden wir gleich mit einem unglaublichen Verkehrschaos konfrontiert und suchten enttäuscht nach dem viel gepriesenen Charme dieser Metropole. Doch nach einem erfrischenden Schlaf entfaltete die Stadt am nächsten Morgen bei unserer ersten Führung eine einzigartig mexikanische Mischung von imposanten, futuristischen Glaspalästen, schicken Einkaufszentren, eleganten Restaurants und überall dazwischen bunte Märkte, stark duftende Garküchen und Straßenmusikanten. Es gab unendlich viel zu sehen. Mexico City ist das Zentrum des Landes, was die überaus lebendige Kunst- und Kulturszene betrifft. Die Geschäfte der Goldschmiede und Juweliere haben einen bleibenden Eindruck auf mich gemacht, nicht zuletzt deshalb, da mein Mann mir einen sehr ausgefallenen „Chichimeken-Goldschmuck“ kaufte, der bis heute, wann immer ich ihn einmal an einem Goldreif um den Hals trage, Bewunderung erregt und Fragen bei dem Betrachter auslöst. Unvergeßlich sind auch die Wandbilder an Innen- und Außenwänden öffentlicher Gebäude, teils von so bedeutenden Künstlern wie „Rivera“, „Orozco“ und „Siqueiros“ und vielen anderen mit unbedeutenderen Namen. Erwähnenswert sind die Museen mit moderner und zeitgenössischer Kunst, hier Picasso und Léger zu begegnen, hat mich überrascht. Doch von allen Museen hat mich das Anthropologische Museum am meisten beeindruckt, und ich würde den Besuch dieser einzigartigen

Kultursammlung jedem Mexico-Reisenden wärmstens empfehlen, sozusagen als Einstimmung auf eine Besichtigungsreise. In den verschiedenen Räumen werden die Ausstellungsstücke stets im Zusammenhang mit ihrer Bedeutung für den Menschen präsentiert. Auch die ethnographische Ausstellung über die heutigen Indianervölker Mexikos vermittelt einen sehr lebendigen Eindruck von Sitten und Gebräuchen, Hausbau, Ernährung, Kleidung und Kunsthandwerk.

Die Reiseführer weisen daraufhin, daß drei Tage Mexico-City nur einen Überblick über die wichtigsten Sehenswürdigkeiten dieser einzigartigen Metropole vermitteln können und genau so habe ich dies auch empfunden.

Nach dieser ersten Begegnung mit Mexico begann unsere Gruppen-Rundreise zu den verschiedenen Kult- und Zeremonienstätten der alten Hochkulturen. Ich werde nur einige wenige hervorheben, die für mich rein subjektiv von besonderer Bedeutung waren. Was ich damals in und an mir zu spüren bekam, konnte ich zu dieser Zeit weder verstehen, noch einordnen. Tatsache war, daß ich während dieser Reise spürbar mein inneres und äußeres Gleichgewicht verlor, was sich auch in einem erhöhten Alkohol- und Zigarettenkonsum manifestierte. Ich hatte während meines Amerika-Aufenthaltes das Rauchen angefangen, es war damals chic und selbstverständlich, im Büro zu rauchen. Als dann meine Kinder kamen, hatte ich von heute auf morgen diese schädliche Sucht aufgegeben. Doch Mexico brachte mir dieses Laster in massiver Form zurück. Bei meinen Schilderungen von Erlebnissen mit vorwiegend negativer Prägung handelt es sich stets um meine rein subjektive Erfahrungsqualität. Mein Mann spürte auch so manches, was er kognitiv nicht einordnen konnte, doch das war anders, als das, was auf mich einstürmte. Ich möchte dem Eindruck vorbeugen, als wäre ich in irgendeiner Form negativ eingestellt gewesen gegenüber all dem Vielen, Neuen, das täglich auf uns zukam. Ganz im Gegenteil, ich war offen für alles, fand es interessant, faszinierend und dennoch ging es mir zusehends von Tag zu Tag spürbar schlechter. Ich hatte ein ernstes Problem...!

Viele Jahre später, nach einer Ausbildung in Energiearbeit und meiner Begegnung mit fremdländischen Heilern, lernte ich zu verstehen, daß alles Energie ist, daß so auch jeder Ort sein ganz spezifisches Energiefeld besitzt, mit dem wir, ebenfalls als Energiefeld, in Resonanz treten, positiv, wie ich es in Ceylon erleben durfte, oder mit spürbaren Interferenzen. Die Wirkkraft eines Ortes hängt von dessen Stil, Schönheit, der Bodenbeschaffenheit, den unsichtbaren Sphären, die den Ort umgeben, und vielen weiteren Faktoren ab. Wir fühlen uns wohl und bereichert, wenn die in Resonanz tretenden Qualitäten stimmig sind und genau das Gegenteil davon führt zu Unbehagen und entsprechenden Irritationen. Es gibt heute medizinische Untersuchungen von Personen, die von Ärzten an sogenannten Kraftorten getestet wurden. Dabei stellte man unter anderem eine sofortige Veränderung der Pulsfrequenz fest. Die Atomphysiker wissen heute über Vibrationsintensitäten verschiedenster Art bestens Bescheid. Doch ganz abgesehen von meiner angeborenen Sensitivität und den daher rührenden Störungen, begegnete ich in Mexico einem in meinem Unbewußten verschlossenen geheimen Wissen, das auf Erfahrungen beruhte, die in früheren Leben gesammelt und als Erinnerungen gespeichert waren. Die Umgebung stellte auf irgendeine Art eine Verbindung zu gespeicherten Informationen her, die mit früheren traumatischen Erlebnissen in

Zusammenhang standen. Mit meinem heutigen Leben konnte ich sie reflektierend nicht in Verbindung bringen, doch dessen ungeachtet reagierte mein Körper...

Die erste Kultstätte auf unserem Besichtigungsprogramm war „Oaxaca“, eine der ärmsten Regionen Mexicos, überwiegend indianisch geprägt. In „Oaxaca“ leben die Nachfahren der Zapoteken und der Mixteken, die in „Monte Alban“ und „Mitla“ ihre großartigen Spuren hinterlassen haben. Mit Bussen, begleitet von einer bestens deutsch sprechenden Reiseleiterin, fuhren wir am frühen Morgen nach „Monte Alban“, die „weiße Akropolis“ genannt. Sie liegt auf einer künstlich angelegten Hochebene von mehr als vierzig Quadratkilometern, die die Zapoteken auf zweitausend Meter Höhe gebaut hatten. Es war ein Ritualzentrum und ist eine der ältesten Kultstätten Mesoamerikas. Die meisten Bauwerke stammen aus der Blütezeit von 500-800 nach Christus. Warum die Zapoteken danach die Stadt aufgegeben haben, ist bis heute nicht erforscht. Wir blieben staunend, studierend, mehrere Stunden auf diesem Gelände, über uns ein seidigblauer Himmel. Unsere neu erworbenen Sombreros schützten gegen die intensive Sonneneinstrahlung der Mittagszeit. Auf einmal fühlte ich mich immer schwerer werdend, brachte nur mit Mühe einen Fuß vor den anderen, auch mein Mann klagte gähnend über plötzliche Müdigkeit. Es war ein Gefühl, als würden wir zu Boden gezogen, gerade so, als ob es unter uns Magnete gäbe und wir aus Eisen wären. Der Aufenthalt auf diesem Gelände wurde unangenehm. Dieses Phänomen der Schwere und einer damit einhergehenden Bangigkeit ist zwar bekannt, aber bis heute nicht erforscht. Wir wissen, daß das Erdmagnetfeld beim Menschen die Zellmembranen und ihre Funktion beeinflußt. In der Tiefe von „Monte Alban“ werden Anhäufungen von Eisenerz gefunden, die 50-70% Metallgehalt aufweisen. Diese verwirren nicht nur jeden Kompaß, sondern auch die Körperzellen, was ich intensivst zu spüren bekam.

Bei einem Mittagessen, das in Mexico am späten Nachmittag eingenommen wird, erhofften wir uns eine Stärkung und Erfrischung unserer müden Glieder und eine Anhebung des geschwächten energetischen Niveaus, so daß wir aus dieser drückenden Niedergeschlagenheit wieder herauskämen. Wir aßen Schweine- und Hühnerfleisch mit „Mole negro“, schwarzer Sauce, gefüllte Chilischoten, auf die angebotene Delikatesse von Heuschrecken, die mit Limonensaft verzehrt werden, haben wir dankend verzichtet. Doch diese Mahlzeit, wie viele andere in diesem Land, machte uns nur schwer und müde. Nicht nur einmal erinnerten wir uns der köstlich leichten ceylonesischen Curry-Gerichte, die im absoluten Kontrast zur mexikanischen Küche standen.

Bei all den weiteren besuchten historischen Stätten Mexicos spürten wir deutlich die Wirkkraft der Orte, die Zeuge von Menschenopfern waren. Das Blut der Opfer schreit sozusagen heute noch und die Einprägungen der Opferszenen, bei denen den Geopferten bei lebendigem Leib das Herz herausgeschnitten wurde und die Priesterschaft sich anschließend an dem warmen Blut, in Kelchen aufgefangen, berauschte, wurden durch die Jahrhunderte nicht ausgelöscht.

Wir bereisten das Land zwei Wochen lang mit dem Flugzeug und mit Bussen, schliefen fast jede Nacht in einem anderen Hotel. Für meine gewohnten Yoga-Übungen blieb keine Zeit und kein Raum. Die wohltuende und harmonisierende Wirkung, an die ich seit Jahren gewöhnt war, fehlte mir, gerade jetzt, wo ich spürte, daß ich mein Gleichgewicht immer mehr verlor. Ein paar Atemübungen am frühen Morgen und eine Art Stilleübung, der Begriff Meditation wäre zu hoch angesetzt, konnten mich nicht in meine Mitte zurückbringen.

Der absolute Höhepunkt meines subjektiven Erlebens war die Halbinsel Yucatan mit der geheimnisvollen Welt der Maya. Wir hatten in Merida ein Hotel bezogen und machten von da tägliche Ausflüge zu den einzelnen Kultstätten der Maya. Die Maya-Kultur hat von allen mesoamerikanischen Kulturen die längste Geschichte. Die frühesten Spuren reichen bis zweitausend Jahre vor der Zeitenwende zurück. Heute leben in dieser Region noch etwa vier Millionen Maya-Nachfahren. In der klassischen Zeit existierten mehrere Stadtstaaten wie „Palenque“, „Tikal“ und „Copan“. Die Herrschenden ließen prachtvolle Paläste und Pyramiden bauen, deren Ruinen wir mit den unterschiedlichsten Gefühlen und Reaktionen besuchten. Bis heute weiß man nicht, was die Ursache des Zusammenbruchs der Maya-Reiche im 9. Jahrhundert war. Es wird spekuliert, daß es Eroberungskriege gab, Hungersnöte oder eine Umweltkatastrophe. Zu den bekanntesten Höchstleistungen dieser Kultur gehören eine Hieroglyphenschrift sowie die Einführung der Null und des Stellenwerts in der Mathematik. Die Maya besaßen den genauesten Kalender der Welt und konnten Sonnenfinsternisse vorhersagen.

Wir besuchten „Uxmal“, achtzig Kilometer von Merida entfernt. Ein Bauwerk aus der klassischen Maya-Periode. Hier tauchte immer wieder die Maske des Regengottes Chac auf, der den Vorsitz bei den Regen- und Fruchtbarkeitsriten innehatte. Der „Chac Mool“ wird in allen Stätten von Mexico bis Yucatan dargestellt. Es ist eine merkwürdige Figur, auf dem Rücken liegend, mit erhobenem Nakken und Kopf. Dieser ist zur Seite gewandt und der Gesichtsausdruck ist etwas einfältig. Wozu diente dieses Standbild? Man nimmt an, daß er als Opferschale diente. Es ist ein Tisch in Menschengestalt, der Zwischenraum zwischen den beiden Knien ist so geformt, daß er einen nach hinten gebogenen Menschenkopf aufnehmen konnte. Mit etwas Phantasie kann man sich eine Art Folter vorstellen, und der gewaltsame Tod von Massen von Geopferten ist noch heute spürbar. Ich konnte der Versuchung nicht widerstehen, dieses steinerne Lager einmal selbst auszuprobieren. Doch schnell stand ich wieder auf, mein Puls fing augenblicklich an zu rasen und mir wurde schrecklich übel...

Als ich mich von dieser unguten Überraschung erholt hatte, bestieg ich die achtunddreißig Meter hohe „Pyramide des Wahrsagers". Diese Pyramide hat den Archäologen zahlreiche Überraschungen bereitet. Sie besteht aus fünf übereinander gebauten Tempeln, die beinahe ineinander verschachtelt sind, sie stellen steingewordene Geschichte dar. Bei dem vollständig freigelegten Tempel ist die Fassade mit einer Maske des Gottes Chac geschmückt, deren Rachen als Eingang diente. Dies weist auf die in den Tempeln stattgefundenen Initiationsriten hin: Man mußte in dem Rachen des Gottes sterben, um nach der Initiation in einem neuen Leben geboren zu werden.

Nach der Besichtigung und dem Abstieg von dieser Pyramide, der absolute Schwindelfreiheit voraussetzte, mußte ich mich zunächst etwas erholen. Ich fühlte mich ergriffen und gleichzeitig angegriffen, ohne das näher definieren zu können. Es ging mir rundum schlecht! Ich suchte in meinem Innern nach Antworten, Erklärungen, doch ich fand keine. Mein damaliger Zustand war zu diesem Zeitpunkt für mich nicht interpretierbar... Leider konnte ich auch mit meinem Mann über diese Bedrückung, die mir so sehr zu schaffen machte, nicht reden, die emotionale Distanz zwischen uns hatte sich vergrößert.

Es würde den Rahmen dieses Buches sprengen, würde ich auch auf all die anderen historischen Kultstätten eingehen, die wir besichtigten, und meine jeweiligen Reaktionen schildern. Doch möchte ich noch zwei weitere emotionale Höhepunkte herausgreifen: „Chitchen Itza", das sogenannte „El Castillo" oder „Tempel des Kukulcan" mit dem „Heiligen Cenote".

„Chitchen Itza" war einst eine hochbedeutende Stadt und eine große Wallfahrtsstätte von Yucatan. Ihr Name bedeutet „Nahe beim Brunnen von Itza", ein Hinweis auf die unumgängliche Voraussetzung für jede menschliche Siedlung, das Vorkommen von Wasser. In der 150.000 Quadratkilometer großen Halbinsel von Yucatan gibt es keine Flüsse, doch glücklicherweise natürliche Brunnen, die sogenannten „Cenotes", Dolinen im Kalkgestein, die das tiefliegende Grundwasser freilegen. Chitchen Itza besitzt zwei solcher Cenotes.

Zuerst bestieg ich die „Pyramide des Kukulcan", des Gottes „Gefürchtete Schlange". Die Spanier gaben ihr später den Namen „El Castillo", Schloß. Sie ist ein steinernes Abbild der toltekischen Kosmologie: Die Terrassen entsprechen der Zahl der Himmel oder Unterwelten, wie man es nimmt, die vier Treppen mit fünfundvierzig Grad Steigung den vier Himmelsrichtungen. Es gibt dreihundertvierundsechzig Stufen, so oft, wie die Sonne im Jahr das Himmelsgewölbe ersteigen muß. Im Innern der darunterliegenden Pyramide steht der rote Jaguarthron. Es ist beschwerlich, dieses „Castillo" zu besteigen, doch ich wollte unbedingt den „Roten-Stein-Jaguar" sehen, der sich im hinteren Raum im Innern des Tempelchens befindet. Zunächst einmal oben angekommen, begann auf einer schmalen Wendeltreppe der Abstieg ins Innere. Mir brach der Schweiß aus, es begann in meinem Kopf zu hämmern, mein Herz raste. Doch es trieb mich unwiderstehlich, ungeachtet meiner physischen Reaktionen, weiter in die Tiefe. Dann endlich, da war der Rote Jaguar in natürlicher Größe, im geöffneten Rachen die Reißzähne aus Feuerstein, die Augen und die Flecken des Fells aus Jade-Inkrustationen, auf dem Rücken eine Sonnenscheibe. Bei seinem Anblick ergriff mich die absolute Panik, ich mußte hier raus, es ging um mein Leben... Man stelle sich diese Situation mit den örtlichen Gegebenheiten vor: Die Wendeltreppe nach oben war so schmal, daß man sich nur in engstem Körperkontakt an den abwärts strömenden Besuchern vorbei schieben konnte, um überhaupt durchzukommen. Aus meinen Haaren rannen Schweißbäche über mein Gesicht und keine Pore meiner Haut war mehr trocken. Oben, auf der Plattform der Pyramide angekommen, versagten meine Beine und ich setzte mich an die oberste Stufe, neben mir die riesige eingemeißelte Schlange, die das Mauerwerk der Pyramide umringt und deren Kopf ein menschliches Gesicht trägt. Traditionen, nicht nur die indische, schufen im Bild der Schlange das universelle Symbol der Einheit von Materie und Energie. Das Schlangenhafte in uns Menschen ist sicher da zu finden, wo es am wenigsten zu kontrollieren ist...! Ich versuchte über einen ruhigen Atem die Kontrolle über mich zu bekommen, nicht gerade sehr erfolgreich... Jahre später sollte ich in Ägypten ähnliche lebensbedrohende Erfahrungen machen.

Noch am gleichen Tag hatte ich ein weiteres ergreifendes Erlebnis. Wir besichtigten die beiden „Cenotes", die zu Chitchen Itza gehören. Die Maya haben in ihnen dem Regengott Chac geopfert. Auserwählte Menschenopfer wurden über und über mit Gold behangen und dann von einer rituellen Plattform aus in die Tiefe gestoßen. Ein amerikanischer Archäologe und Forscher hat den Schmuck, der heute in Mexico-City ausgestellt ist, als Zeugnis dieses grausamen Rituals gefunden.

Als meine Gruppe schon weitergegangen war, stellte ich mich, einem inneren Drang folgend, auf den Ritualplatz am obersten Rand des Brunnens und schaute von da hinab in dieses undurchsichtige, dunkle Wasserloch. Ich hatte kein Zeitempfinden und wußte somit nicht, wie lange ich gestanden hatte, bis ich vor Kälte zu zittern anfing und das bei vierunddreißig Grad im Schatten... Um Schlimmeres zu verhüten, trat ich zurück und bemühte mich, meine Fassung zurückzugewinnen. Jahre später, während eines Sesshins in Todtmoos-Rütte bei Graf Dürckheim, kam mir das hier Erlebte in klaren Bildern in der Meditation wieder, dabei fiel ich in die dunkle Bedrohung des Cenote hinunter, das heißt, ich wurde von hinten gestoßen... Nun hatte ich das Glück, am richtigen Ort zur rechten Zeit zu sein und durch Graf Dürckheim die nötige Hilfe zu bekommen, um ein vor Jahrhunderten erlebtes Trauma, das mir in diesem Leben wieder ins Bewußtsein gekommen war, integrieren zu können. Meine physischen Reaktionen verschwanden und ich fühlte mich danach von einer neuen Lebendigkeit und Leichtigkeit, die ich lange entbehrt hatte.

Doch zurück nach Acapulco, zu dieser berühmten „Perle des Pazifik", die unser letztes Reiseziel war. Am Revolcadero Beach, außerhalb der Stadt, verbrachten wir geruhsame Urlaubstage im „Pierre Marques“, das zum „Acapulco Princess“ gehörte. Wir „konsumierten“ all die Annehmlichkeiten eines Weltklasse-Hotels. Bedauerlicherweise aßen wir zuviel, tranken zuviel, rauchten zuviel und lagen zuviel in der Sonne. Die Schwere, die in und auf mir lastete, nahm an Intensität zu. Ich war total aus meiner Mitte und war zusätzlich unglücklich über das Verhältnis zu meinem Mann. Wir waren zwar den ganzen Tag zusammen, physisch gesehen und dennoch so weit voneinander entfernt. Wir fingen an, um Banalitäten zu streiten, fanden nicht einmal zu den lebensfrohen Rhythmen der mexikanischen Band beim abendlichen Dinner zu einem Tanz zusammen... In unserem „kingsize bed“ schien es eine unsichtbare Trennungslinie zwischen uns zu geben... Was für ein Urlaub?

Beim Rückflug, auf der Strecke Acapulco-New York, hatten wir gerade die Flughöhe erreicht, als es hieß: „anschnallen, der Service wird eingestellt“, da ein heftiges Unwetter aufzog. Was dann kam, war das Unangenehmste, was ich bis heute auf einem Flug je erlebt habe. Ich war innerlich darauf eingestellt, daß ich mich nicht nur am Ende eines ungewöhnlichen Urlaubs befand, sondern auch am Ende meines Lebens. Die Turbulenzen dieses Fluges spiegelten symbolisch mein inneres Chaos jener Wochen wider...

Doch wir kamen heil nach Hause, alles schien wieder so zu laufen wie vor der Reise. Doch zwischen meinem Mann und mir war die Kluft so groß und unüberbrückbar geworden, daß ich in meinem Innern wußte, daß diese vierzehnjährige Ehe dem Ende zuging, einem Ende, das ich absolut nicht wollte und das mich mit tiefer Traurigkeit erfüllte. Ich wußte mir keinen Rat und fühlte mich sehr allein. Meine täglichen Yoga-Übungen halfen mir, nach außen die Contenance zu wahren, in meinem Innern weinte ich bittere Tränen der Hilflosigkeit. Da kam mir in der Meditation der Zen-Spruch eines koreanischen Meisters: „Vertraue dem Nichtwissen"! Dieser Satz ist für mein Leben wegweisend geworden und deshalb auch Titel meiner Autobiographie.

Das Vertrauen, das in diesem Ausspruch eines Zen-Meisters gemeint ist, bedeutet ein Ja zum Leben, auch – oder gerade dann – wenn es bedrohlich und unaushaltbar erscheint. Es beinhaltet ein sich angstfreies Einlassen auf die Ungewißheit und Unsicherheit menschlichen Lebens durch eine Verbundenheit mit den ursprünglichen Lebenskräften, die ihre Wurzeln in einer anderen Dimension haben, jenseits des gegenständlich fixierenden und analysierenden Bewußtseins.

Trennung und Neubeginn

In den Wochen nach der Rückkehr von unserer Mexiko-Reise wurde das Verhältnis zwischen meinem Mann und mir immer gespannter, nichts klappte mehr zwischen uns, wir stritten nur noch aneinander „vorbei", ohne zu verstehen, was der andere eigentlich meinte oder wollte. Um diese unerträglich gewordene Atmosphäre zu bereinigen, bat ich meinen Mann um ein Gespräch, in dem wir dann die Modalitäten für eine Trennung schriftlich festlegten: Ich behielt die Kinder, war bereit, aus unserem Haus auszuziehen und in eine Stadtwohnung zu wechseln. Auch die monatliche „Apanage" wurde festgelegt. Vor der Durchführung des gemeinsam Beschlossenen gab es noch ein Familienfest, die Konfirmation unserer Tochter. Sie war zu diesem Zeitpunkt bereits im Internat, in der Odenwaldschule in Heppenheim und freute sich bereits sehr auf ihr Fest zu Hause. Niemand in der Familie ahnte, wie es zwischen meinem Mann und mir stand. So feierten wir ein schönes, gelungenes Fest, die ganze Familie war anwesend, sowohl von der Seite meines Mannes als auch von meiner Seite, dazu die besten Freunde. Es sollte wohl so sein, daß wir ein letztes Mal in dieser vollzähligen Runde zusammen kamen. All das tat innerlich sehr weh und ich fühlte mich dem Geschehen hilflos ausgeliefert.

Übereifrig war ich in dieser Zeit in meinem yogischen Exerzitium und erhoffte mir davon Hilfe, was mein psychisches Gleichgewicht anging. Ich fühlte mich in der Opferrolle, wo ich normalerweise gewohnt war, meinem eigenen Kopf zu folgen. Meine Gereiztheit, Unbefriedigtheit und die daraus resultierenden Affektausbrüche verursachten in mir einen Zustand des Kummers und der Niedergeschlagenheit. Bei den vielen Fragen, die ich mir selbst stellte, war die Hauptfrage, warum Yoga mir keine Hilfe bot, mit diesem schicksalhaften, existentiellen Problem und der Bedrohung, die ich empfand, fertigzuwerden. Yoga hatte mir in den zurückliegenden Jahren meine Gesundheit zurückgebracht und mich zufrieden und ausgeglichen fühlen lassen. Machte ich jetzt etwas falsch? Daß ich mich selbst hätte in die Verantwortung nehmen müssen, war damals noch jenseits meines geistigen Horizonts.

Ich wußte zu jener Zeit noch nicht, daß Yoga und Meditation für die meisten psychischen Probleme keine Lösungsmöglichkeiten enthält. Es erscheint mir wichtig, zu verstehen, daß Meditation keine Aufdeckungstechnik ist wie etwa die Psychoanalyse. Es geht hier nicht darum, den Schatten ans Licht, ins Bewußtsein zu bringen. Das kann geschehen, aber auch nicht, was meist der Fall ist. Das Hauptziel ist es, das ego-zentrierte Geschehen zu suspendieren, damit das ego-überschreitende, das transpersonale Bewußtsein sich entwickeln kann und schließlich der Zeuge oder das Selbst entdeckt wird. Meditation beseitigt nicht unbedingt Neurosen, das ist auch nie ihr Sinn und Zweck gewesen. Man kann sehr wohl zum Zeugen der eigenen Neurosen werden und dadurch auch ganz gut mit ihnen leben, doch beseitigt sind sie damit nicht! Ken Wilber, der als „Einstein der Bewußtseinsforschung" bezeichnet wird und als Vordenker der Neuen Psychologie gilt, sagt einmal von sich selbst: „zu oft hatte ich mich mit Meditation an der Persönlichkeitsarbeit vorbeigedrückt, die zu tun gewesen wäre. Ich hatte Zazen benutzt, um irgendwie die Neurose zu überlisten, und das tut Zazen einfach nicht."

Das ist auch meine heutige Erfahrung, die auf zwei Jahrzehnten Übungspraxis gegründet ist. Ich bin der gleichen Auffassung wie Ken Wilber und Graf Dürckheim, daß

Ilse M. Zielasko

DAS BLAUE DORF

Psychotherapie und Meditation komplementär anzuwenden sind. Meditation kann die Psychotherapie unterstützen und bei der Bereinigung mancher Probleme hilfreich sein, weil sie das Zeuge-Bewußtsein festigt. Psychotherapie kann die Meditation fördern, indem sie das Bewußtsein von seinen Verdrängungen befreit. Doch Ziele, Methoden und Dynamik sind völlig verschieden, darüber sollte man sich Klarheit verschaffen, wenn man sich auf eine Meditationspraxis einläßt. Meine persönliche Schulung und Erfahrung, sowohl mit Zazen als auch mit Psychotherapie, sollte erst drei Jahre später bei Graf Dürckheim beginnen.

„Zufall ist das Gesetz, das incognito reist", und so fuhr ich am 17. Mai 1974, gleich nach der Konfirmation unserer Tochter, zu dem ersten Deutschen Yoga-Kongreß in Bad Nauheim. Meine Freundin und ich waren frühzeitig im Kurhaus in dem dafür vorgesehenen Saal und ließen uns in der ersten Reihe vor dem Podium auf unseren Yogamatten nieder und beobachteten erwartungsvoll die uns umgebende Szene. Wir waren die beiden Einzigen, die in weißer Übungskleidung waren und fielen dadurch in der sonstigen Buntheit auf. Es dauerte nicht lange, da sprach mich eine mittelalterliche, hagere Frau an, wortlos assistiert von einer ähnlich grau aussehenden Gestalt und sagte allen Ernstes, daß sie sich durch meine und die Ausstrahlung meiner Freundin gestört fühle. Wir möchten uns doch bitte nach hinten legen. Ich war zunächst sprachlos, fassungslos. Da kam ein großer, stattlicher Herr zum Podium und machte sich am Mikrofon zu schaffen. Ich hörte, daß es Prof. M. Lüttge aus Trier sei, eine leitende Person dieser Veranstaltung. Meine Betroffenheit machte einer aufsteigenden Wut Platz und brachte mich in Aktion. Ich sprach Herrn Prof. Lüttge an und bat um Gehör für das, was die beiden Frauen von uns verlangt hatten. Prof. Lüttge war sichtbar entsetzt, griff zum Mikrofon und bat die beiden Frauen zu sich. Er erkundigte sich, ob sie das von mir Vorgetragene verlangt hätten, was sie bejahten. Daraufhin forderte er sie auf, mit ihren Matten nach hinten zu gehen, da sie dort sicher ungestört seien. Der Saal hatte sich inzwischen gefüllt und das alles fand „coram publico“ statt. Peinlich, unangenehm dieser Auftakt zu einem Yoga-Kongreß...!

Im Laufe des Übens störte immer wieder das schrille Bellen, Kläffen eines kleinen Hundes und so drehte ich mich schließlich um, um den Störfaktor ausfindig zu machen. Beim Anblick dessen, was ich sah, wußte ich nicht, ob ich lachen oder weinen sollte. Eine exotisch gestylte zierliche Dame übte auf ihrer Matte in einem Goldlame-Anzug, neben sich ihren Jaguar-Pelzmantel als Hundedecke ausgebreitet, darauf ein kleiner Yorkshire Terrier, der durch seine Hundeleine mit dem Arm seiner Besitzerin verbunden war. Daß diese kleine Kreatur ab und zu ihr Mißfallen kundtun mußte, war klar und allzu verständlich. Doch ich war bedient...

Vor dem eigentlichen Ende am Abend verließ ich die Veranstaltung und ging durch den herrlich blühenden und duftenden Kurpark zurück zu meinem Hotel. Ich brauchte Stärkung. Im Restaurant bestellte ich mir ein Kalbsrückensteak, grünen Salat und eine Flasche weißen Burgunder, einen Chablis, meinen Lieblingswein. Nach der Bestellung schaute ich mich einmal in meiner Umgebung um und begegnete dem freundlichen Blick eines Herrn am Tisch gegenüber, elegant, dunkelhaarig, schlank und eine sehr schöne Hand an seinem Bierglas fand meine Bewunderung. Ich hatte spürbar sein Interesse geweckt, doch ich selbst hing noch meinen Gedanken von dem am Nachmittag Erlebten nach. Ich kam zu dem Schluß, daß es wohl am besten wäre, wenn ich morgen wieder abreiste.

Nach dem Abendessen schaute ich mir im Fernsehraum noch ein Europapokal-Fußballspiel an. Ich saß noch keine zehn Minuten in meinem Sessel, als der sympathische Herr von vorhin sich in gebührendem Abstand von einem Sessel zwischen uns mit einer freundlichen Verbeugung niederließ. Ich wartete auf den Ober, da ich mir gerne einen Underberg bestellt hätte. Als dieser endlich kam und ich meine Bestellung aufgab, bestellte auch der Unbekannte einen Whisky mit Eis. Der Ober stellte das Tablett zwischen uns und so war der verbale Kontakt zwischen uns hergestellt.

Es dauerte nicht lange, bis die älteren Herrschaften, die hinter uns saßen, ihr Mißfallen über die Ruhestörung durch „Pst-Laute" kundtaten. Herr Zielasko, der sich inzwischen vorgestellt hatte, schlug vor, daß wir in der Hotelhalle noch eine Flasche Chablis trinken könnten, dabei könnte der Ober uns über jedes gefallene Tor Bericht erstatten. So saßen wir bis Mitternacht und erzählten uns gegenseitig unsere Lebensgeschichte, ganz offen und ungehemmt. Erst als der Pianist, der uns den ganzen Abend unterhalten hatte, den Flügel schloß, bemerkten wir, welch späte Stunde es geworden war. Vom ersten Augenblick unseres Kennenlernens an gab es eine Vertrautheit zwischen uns, die rational nicht einzuordnen war, sie war einfach da. Wir holten die Zimmerschlüssel und stellten im Aufzug fest, daß unsere Zimmer in der gleichen Etage genau nebeneinander lagen. Welch ein Zufall, in einem großen Hotel!

Wir verabredeten uns für den nächsten Nachmittag, nachdem ich dann doch beschlossen hatte, nicht abzureisen. Wir erlebten miteinander ein zauberhaftes Mai-Wochenende bei strahlend blauem Himmel. Wir verliebten uns spontan und total. Es geschah uns beiden genau das, was C.G. Jung eine Animus- und Anima-Projektion nannte. Ich zitiere ihn, zum besseren Verständnis:

> Jeder Mann trägt das Bild der Frau von jeher in sich, nicht das Bild dieser bestimmten Frau, sondern einer bestimmten Frau. Dieses Bild ist im Grunde genommen eine unbewußte, von Urzeiten herkommende und dem lebenden System eingegrabene Erbmasse. Ein „Typus“ (Archetypus) von allen Erfahrungen der Ahnenreihe am weiblichen Wesen, ein Niederschlag aller Eindrücke vom Weibe. [...] Da dieses Bild unbewußt ist, so ist es immer unbewußt projiziert in die geliebte Figur und einer der wesentlichsten Gründe für leidenschaftliche Anziehung und ihr Gegenteil.

Als wir uns in Bad Nauheim voneinander verabschiedeten, schenkte mir, ich nehme es vorweg, mein späterer Mann ein Paar Barockengel, die mir in der Auslage eines Antiquitätengeschäftes gefallen hatten. Wir kamen überein, daß wir die beiden trennen würden und jeder von uns einen mit nach Hause nehmen sollte in der Hoffnung, daß sie bald wieder zusammenkommen würden. Eine solche Erwartungshaltung war für ihn einfacher als für mich. Er lebte seit sieben Jahren, nach zwei gescheiterten Ehen, allein, Sohn und Tochter waren im Studium. Nach einem kürzlich erlittenen Herzinfarkt hatte er sich in seinem Getränkeunternehmen Halbtagsarbeit verordnet. Ich hatte noch meine Familie, auch wenn die Trennung schon beschlossen war.

Ich war überglücklich über diese neue Situation, all die Wertschätzung, die ich durch diese neue Liebe erfuhr, das Ernstgenommenwerden meiner Person, Verwöhnt- und Umsorgtwerden, die Erotik, die in meiner vierzehnjährigen

Ehe verlorengegangen war, ja, all das gab mir ein Gefühl des Lebendigseins, das ich fast vergessen hatte.

Doch kaum zurück in meiner gewohnten Umgebung, löste das Erlebte Angst und Schuldgefühle in mir aus. Die Ambivalenz meiner Gefühle war kaum auszuhalten. Die Telefonate zwischen Duisburg und Kaiserslautern dauerten fast zwei Stunden täglich und auf diese Art lernten wir uns näher kennen. Es waren gerade drei Wochen seit unserer Begegnung vergangen, als ich die Heimlichtuerei meinem Mann gegenüber einfach nicht mehr aushielt. Die Anspannung war unerträglich geworden und brauchte das Ventil der Wahrheit. Nach Absprache mit meinem späteren Mann rief ich meinen Noch-Ehemann im Geschäft an und fragte, ob er für mich Zeit hätte, es gäbe etwas Wichtiges zu besprechen. Kurze Zeit später saßen wir uns an seinem Schreibtisch gegenüber, die Sekretärin war angewiesen, nicht zu stören. Ich erzählte, was mir geschehen war. Mein Mann, kreidebleich, bat, daß dieser neue Mann zu einer Unterredung nach Kaiserslautern kommen möchte. So telefonierte ich mit Herrn Zielasko im Beisein meines Mannes und bat um sein Kommen. Dies sagte er sofort zu. Abends, um halbsieben Uhr, holte ich ihn an der Autobahnausfahrt in Kaiserslautern ab. Wir saßen dann drei Stunden lang in unserem Wohnraum und redeten. Ich konnte es kaum fassen, wie emotional mein Mann auf einmal unsere Ehe verteidigte als wäre sie die beste und leidenschaftlichste der Welt. Von unseren Streitigkeiten und der Übereinkunft, uns zu trennen, war in seinem Argumentieren nichts mehr zu finden. Wie sollte ich jetzt all den Versprechungen und Schilderungen für eine weitere gemeinsame Zukunft Glauben schenken? Unter dem Druck eines drohenden Verlustes werden Kräfte mobilisiert, die im Nachhinein sicher nicht tragfähig wären. Ich wünschte, ich hätte ihm glauben, noch einmal vertrauen können, doch ich war emotional zu oft und zu tief verletzt worden, um seiner Bitte zu folgen, noch eine Nacht dazubleiben und erst am darauffolgenden Morgen meine Entscheidung bezüglich meines Weggehens zu treffen.

Beide Männer, ich saß in der Mitte, sahen mich mit fragenden Augen an, ich mußte mich entscheiden. Ich ging, packte einen Koffer, mein Mann trug ihn zum Wagen von Herrn Zielasko, einem nagelneuen Sportwagen der Nobelklasse, legte ihn in den Kofferraum, öffnete mir die Autotür, wir reichten uns die Hände zum Abschied. So verließ ich mein Haus und all das, was es beinhaltete.

Ich fuhr mit meinem zukünftigen Mann nach Mühlheim a.d. Ruhr, betrat dort spät in der Nacht seine elegante Penthouse-Wohnung, die ich nie zuvor gesehen hatte und die ab jetzt mein neues Zuhause sein würde.

Wir beendeten diesen Tag mit einem Whisky an seiner Bar, tranken auf die vor uns liegende gemeinsame Zukunft und tief in meinem Innern vertraute ich dem „Nichtwissen"...

Mein Noch-Mann bestand unter den neuen Umständen auf dem alleinigen Sorgerecht für die Kinder. Ich hatte keine Wahl, da ich 1974 noch nach dem geltenden Recht des Schuldprinzips geschieden wurde.

Mein Mann stellte mich nach meinem Weggehen als die allein Schuldige und Verantwortliche für das Scheitern unserer Ehe hin. Von der vorherigen, gemeinsam erarbeiteten Vereinbarung für die beschlossene Trennung wollte er jetzt nichts mehr wissen. Unter diesen Umständen konnte ich nur auf ein großzügiges Verkehrsrecht mit unseren Kindern hoffen, was er mir schließlich im Interesse der Kinder zusagte.

Am 9. Juli 1974 wurden wir geschieden, am Tag danach wurde mein zukünftiger Mann vierundfünfzig Jahre alt. Am 25. Juli des gleichen Jahres heirateten wir in Mülheim a.d. Ruhr, zwei Tage vor meinem fünfunddreißigsten Geburtstag. Unsere Hochzeitsreise ging nach St-Tropez, wo wir uns ein Domizil kauften, idyllisch gelegen in Pinienwald und Reben, mit Blick auf das Meer, zehn Minuten zu Fuß zum Strand in einer malerischen Bucht. Ich war beschäftigt mit Einrichten, Handwerkern, Behördengängen und was so ein Kauf im Ausland so alles mit sich brachte. Da mein Mann leider kein Französisch sprach, war ich für alles zuständig. Ich war schon wieder „funktionstüchtig" und merkte es nicht.

Vom ersten Augenblick meines Weggehens aus Kaiserslautern fehlte mir mein damals fast neunjähriger Sohn Daniel so sehr, daß ich oft beim Anblick anderer Mütter, die mit ihren Kindern spielten, zu weinen anfing. Die Beziehung zu meiner Tochter war emotional nicht so belastet, da sie im Internat war und ich sie dort jederzeit besuchen oder mit ihr telefonieren konnte wie bisher.

Mein geschiedener Mann hielt sich, nachdem er in kürzester Zeit eine zehn Jahre ältere Frau geheiratet hatte, nicht mehr an unsere Abmachungen bezüglich der Kinder. Selbst das Telefonieren mit meinem Sohn wurde mir untersagt und bedurfte einer Regelung durch das Vormundschaftsgericht. Es blieb mir keine andere Wahl als die juristische Auseinandersetzung. Gutachten mußten erstellt werden, Fürsorgerinnen des Jugendamtes besuchten uns und überprüften uns und unsere häuslichen Gegebenheiten und unsere Eignung, die Kinder bei uns zu haben. Es war Krieg zwischen meinem Ex-Mann und mir, eine schreckliche Zeit! Muß Trennung nach vierzehn Jahren des Zusammenseins so aussehen? Mir fehlt dafür bis heute das Verständnis, das ein solches Verhalten rechtfertigen, beziehungsweise entschuldigen würde!

Das Schlimmste an dieser Situation war für mich die mir widerfahrene Ungerechtigkeit und Unehrlichkeit, gegen die ich mich nicht wehren konnte. Dieses Erleben aktualisierte ähnliche Begebenheiten mit meinen Eltern in meiner Jugend, ich kannte diesen Schmerz, diese Verzweiflung des Ausgeliefertseins, weil man das Gegenteil von dem, was an Behauptung aufgestellt wird, nicht beweisen kann. Es war eine Tatsache, daß die Ehe nicht mehr klappte und beide hatten wir leider keine andere Lösungsmöglichkeit gefunden als die vereinbarte Trennung. Doch genau dann kommt ein neuer Mann in mein Leben, eine neue Liebe und ich werde durch diese Tatsache zur allein Schuldigen deklariert, hingestellt als eine Frau, die ihre Kinder verläßt, egoistisch und rücksichtslos. Diese Lüge verbreitete mein Mann in der Familie, unter Freunden und noch schlimmer, was ich erst Jahre später erfuhr, er sagte unseren Kindern, ihre Mutter hätte sie nicht mitnehmen wollen in ihr neues Leben...

Ich erlebte meinen Verstoß gegen das „Seinsollende" als eine ausweglose Situation. Ich fühlte mich schuldig für etwas, wofür ich nichts konnte und gleichzeitig für etwas, das ich auch hätte unterlassen können...! Auch darüber dachte ich nach.

Die Würfel waren gefallen, und so begannen für mich bewegte Jahre in einer völlig neuen Umgebung. Wir reisten viel, teils geschäftlich, teils privat, mein Mann liebte Theater, Konzerte, Festspiele, viele Wochen verbrachten wir in unserem Domizil bei St. Tropez. Es war immer etwas geboten und es wäre eine traumhaft schöne Zeit gewesen, wenn, ja, wenn da nicht immer dieses Gefühl der Entbehrung und der Sehnsucht nach meinen Kindern gewesen wäre!

Im Sommer 1976 fuhren mein Mann und ich in die Sommerschule von Frau Haich und Herrn Yesudian ins Tessin. Bei diesem Aufenthalt schlug Herr Yesudian einen indischen Meister, BKS Iyengar, für mein Weiterkommen auf dem Yoga-Weg vor. Ich wußte zu diesem Zeitpunkt bereits, daß ich im Persönlichen, im weltlichen Leben, auch wenn es sich noch so reizvoll darbot, keine Lösung meines inneren Konfliktes finden würde. Dieser Konflikt bestand zwischen einem Aspekt meiner Persönlichkeit und den neu aufgetauchten Tendenzen und Hoffnungen spiritueller Art, die einer Integration bedurften. Ich suchte nach neuen Perspektiven und unter diesem Aspekt erschien mir eine Indien-Reise wie eine Verheißung!

BKS Iyengar, Indien

Nach einem Briefwechsel mit Mr. Iyengar, in dem er seine Bereitschaft, mich als Schülerin anzunehmen, mitgeteilt hatte, bestellte er mich für den 7. November 1976 um sieben Uhr morgens in sein Institut.

Am 5. November 1976 landete die DC 10 der Lufthansa in Bombay Santa Cruz-Airport, 10.45 Uhr Ortszeit, 31° C, 100% Luftfeuchtigkeit. Als ich die Gangway hinunterging, stieg mir ein Geruch in die Nase, der mir vollkommen neu, fremd war, unbeschreiblich eigenartig. Nachdem ich diesen ganz spezifischen Geruch bei vielen weiteren Ankünften in Bombay immer wieder wahrgenommen habe, nenne ich ihn heute den „Bombay-Geruch“, unverwechselbar, einzigartig: exotisch, würzig, stinkend, penetrant, parfümiert... Als ich dann zum allererstenmal indischen Boden betrat, ich tat dies ganz bewußt, überkam mich ein eigenartiges Gefühl, ein emotionales Gemisch aus Freude, Traurigkeit und Erwartung, ein Empfinden, als würde ich „nach Hause“ kommen. Meine Sonnenbrille verdeckte die Tränen, die ich nicht zurückhalten konnte. Dieser emotional hochgeladene Moment prägte sich für immer in die Datenbank meiner Erinnerungen ein. Per Taxe ging es dann in die City Bombay, etwa eine Stunde Fahrt bis zum „Taj Mahal Hotel“, wo ich ein Zimmer gebucht hatte, um mich von den Reisestrapazen etwas zu erholen, ehe es per Bahn in das etwa zweihundert Kilometer südöstlich von Bombay gelegene Poona weitergehen sollte.

Im „Taj“, wie man in Indien zum „Taj Mahal Hotel“ sagt, begegnete ich Bildern aus *Tausendundeine Nacht*, die ganze Ausstattung des Hotels, die Dienerschaft in ihren orientalisch bunten Livreen, das Gemisch an Düften, das exotisch angerichtete Essen, die Menschen in den unterschiedlichsten Gewändern und Aufmachungen, die Eindrücke waren überwältigend!

Am 7. November, inzwischen im „Blue Diamond Hotel“ einquartiert, fahre ich um sechs Uhr morgens per Taxe zum „Ramamani Iyengar Memorial Yoga-Institut“ in Shivajinagar, dem Viertel der vielen Colleges. Das „Blue Diamond Hotel“ liegt am anderen Ende dieser Zehn-Millionen-Stadt, im sogenannten „Koregaon Park“, einem Villen-Viertel, bekannt geworden durch den dort gelegenen „Rajneesh-Ashram“, wo Tausende von Anhängern in orangeroten Gewändern das „Loslassen und Sichgehenlassen“ in berühmt-berüchtigter Weise übten.

Nach etwa fünfundvierzig Minuten Autofahrt durch ein beängstigendes Gewühl von Rikshas, Fahrrädern, Autos, Motorrollern, Ochsenkarren und dem dazugehörigen Lärm stehe ich schließlich vor dem „Iyengar-Institut“, benannt nach seiner verstorbenen Frau Rama, aus Spenden finanziert und 1975 eingeweiht. Das Gebäude hat eine imposante, ungewöhnliche Form, es ist eine halbe Pyramide, mit dem Grundriß eines Mandala.

Mir stockte der Atem, als ich kurz vor sieben Uhr das große Gartentor öffnete, am Eingang zum Institut meine Schuhe ablegte und schließlich in der ersten Etage die Übungshalle betrat. Ich sah sofort Mr. Iyengar, der an einem Barren übte, über der prominenten Brust die weiße Schnur der Brahmanen, bekleidet mit einer roten Turnhose, die seine dunkle Haut betonte. Auch er hatte mich sofort bemerkt und kam auf mich zu. Etwas kleiner als ich an Körpergröße, stellte er sich frontal vor mich und der auf mich gerichtete Blick seiner tiefschwarzen, feurigen Augen, betont durch die wuchtigen Augenbrauen darüber, schien mir das ganze kollektive Wissen der Menschheit zu spiegeln. Mir lief der Schweiß aus allen Poren, ob die Ursache die 38° C Schattentemperatur oder meine innere Erregung war, ist sicher nicht auszumachen. Mr. Iyengar schaute mich durchdringend an, nach Marathi-Art leicht mit dem Kopf hin- und herwiegend, sagte er: „Du wirst eine harte Zeit mit mir haben.“ Das war der Kernsatz für all das, was dann bei diesem ersten Aufenthalt und bei allen folgenden kommen sollte. Ich wußte spontan, es ging um „alles oder nichts“. Nie zuvor in meinem Leben fühlte ich mich so in meinem Selbstwertgefühl reduziert, nie so absolut klein einem anderen Menschen gegenüber, nie zuvor wurde mir so der Boden unter den Füßen weggezogen, wie in der Begegnung mit BKS Iyengar! Er machte mich unter anderem täglich vor meinen indischen Mitschülern lächerlich, indem er immer wieder sagte: „Schaut, sie ist eine Yoga-Expertin, macht neun Jahre Yoga und kann noch nicht einmal diese Haltung!“

Zweimal am Tag, morgens und abends zwei Stunden, wurde ich zum Üben einbestellt. Dabei wurde schonungslos und schockierend alles Unechte, jede Fassade, alles Festgefügte und Erstarrte zerschlagen. Ich stand wieder ganz am Anfang und was für ein Anfang! Ich mußte lernen, körperliche Schmerzen von unterschiedlichster Intensität auszuhalten. Meine Bewußtseinszustände wechselten so drastisch wie mein physisches Befinden. Ich lernte zu akzeptieren, was für meine Ratio nicht annehmbar war. Der Meister gibt keine Erklärungen für sein Tun, er weiß, was er tut! So heißt es jedenfalls...!

Trotz alledem habe ich zur damaligen Zeit eine schwer definierbare Strahlung von Energie, Wärme und Liebe erfahren, die an den üblichen Maßstäben nicht zu messen war.

Bei diesem ersten Aufenthalt, wie auch bei den folgenden, kam es zur Konfrontation zwischen Mr. Iyengar und mir, wenn ich das mir Auferlegte und Abverlangte einfach nicht mehr akzeptieren konnte. An einem Wochenende schüttelten mich drei Tage lang solche Weinkrämpfe, daß ich nicht sprechen und nicht essen konnte, ich dachte, das ist das Ende meines spirituellen Strebens. Als meine Verfassung mir wieder erlaubte, mein Hotelzimmer zu verlassen, bat ich telefonisch um einen Gesprächstermin mit Mr. Iyengar, den ich auch sofort bekam. So saß ich dem Meister an seinem Schreibtisch gegenüber und erklärte ihm, daß ich eine so schmerzvolle Behandlung, wie er sie mir angedeihen ließ, einfach nicht mehr akzeptieren könne und wolle. Ich redete mir alles von der Seele, was sich angestaut hatte, und er hörte mir still, geduldig zu. Als mein Wortfluß versiegte, lag ein bedeutsamer Augenblick des Schweigens zwischen uns – und dann sagte Mr. Iyengar mit ungewöhnlich weicher Stimme: „Ilse, you are free to go", zu Deutsch: Es steht dir frei, zu gehen. Ich stand auf, bedankte mich für das Gespräch, das eigentlich ein Monolog war, und ging. Am nächsten Morgen war ich wieder pünktlich um sieben Uhr auf der Yogamatte...

Ich glaube, es ist angebracht, in Kürze etwas zu der Institution und der Tradition des Meister-Schüler-Verhältnisses zu sagen, wie nur der Osten sie kennt. Ich weiß, daß der westliche Mensch mit seinem völlig konträren soziokulturellen Hintergrund damit seine Schwierigkeiten hat oder eine solche Beziehung einfach ablehnt. Unterordnung, Ergebenheit und Hingabe an eine Autorität, wie sie der Meister verkörpert, der selbst unter Umständen als Mensch absolut nicht vollkommen ist, erscheint für Menschen unseres Kulturkreises kaum denkbar. Auch die Angst vor Abhängigkeit spielt dabei eine verständliche Rolle. Dem allem liegt nach meiner ganz persönlichen Erfahrung ein Mißverständnis zu Grunde. Nicht die Vollkommenheit als Mensch ist beim „Guru“ ausschlaggebend, sondern wie weit er als Person transparent für Transzendenz ist, das heißt, durchlässig für das Höchste, die andere Dimension oder wie immer man das Numinose benennen mag. Die Wahrnehmung dieser besonderen Qualität bei einem Meister ist allerdings nur dem Schüler vorbehalten, der selbst eine Stufe des Bewußtseins erreicht hat, wo er bereits offen ist für eine solche Erfahrung, die in einer anderen Dimension gründet.

Die Frucht der Arbeit mit einem Meister ist das Erkennen des Meisters in uns, das heißt, daß Gott nicht irgendwo draußen in den Wolken des Himmels, sondern nur in unserer eigenen Mitte erfahrbar ist und von daher in uns und durch uns in der Welt manifestiert werden muß. Diese Erfahrung bringt uns in die Freiheit und Unabhängigkeit von der heute so viele reden, jedoch Illusionen nachjagen. Sie ist einzig und allein auf einem mühevollen, disziplinierten, hingebungsvollen spirituellen Schulungsweg zu erreichen, einem „Einweihungsweg“, wie er in der Antike nur Auserwählten vorbehalten war, die bereit waren, Opfer zu bringen und Härten zu ertragen bis hin zur Überwindung der Todesangst. Unfreiheit und Abhängigkeit, auf welcher Ebene auch immer, lassen sich nun einmal nur soweit überschreiten, wie unser Ego überschritten wird!

Zur Person von Mr. Iyengar, den ich erst bei meinem dritten Studienaufenthalt als meinen „Guruji“ annahm, einige Angaben, die für den nicht Eingeweihten interessant sein dürften. Er wurde als elftes von dreizehn Kindern am 14. Dezember 1918 in einem südindischen Dorf in einer Brahmanenfamilie geboren. Die Familie war arm, besitzt aber einen Stammbaum, der bis ins 14. Jahrhundert zu verfolgen ist. Von Kindheit an kränkelnd, gab man nicht mehr viel für das Leben des jungen Iyengar, als er mit siebzehn Jahren Lungentuberkulose bekam. Sein Schwager und späterer Guru, Prof. T. Krishnamacharya, der eine Yoga-Schule im Maharaja-Palast in Mysore hatte, schlug vor, Iyengar solle unter seiner Führung mit Yoga beginnen, um so seine Gesundheit zurückzugewinnen. Keiner konnte zu diesem Zeitpunkt ahnen, daß Mr. Iyengar einer der größten Yogis unserer Zeit werden sollte.

Im Jahre 1937 siedelte Iyengar sich in Poona in bitterster Armut an. Er spezialisierte sich früh darauf, Menschen mit gesundheitlichen Problemen zu helfen und erwarb auf diese Art schon bald den Ruf, dort helfen zu können, wo andere keinen Rat mehr wußten. Sein außerordentliches Können brachte ihm prominente und distinguierte Schüler. Er wurde ein Lehrer gekrönter Häupter, bedeutender Staatsmänner und anderer Persönlichkeiten von internationalem Ruf und Ansehen, darunter auch Yehudi Menuhin, der weltberühmte Geigenvirtuose, der 1952 bei Mr. Iyengar Hilfe suchte für seine gesundheitlichen Probleme, die seine Karriere bedrohten. Es war Yehudi Menuhin, der Iyengar in die westliche Welt einführte, und von da an bat man ihn, auf allen Kontinenten zu lehren, Vorlesungen und Demonstrationen zu geben, Yoga-Lehrer auszubilden, die heute ihren eigenen Ruf und Bedeutung erlangt haben. Yehudi Menuhin war es, der die Ausstrahlung von Iyengar einmal „eine Vision von Perfektion und Unschuld" nannte.

Die sogenannte „Iyengar-Methode", wie sein Lehren heute weltweit genannt wird, ist genaugenommen nichts

Neues. Neuartig ist nur die absolut unnachgiebige Konsequenz, mit der Iyengar die klassischen Körperübungen des traditionellen Hatha-Yoga lehrt, die Asanas (Körperhaltungen) und das Pranayama (Atemübungen). Dazu kommen die in jahrzehntelangem Selbststudium entwickelten, sehr differenzierten Dehnübungen und die „props", Hilfsmittel wie Decken, Kissen, Polster, Stühle, Gurte, Bänke und einiges mehr, die Menschen mit Behinderungen in die Lage versetzen, alle grundlegenden und vor allem auch die therapierenden Übungen auszuführen. So soll jeder durch eigene Anstrengung die ihm höchst mögliche Stufe in seiner Entwicklung erreichen können. Iyengar selbst sagt immer wieder: „My body is my temple, asanas are my prayers" (mein Körper ist mein Tempel, Körperübungen sind meine Gebete) und wer wie ich, die Gelegenheit hatte, mit ihm zusammen allein zu üben, in der Stille, wie sie beim Unterricht im Institut nie gegeben ist, der weiß, daß jedes Wort seiner Aussage der Wahrheit entspricht.

Es ist nicht einfach, die Essenz aus zehn Aufenthalten am Iyengar-Institut in Poona in einem Buchkapitel wiederzugeben. Ich kann nur eine Auswahl treffen, in der Hoffnung, die möglichst essentiellen Erlebnisse und Erfahrungen zu schildern, die dem Leser eine Vorstellung vermitteln von der Vielfalt des Geschehens und Erlebens.

Jedes Jahr waren meine Reisevorbereitungen für einen neuen Studienaufenthalt von ambivalenten Gefühlen begleitet. Eine „Iyengar-Aussage": „Nur wo Schmerzen sind, ist auch Licht. Schmerz ist dein Meister!", gab mir den Mut und damit die erneute Bereitschaft, den eingeschlagenen Weg weiterzugehen. Zu den noch heute spontan aufsteigenden, unangenehmen Erinnerungen an das Institut gehört die laute, unruhige Atmosphäre, die stakkatohaften Anweisungen in wechselnden Sprachen, Englisch, Marathi, Hindi und Tamil, der schrille Befehlston von Mr. Iyengars Tochter Geeta, die zusammen mit ihrem Bruder Prashant, ebenfalls unterrichtet. Nicht jeder der Adepten hat das so erlebt, doch ich kann eben nur subjektiv über meine Empfindungen sprechen.

Jede neue Begegnung mit meinem Meister war eine Herausforderung. Euphorie und Niedergeschlagenheit wechselten sich ab. Ich hatte damals noch meine Schwierigkeiten mit der Maxime „Yoga befaßt sich mit der Intelligenz des Herzens, nicht mit der des Kopfes“. Wie sollte dieses Kunststück gehen, den Kopf immer wieder leer werden lassen, das Gehirn passiv halten und dennoch jederzeit so präsent sein, daß man auf alle Kommandos blitzschnell reagiert? Denn sofortige Reaktion und Schnelligkeit in Auffassung und Umsetzung waren bei Mr. Iyengar nicht nur eine Forderung, sondern eine Voraussetzung, daß er sich für einen Schüler interessierte und einsetzte.

Zu den normalen täglichen Unterrichtsstunden nahm ich zweimal pro Woche an den sogenannten „Medical Classes“ teil. Hier versammelten sich etwa zwanzig „Yoga-Patienten“, mal mehr, mal weniger, mit einer fast ebenso großen Zahl an Helfern, alte Schüler und Mitarbeiter, auch Familienmitglieder waren anwesend, um den Meister bei seiner Arbeit zu unterstützen. Ich leide von Geburt an an einer doppelten Skoliose der Wirbelsäule, verursacht durch eine komplikationsreiche Zangengeburt. Rücken- und Nackenschmerzen begleiten mich mein ganzes Leben lang, trotz Gymnastik, Sport, Atemtherapie und was man mir noch alles von Kindheit an hat angedeihen lassen. Hier bei Mr. Iyengar erfuhr ich eine Verbesserung meiner Situation. Unter seiner Anleitung und seinem persönlichen Einsatz, oft mit seiner ganzen Körperkraft, wenn er mich beispielsweise an den Füßen in einer Umkehrhaltung hochzog, so lange, bis die Statik korrekt war, lernte ich einen völlig neuen Umgang mit meinem Körper und vor allem mit dem Schmerz. Die Aussage eines deutschen Orthopäden ist bezeichnend für das, was meine Anstrengungen in Poona bewirkten: So eine equilibrierte Skoliose habe er noch nicht gesehen.

Die Reputation von Mr. Iyengar wurde am meisten dadurch gefördert, daß er mit seiner Methode besonders bei Ärzten erfolgreich war, vor allem, wenn es um Rehabilitation ging. Es kamen Unfallopfer in diese „Medical Classes", Parkinsonpatienten, Epileptiker, Kinderlähmungsgeschädigte, Asthmatiker, Menschen mit Magen-Darmerkrankungen, in Indien keine Seltenheit, und viele mehr. Sie alle, von der Schulmedizin meist aufgegeben, erfuhren hier eine Verbesserung ihres Zustandes, oft auch Heilung.

Ich habe im wahrsten Sinn des Wortes am eigenen Leib erfahren und dabei auch für meine eigene Arbeit mit „Yoga-Patienten", lernen dürfen, wie man mit einem angerissenen Innenmeniskus ohne Operation schmerzfrei werden kann und sogar wieder die Lotos-Haltung ausführen kann, diese nicht ganz einfache yogische Sitzhaltung mit gekreuzten Beinen, die Füße in den Leisten plaziert. Sie ist übrigens an Stabilität mit keiner anderen Sitzhaltung vergleichbar, man kann darin sogar ein Nickerchen machen, ohne umzukippen.

Auch ein Nierenproblem, das heißt meine rechte Niere, die eine Wanderniere ist und von daher immer wieder Störungen verursachte, bekam ich mit Mr. Iyengars Hilfe in den Griff. Der auf dieses Gesundheitsproblem ausgerichtete Übungszyklus, den wir gemeinsam erarbeiteten, war überaus anstrengend und schmerzhaft. Er enthält zu den über viele Minuten zu haltenden Umkehrhaltungen wie Kopfstand, Kerze und Pflug, die verschiedensten Twists, das sind Drehhaltungen, die die Nieren in ihrer Funktion direkt beeinflussen. Ohne die persönliche Assistenz durch Mr. Iyengar und die dabei oft eingesetzten Hilfsmittel wären diese komplizierten Übungen gar nicht auszuführen gewesen. Das Aushalten von Schmerzen kam in diesen Therapiestunden oft an eine Grenze, wo sich bei den einzelnen Menschen unüberhörbares Stöhnen bemerkbar machte und ab und an löste sich selbst ein mir bis ins Mark gehender Schmerzensschrei. Die Atmosphäre war spannungsgeladen und doch gleichzeitig geprägt von Optimismus und Hoffnung, die letztendlich nicht enttäuscht wurden. Dennoch muß ich sagen, wer charakterlich nicht mit Durchhalte- und Durchstehvermögen ausgestattet ist, war für solche yogischen Therapiemaßnahmen, wie erfolgreich sie am Ende auch waren, ungeeignet. Hier wurde einem das Letzte abverlangt und die Aussage von Mr. Iyengar: „Schmerzscheu im Üben ist Schmerzscheu im Leben" wurde hier demonstriert. Dies veranlaßte auch so manchen Neuankömmling im Institut, der noch seine eigenen Vorstellungen von „western style, antistress yoga", wie Mr. Iyengar sich ausdrückte, hatte, nur ein oder zweimal zu den Übungszeiten zu erscheinen und dann wieder abzureisen. Verständlich war mir das immer vom persönlich menschlichen Standpunkt aus gesehen, doch hier ging es um etwas anderes, um mehr, doch Erfahrung ist nun einmal nicht übertragbar!

Mr. Iyengar ist Autodidakt und erwarb seine Fähigkeiten und sein Wissen in jahrzehntelangem Selbststudium. Seine Methode ist ganzheitlich orientiert, er spricht nie von einzelnen Organen, sondern nur von Systemen, die, wenn sie einmal geschwächt, erkrankt sind, wieder gestärkt werden müssen.

Mein Tagesplan war ausschließlich bestimmt von Mr. Iyengar. Ich ging nicht nur zu den festgesetzten Zeiten zu ihm ins Institut, sondern er verfügte auch über meine restliche Zeiteinteilung. Meist verordnete er mir nach dem Vormittagsüben Bettruhe. Schwimmengehen oder sonstige Ablenkungen waren untersagt. Selbst als ich zu einer Hindu-Hochzeit eingeladen war, mußte ich am Abend des Festbeginns absagen, da Mr. Iyengar mir eine Ölpackung und danach absolute Ruhe befahl. Ich folgte jahrelang allen seinen Anweisungen. Bei aller Härte des Übens an sich war Mr. Iyengar niemals laut oder brutal im Umgang mit mir. Beide Eigenschaften sagt man ihm nach. Es war ein überaus persönliches, sehr liebevolles Verhältnis, das wir miteinander hatten. Es beruhte auf gegenseitigem Einverständnis und Vertrauen, Distanz und Nähe waren wohl recht ausgeglichen.

In Poona selbst war ich so in das Geschehen eingebettet, daß ich weitgehend von Zweifeln verschont blieb. Doch zurück in Deutschland, sah das wieder anders aus. Ich übte täglich, oft bis zu fünf Stunden, und die Frage drängte sich mir immer wieder auf: War dieser harte Weg wirklich ein Weg der Spiritualität? Dabei kam mir oft ein Ausspruch von Elisabeth Haich in den Sinn: „Der Weg zu Gott ist keine Autobahn...!“ Da waren aber auch diese Augenblikke, in denen jedes Empfinden von Dualität aufgehoben war, diese kostbaren Momente, in denen ich eins mit mir selbst war und mit allem, was mich umgab, mit allem, was mein Leben ausmachte. Diese Erfahrung war es, die mich immer wieder in der Disziplin des Übens und Mühens hielt und nicht zuletzt in dem „Vertrauen des Nichtwissens“.

In den ersten beiden Jahren meines Studienaufenhaltes wohnte ich in Poona im „Blue Diamond Hotel“, damals das erste Haus am Platz. Dort erhielt ich eines Tages eine schriftliche Einladung zu einem Wochenendpicknick von einem jungen indischen Paar, das ich im Hotel kennengelernt hatte. Gerne nahm ich die Einladung an und lernte verschiedene Sehenswürdigkeiten von Poona kennen, unter anderem den „Aga Khan Palast“, der etwa vier Kilometer außerhalb von Poona liegt. Heute heißt er „Kasturba Samadhi“. Mahatma Gandhi wurde hier im Jahre 1942 mit seiner Frau Kasturba gefangengehalten, seine Frau starb hier. Von Gandhi selbst sind noch eine Brille, eine Reisschale und ein Paar Sandalen zu sehen. Der Palast selbst ist ein beeindruckendes weißes Bauwerk. In dem weltberühmten „Gandhi-Film“ sind übrigens viele Aufnahmen wie zum Beispiel die wunderbaren Sonnenauf- und -untergänge in Poona am Mutha-Fluß entstanden. Dieser erste gemeinsame Ausflug mit Khursheed und Rustom, so heißen meine beiden Freunde, legte den Grundstein zu einer bis heute dauernden Freundschaft. Ich nenne diese Familie seit vielen Jahren „meine indische Familie“, nachdem das Familienoberhaupt einmal vorgeschlagen hatte, mich zu adoptieren, damit ich für immer in Indien bleiben sollte. Übrigens sind meine Freunde Parsen, von denen es heute auf der Welt nur noch etwa zweihunderttausend gibt, davon die Mehrzahl in und um Bombay. Parsen sind vom Ursprung her Perser, die vor etwa tausend Jahren vor dem Islam flohen. Sie folgen der Lehre des Zoroaster, beten in ihren Tempeln das Feuer an und bestatten ihre Toten auf den sogenannten „Türmen des Schweigens“, wo man sie dem Fraß der Geier oder anderer Raubvögel aussetzt. Als Parse kann man nur geboren werden und Parsen heiraten wiederum meist nur Parsen, da sie ansonsten von den Eltern enterbt werden. Viele der reichsten Familien Indiens sind Parsen. In Indien ist es Tradition, daß wohlhabende Familien gerne einem Heiligen oder Yogi „food and shelter“, Nahrung und Unterkunft gewähren, um sich auf diese Weise einen spirituellen Verdienst zu sichern. Gastfreundschaft ist in Indien überhaupt etwas ganz Großartiges. Man sagt: „Der Gast ist Gott“ und so ist es üblich, daß selbst in den ärmsten Familien noch das Letzte angeboten wird, das man besitzt. Durch alle sozialen Schichten hindurch hat mich die praktizierte indische Auffassung von Gastfreundschaft immer sehr berührt.

Ab dem dritten Jahr meiner Indienbesuche wohnte ich dann jeweils in einem Privathaus, mit Personal und einem Chauffeur, der mir für all meine Institutfahrten zur Verfügung stand. Meine Freunde ermöglichten mir ein Leben, bei dem ich vollkommen frei war von den alltäglichen Pflichten und Sorgen, frei, mich vollkommen meinen Yoga-Studien widmen zu können. Was für ein Privileg! So lernte ich indisches Leben im sehr persönlichen Umgang kennen. Meine Freunde erklärten mir Sitten und Gebräuche, ich hatte die Gelegenheit, mit dem Koch der Familie die indische Küche in ihren Grundzügen zu erlernen, der Umgang mit Personal und vieles mehr wurde mir von Jahr zu Jahr vertrauter. Mit meiner Freundin Khursheed besuchte ich ein Haus für mißhandelte, notleidende Frauen, dessen finanzieller Träger meine Gastfamilie war. Sie erzählte mir viele grausame, für uns fast unvorstellbare Einzelschicksale, die sie alle persönlich kannte. Auch eine Schule für Waisenkinder gehörte zu dem sozialen Engagement meiner Freunde. Ich lernte diese Kinder in ihrer adretten Schuluniform nach englischem Vorbild kennen, die alle ohne die Großzügigkeit meiner Freunde Analphabeten geblieben wären. Die privilegierte Klasse ist in Indien sozial überaus engagiert und übernimmt freiwillig Pflichten und Verpflichtungen.

Was meine persönliche privilegierte Situation angeht, möchte ich mich dazu gerne einmal äußern und zwar für all diejenigen, die glauben, daß Yoga, genau wie Frömmigkeit im Christentum, nur in Verbindung mit Armut und Entsagung zusammengeht. In der Yoga-Philosophie, auf die ich an dieser Stelle nur mit zwei wesentlichen Begriffen hinweisen möchte, gibt es den Begriff „vairagya". Er bedeutet die Abwesenheit jeder Bindung an angenehm empfundene Objekte. In einer anderen Interpretation drückt „vairagya" das Nichtanhaften, nämlich das Freisein von Zu- und Abneigung aus. Der Begriff „aparigraha", jedem Yoga-Studierenden bekannt, meint die Entfaltung des Nichtanhaftens an Besitz und diese Fähigkeit befreit von der Identifizierung des Bewußtseins mit den Dingen unserer Umgebung, wozu auch der Körper gehört. Das Leben hat mich mit vielen schönen und angenehmen Dingen beschenkt und oft verwöhnt, doch ich konnte sie von heute auf morgen aufgeben, wenn es darum ging, mich von überholten Gewohnheiten und Bindungen zu befreien. Doch genau so, wie ich loslassen kann, freue ich mich auch an all den Schönheiten, die das Leben zu bieten hat und diese Freude ist etwas Innerliches und nicht allein an Reichtum, Sicherheiten und körperliches Wohlbehagen gebunden. Sich an allem freuen zu können, ohne es besitzen zu müssen, ist in meinen Augen ein Geschenk Gottes und sollte in Dankbarkeit angenommen werden.

Bei meinem jährlichen Aufenthalt im November 1980 hörte ich im Institut, wie eine französische Yogagruppe, die zu einem dreiwöchigen sogenannten „Intensive" anwesend war, sich über ein Zertifikat unterhielt, das sie am Ende ihres Aufenthaltes zu bekommen hoffte. Das weckte mein Interesse und ich sprach Mr. Iyengar daraufhin an. Er lachte herzlich, vielleicht über meine Naivität, ich wußte es damals nicht. Doch seine Antwort kam bei meinem Abschied im Dezember, ich bekam eine Dokumentenrolle überreicht und siehe da, sie enthielt ein Zertifikat, das mich zum Unterrichten nach der „Iyengar Methode" qualifizierte. Ich gestehe, mein Ego fühlte sich geschmeichelt, genauso wie fünf Jahre später, als ich wieder bei meiner Abreise mit einem weiteren Zertifikat bedacht wurde.

Mit meiner Erfahrung von heute muß ich allerdings sagen, daß Zertifikate in Sachen Yoga mich weder überzeugen können, noch interessieren. Im Gegenteil, ich halte sie für äußerst dubios. Es stellt sich die Frage, wer hat eigentlich Mr. Iyengar zertifiziert oder andere große Yogis? Geht es hier nicht um einen Weg der Individuation, der Entwicklung unseres Bewußtseins, vom persönlichen Bewußtsein bis zum kosmischen Bewußtsein, einen Weg, der unendlich viele Inkarnationen verlangt? Mit welchen Parametern will man so etwas bewerten und zertifizieren? Technisches Können, anatomisches und physiologisches Wissen, ebenso der philosophische Hintergrund des Yoga, wären zu bewerten und dann auch zu diplomieren, wie jedes andere erworbene Wissen, gleich welcher Fakultät. Doch gerade daran fehlt es bei den meisten, die Yoga unterrichten und sich von daher oft der Verantwortung nicht bewußt sind, die sie übernommen haben. Ich erlaube mir diese Feststellung, die keine Verurteilung ist, das möchte ich ausdrücklich betonen, da ich seit über einem Jahrzehnt zahlreiche Yoga-Unterrichtende in meinen wöchentlichen Kursen und Seminaren habe und von daher ihre Kompetenz sehr genau kenne. Auch das Gegenteil ist zu finden, Kollegen, die technisch, körperlich fit sind, unterstützt durch Besuche in Fitness-Centern, doch von Yoga, wie die uralte Tradition ihn lehrt, sind sie meilenweit entfernt. An dieser Stelle erlaube ich mir auch mein Mißfallen darüber auszudrücken, daß es in sogenannten „Iyengar Kreisen“ immer wieder sich „Schüler“ nennende Personen gibt, die sehr ungut, um nicht zu sagen, häßlich, über ihren „Guruji“, das heißt „lieber Meister“, reden und aus all dem Vielen, das sie sich bei ihren Aufenthalten am Institut in Poona „abholen“, oft nichts anderes machen, als Imitationen des Meisters zu werden. Doch Kopien sind nun einmal keine Originale! Wie wir wissen, zielt der Yoga-Pfad auf tiefgreifende Wandlungen und Entwicklungen, und das bedeutet, in die unverwechselbare Individualität, in die Ganzheit des eigenen Potentials hineinzuwachsen und damit selbst ein „Original“ zu werden. Darüber einmal zu reflektieren wäre sicherlich lohnenswert.

Auf meine Beziehung zu Mr. Iyengar werde ich zurückkommen, biographisch war ein neues Kapitel angesagt.

Karlfried Graf Dürckheim und sieben bewegte Jahre

Nach meinem ersten Poona-Aufenthalt im Jahre 1976 landete ich Anfang Dezember um sechs Uhr morgens am Frankfurter Flughafen, wo mein Mann mich erwartete. Er schaute mich erschrocken an und sah sofort, daß es sicher nicht nur die Übermüdung nach einem neunstündigen Nachtflug war, die mich so erschöpft und mager aussehen ließ, seine Miene drückte Besorgnis aus. Ich brauchte erst einmal eine Dusche und eine horizontale Lage im „Sheraton-Hotel", wo mein Mann ein Zimmer gebucht hatte. Nach einigen Stunden Schlaf und einem europäischen Frühstück fuhren wir über die Autobahn Richtung Mülheim a.d. Ruhr, nach Hause. Auf der Fahrt erzählte ich über meine Erlebnisse, hauptsächlich beantwortete ich die Fragen meines Mannes.

Dieses Wiedereintauchen in eine ganz andere Welt als die, in der ich in den letzten Wochen gelebt hatte, machte mir von Anfang an Schwierigkeiten. Doch ich sagte mir, das ist alles ganz normal, „Jet-lag" und Umstellungsschwierigkeiten, das wird vorübergehen, und der Alltag wird mich bald wiederhaben... So zu denken war reichlich naiv, denn Erlebnis und Wandlung gehören zusammen. Erlebt hatte ich unendlich viel und folglich war ich auch nicht mehr die Person, die mein Mann vor einigen Wochen in Frankfurt verabschiedet hatte. Diese Tatsache war offenkundig und wir hatten beide Schwierigkeiten, uns darauf einzustellen.

Mein im Äußeren recht bewegtes Leben gab in diesen Jahren sozusagen den Hintergrund ab, vor dem sich mein spiritueller Entwicklungsprozeß abspielte und deshalb möchte ich hierzu die wichtigsten Ereignisse und Daten anführen, so daß für den Leser die Zwiespältigkeit, die Herausforderung und die von mir empfundene Bedrohung, in der ich immer wieder gefangen war, transparent wird. Meine persönliche Identität war fraglich geworden, mein moralisches Gewissen dafür um so feiner, anspruchsvoller. Ich spürte, daß der Drang nach Vollkommenheit stärker geworden war und so urteilte und beurteilte ich mich selbst mit großer Strenge, manchmal mit Geringschätzung und Selbstanklage. Auch stellte ich mir die Frage, ob dieses immer wiederkehrende schmerzhafte Gefühl nicht als pathologischer Zustand anzusehen sei...?

Ich liebte meinen Mann, der eine starke Persönlichkeit war, unverändert. Doch die Gegebenheiten, unter denen wir zueinander gefunden hatten, hatten sich total verändert. Derselbe Mann, der nur noch halbtags arbeiten wollte nach dem erlittenen Herzinfarkt und nach dem Entschluß, eine dritte Ehe einzugehen, weil er glaubte, daß eine ideale Partnerschaft das absolut Erstrebenswerte sei nach allem, was er ansonsten im Leben, in seiner Karriere erreicht hatte, ließ im Herbst 1976 seine Betriebsgebäude abreißen und das Bauvorhaben, ein neues Bürogebäude mit Lagerhalle, wurde im Sommer 1977 abgeschlossen. Die Doppelbelastung durch die Führung eines leistungsstarken Getränkefachgroßhandelsunternehmens und seiner Tätigkeit als Präsident des Verbandes des deutschen Bier- und Getränkefachgroßhandels machten sich selbstverständlich in der Zeit, die wir beide miteinander hatten, negativ bemerkbar. Sein Arbeitstag begann um sieben Uhr morgens und endete abends um die gleiche Zeit und später. An den Wochenenden suchte er meist seinen Schreibtisch im Büro auf, um seine Reden vorzubereiten, die seine diversen Ämter mit sich brachten. Für einen Mann, der sich in der Öffentlichkeit profilieren will, ist seine Ausstrahlung wichtig und die stimmte bei meinem Mann hundertprozentig, ebenso sein Engagement für die Ämter, die er übernommen hatte. Seine Integrität als Unternehmer und als Mensch war hochgeschätzt und gelobt. Für mich wurde diese zweite Ehe immer mehr zu einem Double meiner ersten... Wäre für mich das noch immer schmerzhafte Problem mit meinen Kindern nicht gewesen, hätte ich diese Neuauflage meiner alten Ehesituation – als solche erkannte ich sie bereits – sicher besser ertragen können.

Seit meiner Scheidung verbrachten mein Mann und ich das Weihnachtsfest im Ausland. Es war mir von meinem ersten Mann generell nicht gestattet, die Kinder an Weihnachten bei mir zu haben. Selbst ein Telefongespräch an den Weihnachtstagen wurde per Gerichtsbeschluß festgelegt. Es fehlt mir das emotionale Vokabular, um auszudrücken, wie sehr ich unter diesen Umständen litt. Die Flucht in fremde Länder mit anderen Sitten und Gebräuchen ließen mich die schönen Weihnachtsfeste, wie ich sie mit meiner Familie, in erster Linie mit meinen Kindern gefeiert hatte, neutraler überstehen. Ich versuchte eine bestmögliche Anpassung an die gegebenen Umstände zu erreichen, doch sie war nicht identisch mit meiner Individualität, und deshalb war ich unglücklich und unzufrieden. Es gab ein merkwürdiges gleichzeitiges Nebeneinander von zutiefst widersprüchlichen Aspekten meiner Persönlichkeit. Meine Ansprüche an das Leben, an meinen Mann, meine gehobenen Lebensumstände, um die mich viele beneideten, waren auf der einen Seite erfüllt, doch auf der anderen Seite war dieses tief innere Wissen, dieser bohrende Schmerz, daß diese Art Leben mich nicht mehr zufriedenstellen konnte. Daß mir etwas fehlte, das wußte ich genau, doch was und wie konnte ich es finden und in mein Leben integrieren?

Carl Gustav Jung, der berühmte Analytiker, sagte einmal von sich selbst, daß er Yoga-Übungen machte, um seine Gefühle unter Kontrolle zu halten. Später gab er das Üben wieder auf, um sich um die Gefühle selbst, beziehungsweise um das Unbewußte zu kümmern und es zu erforschen. Gab es für mich in dieser Richtung nicht auch einen Ansatz, einen Weg, den ich bis dahin noch nicht kannte?

Es war in Bad Gastein, in Österreich, wo ich den Jahresausklang 1976 mit meinem Mann im „Hotel Kaiserhof" verbrachte, in einer herrlichen Winterlandschaft, das Panorama des Gasteiner Tals breitete sich bei jedem Blick aus unseren Hotelfenstern in immer neuer, mit Tageszeit und Wetter sich verändernder Schönheit aus. Hier hatte ich die Ruhe zum Nachdenken, zu einem Entschluß zu kommen, der für sieben kommende Jahre große Bedeutung erlangen sollte: Ich schrieb an Herrn Prof. Dr. Karlfried Graf von Dürckheim-Monmartin in Todtmoos-Rütte, im Schwarzwald. Dort hatte sich unter seiner Führung, in Zusammenarbeit mit Frau Dr. Hippius, eine „Existential-psychologische Bildungs- und Begegnungsstätte" entwickelt. Ich bat in meinem Schreiben um einen Gesprächstermin. Ich wußte durch Literatur, daß Grundfragen der Selbstfindung, das Innewerden des Wesens und die daraus resultierende Wandlung des Menschen im Zentrum seiner Arbeit standen. Östliche Lebensweisheit und westliche Psychologie vereinten sich in seinem Lehren und in seiner Therapie. Eine innere Stimme sagte mir, daß sich hier eine Möglichkeit in Richtung Ganzheit auftat, deren Fehlen mir so schmerzhaft bewußt wurde.

Als mein Mann und ich von unserem Kuraufenthalt in Bad Gastein zurück nach Mülheim kamen, fand ich eine Einladung zu einem Gespräch am 25. Februar mit Graf Dürckheim vor. Überglücklich bestätigte ich den vorgeschlagenen Termin für zwölf Uhr.

Als ich zum gegebenen Zeitpunkt von Freiburg aus in den Schwarzwald hinauffuhr, es lag streckenweise Schnee, war ich fast genauso erwartungsvoll aufgeregt wie vor meiner Begegnung mit Mr. Iyengar. Ich war frühzeitig in Todtmoos-Rütte angekommen, diesem kleinen Ort am Ende eines Hochtales. Im Gästehaus, einem typischen Schwarzwaldhaus, war für mich ein Zimmer reserviert. Frau Wagner, die das sogenannte „Herzl-Haus" führte, zeigte mir mein Zimmer. Eine noch geschlossene rosa Tulpe in einer stilgerechten Vase auf dem Tisch zeigte mir, daß ich erwartet wurde, ein nonverbaler Willkommensgruß, der mich angenehm berührte.

Dann war es soweit, ich lief die wenigen Meter Entfernung, die zwischen dem „Herzl-Haus" und dem sogenannten „Doktorhaus", in dem Graf Dürckheim empfing, zu Fuß und wartete dann im Sekretariat an einem gemütlichen Kachelofen, bis ich zu meinem Gespräch an der Reihe war. Es gab einen Büchertisch, auf diesen stürzte ich mich förmlich und erwarb alles, was an Dürckheim-Literatur vorrätig war. Mir kam dabei die Erinnerung an meinen ersten Besuch bei Frau Haich und Herrn Yesudian in Zürich, wo ich ebenfalls mit zwei schweren Büchertüten die Yogaschule verlassen hatte. Die Sekretärin erhielt dann telefonisch von Graf Dürckheim die Aufforderung, mich nach oben in sein Arbeitszimmer zu begleiten. Das Hinaufsteigen der knarrenden Holztreppe und das Kopfeinziehen an verschiedenen Stellen, da ich mit hohen Absätzen etwas über einmeterachtzig groß bin und in allen alten Schwarzwaldhäusern dieses „Kopfproblem“ habe, lenkten mich etwas von der pulsbeschleunigenden Aufregung ab. Die Tür öffnete sich und ein an Gestalt zierlicher Herr, in Anzug und Krawatte, 1896 geboren, wie ich wußte, nahm mich bei der Hand und bat mich, an seinem Arbeitstisch, ihm gegenüber, Platz zu nehmen. Eine Kerze brannte, der Raum, die Atmosphäre, die Anwesenheit von Graf Dürckheim, das alles vermittelte mir spontan ein Gefühl von Geborgenheit und Vertrautheit. „Nun erzählen Sie mal, was Sie zu mir geführt hat“ begann Graf Dürckheim das Gespräch. Ich schilderte ihm mein Erlebnis bei der Geburt meines Sohnes Daniel und er sagte, dies sei meine „Initiation“ gewesen. Danach erzählte ich von dem seither eingeschlagenen Weg des Suchens, Findens, wieder Infragestellens, meinem Leidensdruck unter den Gegensätzen, die in vielen Bereichen mein Leben ausmachten und meine tiefe Sehnsucht nach Erfahrung von Transzendenz, wie ich sie in besagtem Erlebnis schon kennengelernt hatte. Er stellte mir Fragen über meine Kindheit, die Beziehung zu meinen Eltern und meine aktuelle Lebenssituation. Wir sprachen eine Stunde lang, dann reichte er mir über den Schreibtisch hinweg seine beiden warmen Hände und bat mich, die meinen hineinzulegen. Wir schwiegen... vielleicht zwei, vielleicht fünf Minuten lang. Es war eine Begegnung außerhalb von Raum und Zeit...

Bei der Verabschiedung hatten wir einen einwöchigen Aufenthalt in Rütte geplant, bei dem ich Gelegenheit haben würde, sowohl mit Graf Dürckheim als auch mit von ihm ausgesuchten Therapeuten zu arbeiten. Was das im Einzelnen beinhalten sollte, werde ich an späterer Stelle erklären. Ich verließ das „Doktorhaus“ in dem Gefühl, hier jemandem begegnet zu sein, der meine subjektiven Erfahrungen und meine daraus resultierende Not und „Ver-Zweiflung“ nicht nur ernst nahm, sondern mir auch einen Weg aufzeigte, der über das kognitive Bezugssystem hinausreichte und mir verhieß, daß ich meine Arbeit mit meinem indischen Meister in Verbindung bringen könne mit westlicher Tiefenpsychologie, insbesondere mit der von Graf Dürckheim vertretenen „Initiatischen Therapie“ und daß sich hier absolut keine Widersprüchlichkeit auftat, nein, im Gegenteil, hier ging es um die Vereinigung der Gegensätze, „conjunctio oppositorum“.

Wieder zurück in Mülheim, war mein Mann natürlich gespannt darauf zu erfahren, was ich nun wieder erlebt und vor allem geplant hätte. Ich versuchte meine Schilderung der Reihe nach vorzunehmen, erzählte von dem äußeren Rahmen, den ich in Todtmoos-Rütte vorgefunden hatte und von der sogenannten „Initiatischen Therapie“, die Graf Dürckheim vertrat und im Kreise seiner Mitarbeiter lehrte. Das Wort „Therapie“ ließ meinen Mann gespannt aufhorchen und nonverbal verstand ich, daß er dachte, „nach Indien hat meine Frau nun auch noch eine Therapie nötig“. Für einen Erfolgsmenschen wie meinen Mann, der für jedes Problem, wie er zu sagen pflegte, eine besondere Schublade hatte, mußte die Eröffnung, daß ich mich auf diese Therapie mit einem zunächst einwöchigen Aufenthalt einlassen wollte, wie ein Schock wirken. Ich hatte doch Yoga und gerade waren wir in ein neues Haus umgezogen, wo ich wieder ein eigenes Yoga-Studio hatte und inzwischen nach der „Iyengar-Methode“ unterrichtete... und jetzt „das“! Ich verdanke es der liebevollen Toleranz und Offenheit meines Mannes, daß wir bis spät in die Nacht hinein dieses Neue, was sich anbahnte, in meinem Leben Raum einzunehmen, besprachen und es uns gelang ein gewisses Interesse an

Ilse M. Zielasko

SAINT TROPEZ

dieser uns beide betreffenden „Neuheit“ zu wecken. Die „Initiatische Therapie“, die Inhalt unseres Gespräches war, ist auch für den Leser zum Verständnis des weiteren Geschehens von Bedeutung und so zitiere ich Graf Dürckheim, eine kompetentere Erklärung könnte ich selbst nicht anbieten:

> Wie weit für das, was ich mit den Menschen tue, die sich mir anvertrauen, um heil zu werden, der Name „Therapie“ erlaubt ist, ist mir nicht klar. Vielleicht ist es aber gerechtfertigt, den Bezug auf das „Heilsein des Menschen“ als das aller Therapie Gemeinsame anzusehen. Freilich, sobald man fragt: „Was verstehen Sie unter Heilsein?“, können die Antworten weit auseinandergehen, denn es gibt zweierlei Leiden: Das Leiden an einer Funktionsuntüchtigkeit für die Welt und das Leiden an dem Nicht-eins-Sein mit dem eigenen Wesen.
>
> Es gibt den Therapeuten, der als heil geworden einen Menschen ansieht, der, von einer akuten Störung befreit, „wieder in Ordnung“ ist, lebensfroh, leistungsstark und kontaktfähig in der Welt. Ein anderer wird als wirklich heil erst den Menschen gelten lassen, der zu seinem „Wesen“ hingefunden hat, das heißt zu der Weise, in der ein überweltliches Sein in ihm anwesend ist und in dieser Welt Gestalt finden möchte im wahren Selbst. Heil ist dann nur der Mensch, der als Person durchlässig geworden ist für sein Wesen und in ihm das Sinnzentrum und die unversiegbare Quelle seines Lebens gefunden hat, eine Quelle, die heilsam und verwandelnd gerade auch im Leiden fließt.
>
> Das sind zwei grundverschiedene Auffassungen. Wahrscheinlich wird der Vertreter der ersten sagen,

bei der zweiten handle es sich überhaupt nicht mehr um Therapie, sondern um eine weltanschaulich bedingte Seelenführung. Dem könnte der andere entgegnen, wahre Therapie wie echtes Heilsein fängt überhaupt erst dort an, wo das Überweltliche in einem Menschen angesprochen und als der eigentliche Herr im Hause zur Wirksamkeit gebracht wird. Dem wird der erste vielleicht entgegenhalten, das „Überweltliche" sei nichts als eine metaphysische Konzeption, worauf der zweite wieder sagen könnte: Es ist der eigentliche Kern des Menschen, der seine Ganzheit bestimmt und einem unverstellten Gemüt auch erfahrbar ist. Wirklich heil kann nur der Mensch werden, dem diese Tiefe erschlossen ist.

Wir bezeichnen unsere Therapie als „Initiatische Therapie", „initiatisch" kommt von initiare: den Weg zum Geheimen öffnen. Dieses Geheime ist nichts anderes als eine erfahrbare Wirklichkeit. Ihr Bewußtwerden und ihre „Auszeugung" ist Bestimmung des Menschen, dieser Bestimmung entsprechen zu können, ist sein „Heil". Diesem „Heil"-Werden zu dienen, ist der Sinn meiner „Therapie".

In der Praxis sah die „Therapie" so aus: In mehreren Gästehäusern oder auch beim Bauern wohnten jeweils dreißig bis vierzig Personen, die Hilfe bei Graf Dürckheim oder bei Frau Dr. Hippius suchten. Die Dauer des Aufenthaltes ging von einer Woche bis zu mehreren Jahren. Ganz gleich, was der akute Anlaß war, es ging weniger um die Behebung irgendwelcher Störungen, als um den nächsten Schritt auf dem Wege echter Selbstverwirklichung. Jeder hatte in der Woche ein bis drei Stunden bei Frau Dr. Hippius oder bei Graf Dürckheim und arbeitete außerdem regelmäßig bei einem oder mehreren ihrer Mitarbeiter. Der Tag begann von sieben bis acht Uhr mit einer Meditation im Stile des Zen für diejenigen, die entsprechend dazu vorbereitet waren. Dazu kamen Aussprachеabende, Gruppentherapie, Vorträge von auswärtigen Forschern und verschiedene Kurse.

Bei meinem ersten längeren Aufenthalt in Rütte war ich von Anfang an zur Meditation zugelassen. Die Genehmigung zur Teilnahme ging stets über Graf Dürckheim persönlich. Es gibt verschiedene Formen der Meditation und „Za-Zen", das ich hier kennenlernte, faszinierte mich vom ersten Augenblick an und schien mir im wahrsten Sinn des Wortes „auf den Leib geschneidert". Bis heute beginne ich den Tag mit einem Za-Zen und beende ihn auch so, diese Form der Meditation ist seit jenen ersten „Rütte-Tagen" aus meinem Leben nicht mehr wegzudenken.

Graf Dürckheim verbrachte die Kriegsjahre als „politisch nicht tragbar", wie er selbst sagte, von 1936 bis 1947 in Japan. Dort hatte er seine Begegnung mit Zen. Ich zitiere Graf Dürckheim:

> Was lehrt Zen? Jeder ist in seiner ursprünglichen Natur Buddha. Das ursprüngliche „Antlitz" ist durch die festliegenden gegenständlichen Ordnungen des an der Welt haftenden Ichs verstellt. Voraussetzung für die Reifung, deren Frucht der zu seiner Buddhanatur hin befreite Mensch ist, ist daher das Sterben des Ichs und die Erfahrung des „Wesens". Hindurchzudringen durch die Kruste seiner eingefleischten Vorstellungen und Begriffe hin zur erfahrbaren Präsenz seiner Buddhanatur, die ihn in individueller Weise mit allen Wesen verbindet, darum geht es! Für sich allein aber ist diese Erfahrung noch nichts. Hinzukommen muß

die Verwandlung, das heißt die Ausbildung und Festigung einer Verfassung des ganzen Menschen, in der die vorübergehende Seinsfühlung zu einem tragfähigen Dauerkontakt mit der Buddhanatur geworden ist. Dazu dient das Exerzitium, verstanden als „exercitium ad integrum". Die Übung hat einen doppelten Sinn: den Menschen bereit zu machen für die Möglichkeit einer Seinserfahrung und die Verwandlung zu einem immer zuverlässigeren Zeugen des in der Erfahrung dem Menschen aufgegangenen Seins; denn eine Erleuchtung macht noch keinen Erleuchteten!

Mit Recht kann man fragen, wie kommt ein im christlichen Glauben beheimateter Mensch wie ich dazu, sich nun auch noch dem Buddhismus anzunähern. Christliche Erziehung, wie ich sie erlebt habe, war bestimmt von Dogma, Vorschriften und geistiger Enge. Dieses Christentum ließ mir keine Luft zum Atmen. Ganz anders Buddhismus und Hinduismus. Hier öffnete sich für mich eine Sicht, die im Hinblick auf Freisein und Heilmachen des Menschen über Gesundheit, Leistungskraft und Gesellschaftstreue hinaus, den Menschen in seinem Wesensgrund erfaßt. Dabei appelliert man freilich nur an den Menschen einer bestimmten Stufe, die ihn befähigt, die Qualität des Numinosen als „Zeichen des Wesens" ernst zu nehmen und der vor allem fähig und gewillt ist, um der Verwandlung willen harte Übung auf sich zu nehmen.

Es ist immer wieder festzustellen, daß nicht jeder Mensch die Stufe hat, das heißt „die Ohren hat, zu hören". Es gibt vortreffliche Menschen, die gut, tüchtig, zuverlässig und höchst intelligent sind und doch seinstaub. Es bedarf bisweilen schwerer Erschütterungen und tiefen Leids, bis der Ich-Panzer geschmolzen und der Mensch sich für eine andere Dimension zu öffnen bereit ist.

Za-Zen, eine meditative Übung im Sitzen, ist die Kernübung des Zen-Buddhismus, die in der westlichen Welt immer mehr an Bedeutung gewinnt, nicht zuletzt durch Graf Dürckheim, der von kirchlichen Institutionen und Klöstern gebeten wurde, sie zu lehren, zum einen als Verwandlungsübung und zum anderen als religiöse Urerfahrung. Die Praxis bedeutet bewegungsloses Sitzen mit gekreuzten Beinen und einer vollkommen aufrechten Wirbelsäule. Die Handhaltung ist genau vorgeschrieben, die Augen bleiben stets ganz wenig geöffnet und der Umgang mit allen möglichen Störungen, Gedanken, Bildern, Worten und Gefühlen, die einen überfluten, wenn man versucht still zu werden, muß gemeistert werden; es gibt genaue Anweisungen, wie dies zu tun, beziehungsweise zu üben ist.

Ehe ich näher auf meine Arbeit mit Graf Dürckheim und die verschiedenen „Rütte-Aufenthalte" eingehe, gibt es für den nicht in Psychologie eingeweihten Leser sicherlich einen Erklärungsbedarf bezüglich einiger Begriffe, deren Verständnis für die „Rütte-Arbeit" unverzichtbar ist.

Da ist zunächst der Begriff des „Schattens" zu klären, denn Tiefenpsychologie hat mit Schattenarbeit zu tun, Graf Dürckheim tut dies im Folgenden:

> Zwischen dem der Welt in tausend Rollen sich darstellenden Ich und dem in ihm zur Manifestation drängenden individuellen Wesen steht der im Unbewußten sein Unwesen treibende Schatten. Dieser Schatten steht sowohl dem reibungslosen Funktionieren des Welt-Ichs wie der Entfaltung des Wesens im Wege. So gibt es auch ohne Schattenbereinigung

> kein zuverlässiges Vorankommen auf dem inneren Weg.

Diesen letzten Satz möchte ich so vielen Suchenden, sei es in Sachen Yoga oder im Zen, ganz besonders ans Herz legen. Viele früher oder später eintreffende Enttäuschungen und Krisen, und die daraus resultierende Wiederaufgabe des eingeschlagenen Übungsweges wären zu vermeiden, würde man sich rechtzeitig an die „Schattenarbeit" machen!

Dies wird noch verständlicher, wenn ich nun fortfahre, Graf Dürckheim zu zitieren:

> Unter dem Schatten verstehen wir das Insgesamt der zum Ganzsein des Menschen gehörenden, aber nicht zugelassenen Lebensimpulse. Das Verdrängte, das ans Licht will, bedroht die meist mehr oder weniger glattgezogene Oberfläche, das heißt die der Welt gezeigte schöne Fassade und wird daher als „dunkel" empfunden.
>
> Der Schatten besteht einerseits aus unentfaltet gebliebenen Seiten des angeborenen Charakters, aus schon in der Kindheit verdrängten Urimpulsen und natürlichen Urwünschen des Menschen, zum Beispiel sich frei geben zu können, bestätigt zu werden, Verständnis zu finden, Liebe zu empfangen; andererseits aus nicht zugelassenen Vergeltungsreaktionen auf Zumutungen, Kränkungen, Angriffe von seiten der bösen Welt. So ist der Schatten ein ganzes Bündel nicht zugelassener Expressionen, Aggressionen, Explosionen. Der Schatten zeigt auch den Widerspruch zwischen gesellschaftsbedingter Form des Welt-Ichs und nicht zugelassener Wesens-Individualität. Immer gehört zum Schatten ganz einfach das nachdrängende, noch unbewußte, noch nicht zugelassene und da-

her das jeweils Gewordene bedrohende Leben. Und darum ist auch, so paradox das klingen mag, der Kernschatten des Menschen immer das zur Manifestation drängende eigene Wesen, das von der jeweils gewordenen, vom Welt-Ich festgehaltenen Form verdrängt wird. Anders gesagt, der Schatten des Welt-Ichs ist in dem Maße als dieses in seinen Ordnungen das überweltliche Sein, die immanente Transzendenz, verdrängt, eben diese Transzendenz. Es ist also auch die uns einwohnende Anwesenheit dessen, der gesagt hat: „Mein Reich ist nicht von dieser Welt“, der uns „Brüder“ genannt und aufgefordert hat, ihm nachzufolgen. Der – auch in uns – gekommen ist, nicht den Frieden zu bringen, sondern das Schwert, der dem Zögernden zurufen konnte: „Laß die Toten ihre Toten begraben“ und zu seiner Mutter gesagt hat: „Weib, was gehst du mich an?“

Er ist der uns innewohnende Schatten, als das Ärgernis schlechthin, Schrecken des guten Bürgers, des Pharisäers, auch in uns selbst. Christus in uns – das nicht zugelassene Leben, der nicht zugelassene Weg, die nicht zugelassene Wahrheit – ist für den der Welt Verhafteten, gerade auch für den „Guten“, der Kernschatten schlechthin, weil er mit der Zerstörung der wohleingespielten Ordnung droht. Im „Schatten“ ist aber auch die große Verheißung als das verhinderte Licht!

Der Schatten, begriffen als das verhinderte Leben, kann auch das Licht sein in der Gestalt dessen, das ihm im Wege steht. Dann kann sich, wo die Wand einstürzt, die Not am Verdrängten zur glückhaften Erfahrung des in ihm verhaltenen Lebens verwandeln. Der Schatten ist nicht nur die das Bestehende mit

Zerstörung bedrohende Kraft, sondern auch die dunkle, das heißt unsere derzeitige Form bedrohende Seite des uns Erneuerung verheißenden Lichtes.

Der Schatten entsteht größtenteils schon in der Kindheit. Das Kind bekundet einen ursprünglichen Lebensglauben. „Ursprünglich“ meint hier „vor aller Erfahrung“, nicht durch Erfahrung bedingt, aber alle Erfahrungen zunächst vorbestimmend und tragend – tragend aus der noch ungestörten Geborgenheit im Sein. Sind die konstitutionellen und umstehenden Faktoren, unter denen das Kind sich entwickelt, dem Wesen entsprechend und bewahren sie ihm in der Sprache der Entwicklungsstufe, das heißt seiner jeweiligen Selbst- und Weltordnung die Einsfühlung mit dem Wesen, dann vollzieht sich die Verwandlung der vertrauensvollen Grundstimmung und Urimpulse in die Bewußtseinsordnungen des Erwachsenen ohne Bruch. So kommt es dann zu einer natürlichen Selbstsicherheit und Durchsetzungskraft, einem natürlichen Selbstwertbewußtsein und fraglosem Zugehörigkeitsgefühl zur Mitwelt. Ungestört bewahrt sich ein bleibender Glaube an die Grundordnung des Lebens, und wie von selbst entwickelt sich das Vermögen zu unverstelltem Kontakt und hingebender Liebe. Die Voraussetzung aber für all dieses ist, daß die das Kind umgebenden Dinge und Personen den Uranliegen und der Eigenart seines Wesens nicht widersprechen, sondern entsprechen. Dann glückt die Ichwerdung, weil der Mensch sein Ichgebäude nicht losgelöst von den Seinswurzeln gewinnt. Daraus entwickelt sich eine Gesamteinstellung zum Leben, in der der junge Mensch eine im Wesen bedingte Selbstsicherheit bewahrt, auch wo er an Aufgaben und Widerständen der Welt versagt oder scheitert. Trotz ihn treffender Lebensenttäuschungen erhält er sich seinen Glauben an Sinn und Ordnung des Lebens und kraft seiner Geborgenheit im Grunde trotz aller gelegentlichen Isolierungen seinen unmittelbaren Kontakt zu Mitmensch, Welt und Gott.

Wo aber in der Kindheit die ursprünglichen Gefühle des Vertrauens, des Glaubens und der Geborgenheit durch Versagen der Schlüsselfiguren enttäuscht werden, wird das Kind auf sich selbst zurückgeworfen. Und das bedeutet mehr als nur eine „psychologische Panne", denn die Verbindung zum wesensgemäß formenden und lösenden Grund ist fortan verstellt! Damit ist auch jene Tiefenverankerung des Menschen, das Einssein mit seinem Wesen, unterbunden, das eine Grundvoraussetzung für das geglückte Ich ist. In diesem lebt der Mensch zwar in der Welt, aber er existiert aus dem Sein. Geht die Urverbindung mit dem verloren, der er im Wesen ist, und ist der Mensch nur noch auf das gestellt, was er als Ich hat, kann und weiß, dann erhält sich sein Selbstbewußtsein fortan nur noch „aus zweiter Hand". Er stützt sich allein auf die Leistungskraft seines Ichs und die Wertschätzung durch andere. Ist beides in zu geringem Maße vorhanden, dann kommt überhaupt kein Selbstbewußtsein zustande. Und so entsteht ein Mensch, der mit einem mehr oder weniger heroischen Trotz, mit Verstand und Willen, mit Leistung und Wohlverhalten für die Augen der Welt zu ersetzen versucht, was ihm an natürlicher Eigenkraft und Eigenwert abgeht. Hinter der Fassade aber wächst der „Schatten", der dunkle Bruder oder der Wolf, die dunkle Schwester oder die Hexe, das „alter ego". Das ist die Personifikation des nicht gelebten Lebens, sei es der ursprünglichen Wesensimpulse, sei es der nicht zugelassenen Reaktionen auf die Kränkungen oder Verlockungen der Welt. Das nichtgelebte Leben gärt als verdrängte Expression oder Aggression, die, weil sie nicht bewußt ist, auf den Menschen zurückschlägt, ihn bedrückt als Depression und krank macht.

Der Schatten treibt sein Unwesen im Unbewußten. Er steht zwischen dem selbst- und weltbewußten Ich mit seiner Fassade und dem Wesen und bildet ein Haupthindernis auf dem Weg in die Reife. Seine Bewußtwerdung, Anerkennung und die Integration der in ihm verhaltenen Kräfte gehört dann zur Arbeit auf dem inneren Weg. Es ist die Strecke des inneren Weges, die der Hilfe der Psychotherapie bedarf, denn zwischen der Not des Neurotikers und der allgemeinen Not des Menschen unserer Zeit bestehen im Hinblick auf ihre Wurzeln und auf die Wege zu ihrer Überwindung bedeutsame Ähnlichkeiten und Zusammenhänge.

Als nächstes möchte ich den Begriff und das Prinzip der Individuation erklären. Die Idee der Individuation ist in der westlichen Philosophie ein wiederkehrendes Phänomen seit den Zeiten von Aristoteles. Einige Entwicklungstheoretiker in diesem Jahrhundert, unter ihnen Abraham Maslow, haben die Wirksamkeit des Individuationsprozesses an ihren Patienten beobachtet und haben den Ausdruck „Selbstverwirklichung" dafür verwendet, um ihn zu beschreiben. Doch C.G. Jungs Begriff der „Individuation" betrachtet die Selbstverwirklichung als etwas, das allen lebenden Dingen eigen ist. Er sagt: „In Wirklichkeit ist der Individuationsprozeß jener je nachdem einfache oder komplizierte biologische Vorgang, mit dem jedes lebende Wesen zu dem wird, wozu es von Anfang an zu werden bestimmt ist". Im Menschen findet die Individuation ihre höchste Ausdrucksform.

Es gibt eine poetische Erklärung zum Thema Individuation von dem verstorbenen Dichter Douglas Malloch; ich verwende sie immer einmal wieder in meinem Unterricht und bin jedesmal aufs neue von der Einfachheit und der gleichzeitigen Tiefe dieser Verse berührt:

Wenn du nicht Kiefer sein kannst auf dem Hügel,
Sei ein Busch im Tal – aber sei
Der schönste kleine Busch am Ufer des Bachs.
Sei ein Busch, wenn du kein Baum sein kannst.

Wenn du kein Busch sein kannst, sei ein Büschel Gras
Und steh heiter am Straßenrand.
Wenn du kein Hecht sein kannst, sei einfach ein Barsch,
Aber der munterste Barsch im See.

Nicht nur Kapitän, auch Mannschaft muß sein,
Für alle von uns ist Platz.
Viel Arbeit ist zu tun und wenig,
Doch die Pflichten, die wir haben, sind gleich.

Wenn du keine Straße sein kannst, sei nur ein Pfad.
Wenn du die Sonne nicht sein kannst, so sei ein Stern.
Es ist nicht die Größe, nach der du siegst oder fällst.
Sei das Beste, was immer du bist.

Meine Aufenthalte in Rütte fanden mehrmals im Jahr statt. Immer stand im Zentrum meiner dortigen Arbeit an meiner

Entwicklung im Sinne eines Individuationsprozesses die Person Graf Dürckheim. Mit ihm konnte ich alles besprechen, vor allem auch meine Träume, Traumserien besser gesagt. In dem homöostatischen System der Psyche existiert die Kraft zur Selbstheilung durch die Träume und deshalb ist es wichtig, sich um seine Träume zu kümmern, wobei sie nicht unbedingt analysiert werden müssen. Der Großteil aller Träume, die je geträumt wurden, ist nie analysiert worden. Doch allein das Aufschreiben der Träume in einem Traumtagebuch, wie ich es seit Jahrzehnten mache und auch meinen Schülern immer wieder empfehle, hat seine Wirkung auf das Ich-Bewußtsein. Die Trauminterpretation meines unerhört lebendigen Traumlebens durch Graf Dürckheim gab nicht nur ihm Auskunft über das Voranschreiten meines Individuationsprozesses, sondern war auch mir sehr hilfreich in meinem ständig sich wandelnden Selbstverständnis.

Graf Dürckheim hatte mir bei seinen Mitarbeitern vor allem das „Geführte Zeichnen“, die „Arbeit am Tonfeld“ und die „Arbeit an der Stimme“ vorgeschlagen. Das Geführte Zeichnen ist ursprünglich von Frau Dr. Maria Hippius aus der Graphologie entwickelt worden. Es ist eine meditativ-aktive, evokative Methode, die den Übenden bei entsprechender Anleitung mit seinen männlichen und weiblichen Potentialen in Fühlung bringt und dabei lernt, sie in ihrer verschiedenen Qualität zu unterscheiden. Bei diesem Prozeß der Selbsterkenntnis werden verborgene Energien aus dem Unbewußten ausgelöst und können so integriert werden. Die Bildfolgen, die ich im Lauf der Jahre zeichnete, gaben einen Überblick über den Entwicklungsweg, den ich seit Beginn meiner Rütte-Arbeit zurückgelegt hatte. Ähnliche Erfahrungen machte ich im freien Umgang mit Ton-Erde. Über das Entstehen von Gebilden, die nicht zielgerichtet waren, wurden verdrängte Kräfte sichtbar. Voraussetzung bei diesem Schaffen ist natürlich, daß der Übende bereit ist, in seine Wahrheit zu kommen und von daher sein inneres Werden auch ernst nimmt.

Die Arbeit an der Stimme faszinierte mich besonders. Die Stimme eines jeden Menschen ist ein untrügliches Zeichen dafür, auf welcher Ebene er im Augenblick spricht, das heißt, ob er in seinem Ich befangen ist oder aus seiner Wesensmitte heraus spricht. Wir kennen das alle, wenn man sich ärgert oder angegriffen fühlt, geht die Stimme nach oben. Die übertrieben hohe Stimme ist immer Ausdruck einer Getrenntheit von der eigenen Tiefe, die ölige Stimme ist oft eine konventionelle Form, hinter der man sich verbirgt. In dem Maße, in dem der Mensch von seiner Tiefe getrennt ist, klingt seine Stimme kraftlos, unecht und kalt. Die Entdeckung der eigenen Stimme und ihre Schulung ist ein untrüglicher Spiegel der eigenen Innerlichkeit. In ihr erscheint die Verlogenheit wie auch die Wahrhaftigkeit der Person. Sie trügt nie!

Bei meinen diversen Aufenthalten in Rütte wohnte ich jedesmal im „Herzl-Haus“, dem Gästehaus, indem man auch verpflegt wurde und dadurch frei war, sich ganz und gar der eigenen Person zu widmen. Die Arbeit mit den verschiedenen Therapeuten war anstrengend und aufwühlend. Tränenreiche Stunden und viele einsame Spaziergänge entlang des munter plätschernden Baches hinunter nach Todtmoos oder auf die umliegenden Höhen des Schwarzwaldes waren Balsam für die wunde Seele. All die erlittenen Verletzungen, Kränkungen und Enttäuschungen, die ich zutiefst verdrängt hatte, wurden hier nach und nach ins Bewußtsein gehoben. Durch Wille und Verstand, Leistung und Selbstbehauptung hatte ich mein Leben im Griff, unter

Kontrolle. Es ist nicht schwer, sich vorzustellen, was geschieht, wenn diese Kontrolle entzogen wird, wie es in den verschiedenen Therapieformen, mit denen ich arbeitete, der Fall war. Es gibt Erschütterungen größerer und kleinerer Art, Durchbrüche, die eine völlige Neuorientierung verlangen, immer ist der Prozeß schmerzhaft. Doch die größte Herausforderung war für mich stets die Aufgabe und die innere Bereitschaft, das ins Bewußtsein gehobene „Material" und die daraus resultierenden Erkenntnisse in den Alltag einzubringen und danach zu handeln, das bedeutete aus der erforderlichen Regression eine Progression werden zu lassen. Dies geschah durch eine Zunahme meiner Bereitschaft, in die eigene Wahrheit zu kommen und mich mehr und mehr von den erworbenen Paßformen zu befreien. Der Alltag diente mir als Feld der Übung! Daß mein Leben dadurch in einen unerbittlichen Spannungszustand geriet ist verständlich, logisch. Das Hin- und Hergerissensein zwischen den Forderungen und Pflichten meines Alltags und dem nach Verwirklichung drängenden Selbst schien mir oft „unaushaltbar". Das Bemühen, den Alltag zu leben als Übung zu weltlicher Leistung und Erfolg und zugleich als Übung auf dem inneren Weg, ist und bleibt eine äußerst schwierige Aufgabe!

Bei meiner Abreise war ich stets froh, daß eine Autobahnfahrt von mehreren Stunden zwischen Rütte und zu Hause lag, um mich über der Konzentration des Chauffierens wieder auf den Alltag hin vorzubereiten, denn Rütte war eine „Ausnahmesituation".

In den sieben Jahren, in denen ich immer wieder nach Rütte zurückkam, um alte und neue Erfahrungen aufzuarbeiten und den nächsten fälligen Schritt auf meinem Entwicklungsweg zu machen, führte ich in meiner Ehe ein außerordentlich bewegtes Leben. Bewegt im wahrsten Sinn des Wortes, denn wir waren mehr auf Reisen als zu Hause; zum einen berufsbedingt durch meinen Mann, zum andern waren wir viele Wochen in unserem Domizil bei St-Tropez. Ich lebte in kontrastreichen, widersprüchlichen Welten, die genaues Spiegelbild meines inneren Zustandes waren. Die Umwelt als Spiegel, in dem ich mich selbst erlebe, ist eine der besten Methoden zur Selbsterkenntnis, wenn man bereit ist, anzuerkennen, daß jedes Problem im eigenen Erleben ein analoges Prinzip darstellt, mit dem man noch nicht ausgesöhnt ist, das heißt, man hat es noch nicht integriert!

Ein absoluter Gegensatz zu meinem „Rütte-Erleben" bilden die Aufenthalte an der Côte d'Azur. Wir wohnten bis zur Fertigstellung unseres Feriendomizils im „Hôtel Byblos" in St-Tropez. Ein Tophotel an der Côte, das im Stil eines kleinen mediterranen Dorfes erbaut ist, im Zentrum der Swimmingpool und eine Art „Dorfplatz" für alle möglichen Veranstaltungen. Berühmt ist sein Nightclub, „Les Caves du Roy", der leider erst ab Mitternacht geöffnet ist – hier spricht ein Frühaufsteher – und zu den schönsten Diskotheken der ganzen Côte gehört. Von hier aus machten wir all die Einkäufe und Behördengänge, die mit einer privaten Niederlassung in Frankreich verbunden sind. Dann waren wir fertig und das Umzugsgut kam per Möbelwagen aus Deutschland. Der Gartenarchitekt hatte gewirkt und die „outdoor-kitchen" war auf der Gartenterrasse gebaut, so daß wir ganz im mediterranen Stil mit Barbecue und „draußen sein" vom Aufstehen bis zum Zubettgehen leben konnten. Leben bedeutete dort ausruhen, schlafen, Gartenarbeit, vor allem gießen und bewässern, samstags zum Markt nach St-Tropez fahren, wo Brigitte Bardot und Eliette von Karajan am Käse- oder Gemüsestand genau so ungeschminkt und salopp in Jeans gekleidet waren wie ich und jeder, der hier lebte. Die Touristen waren meist an ihrem Outfit zu erkennen, „overdressed“ und mit zu viel Schmuck behangen.

Im Sommer spielte sich das Leben weitgehend am Strand von „Pampelonne“ ab, einer fast sieben Kilometer langen feinsandigen Badebucht, an der die weltberühmten „Plages“ liegen, beginnend mit „Tahiti Plage“, wo die meisten Deutschen zu finden waren, „Morea“, oft von den amerikanischen Filmstars und den Arabern besucht, der „Club 55“, von mir favorisiert, sicherlich die französischste „Plage“ von allen, wenn man von der englischen High-Society absieht, die mit ihren Rolls Royces ab Mittag die wenigen clubeigenen Parkplätze voll einnahm. Michèle Morgan verkehrte hier und „le tout Paris“, wie man mir erklärte. Wenn ich allein war oder auch mit meinem Mann, dann gingen wir regelmäßig in den „Club 55“, hatten dort unseren reservierten Tisch, was unbedingt erforderlich war, und genossen in einem überaus amüsanten Ambiente das köstliche provenzalische Essen, mit dem dazugehörigen Wein, im Sommer spielte dann die „Caribean Steel Band“ „live“, und nach so viel Lebensgenuß war ein Ruhestündchen im Schatten auf den „matelas“ unverzichtbar... Die türkisblaue Bucht von Pampelonne war in den siebziger und achtziger Jahren trotz der Jachten auch noch zum Schwimmen da, ohne daß man um sein Leben fürchten mußte. Wenn wir morgens früh, etwa zehn Uhr, am Strand waren, liebte ich es sehr, die ganze Bucht einmal zu durchschwimmen, blaues Wasser unter mir, blauer Himmel über mir...!

War ich mit meinem Sohn Daniel in den Sommerferien für drei Wochen da, dann bevorzugten wir meist einen anderen Strand, wo Daniel deutsche Spielgefährten hatte. Die

„Plage Sénéquier“ eignete sich dafür hervorragend. Wir trafen dort all unsere Freunde, die etwa im gleichen Alter wie wir, auch mit Kindern die Ferien verbrachten. Zum Mittagessen bestellten wir uns dann stets einen großen, aus mehreren Tischen zusammengestellten Tisch, wo es dann amüsant und unterhaltsam zuging. Schatten und Sonnenplätze waren genau nach Wunsch vorgesehen, von Ozonloch sprachen wir damals noch nicht. Wenn es etwas zu feiern gab, vor allem die Geburtstage, dann bestellten wir die köstlichsten Speisen, eine „Paëlla mit Langusten“ oder eine hausgemachte „Foie gras truffé“, die „Bouillabaisse“ wurde wieder in einem anderen In-Lokal bestellt. In der kühleren Jahreszeit fuhren wir dann ins „Oasis“ nach La Napoule oder nach Mougins ins „Moulin Mougins“ zum dinieren. Auch das „Château de la Chèvre d’Or“ in Eze oder die „Colombe d’Or“ in St-Paul-de-Vence mit einer hervorragenden provenzalischen Küche, die Räume dekoriert mit Originalen von Picasso und vielen anderen Künstlern, die an der Côte gewirkt und ihre Mahlzeiten mit ihren Arbeiten bezahlt hatten, besuchten wir des öfteren. Natürlich gehörte auch alljährlich ein Besuch der „Fondation Maeght“ in unser Programm, dieser Kunststiftung der Superlative mit Werken von Miró, Giacometti, Matisse, Braque, Chagall und anderen, errichtet von den Sammlern Aimé und Marguerite Maeght. Ich liebte die Gartenanlage mit den bezauberndsten Brunnen und Wasserspielen, den Plastiken, das sich ständig ändernde Licht, Schönheit und Ästhetik eingebettet in die Natur, ein Platz zum Verweilen, Genießen, Reflektieren, Meditieren. Ähnlich ging es mir mit dem Grimaldi Schloß in Antibes, das auf einem Felsen hoch über dem Meer liegt und in dem Picasso ein halbes Jahr lang gearbeitet hat. Alle seine Arbeiten aus dieser Periode sind dort zu sehen und nirgendwo sonst, da diese

Exponate nie verschickt werden. Die Atmosphäre in diesem dicken, vor der Hitze schützenden Gemäuer, die Ausblicke hinunter auf ein wahrlich azurblaues Meer und dazu die Kostbarkeit der Exponate an den Wänden hatten es mir immer wieder aufs neue angetan, ließen mein Herz einfach höher schlagen. Doch ich kann nicht all die Orte der Kunst, die Schönheiten der Landschaft, die trendigen Szenelokale, die sternegekrönten Gourmettempel, die farbenfroh ursprünglichen Märkte und die schicksten Boutiquen aufzählen und ihre Schönheit, Attraktivität und Einmaligkeit beschreiben, denn dann müßte ich all dem ein Extra-Kapitel widmen oder eigens ein Buch darüber schreiben. An dieser Stelle möchte ich nur zum Ausdruck bringen, was für eine Art Leben ich ein Jahrzehnt lang genießen durfte, denn so lange hatte ich meinen Zweitwohnsitz bei St-Tropez. Meist verbrachte ich insgesamt drei bis vier Monate dort, eineinhalb Monate im Sommer und den Rest wochenweise über das Jahr verteilt, denn diese Gegend ist zu allen Jahreszeiten schön und das Klima angenehm. Die Möglichkeit in Stille zu leben, zu lesen, studieren und meditieren zu können, wie ich es in den späteren Jahren oft tat, war genauso gegeben, wie aufzufallen und am schillernden Leben dieser in der Welt einmaligen „Côte" teilzunehmen. Beide Möglichkeiten habe ich genutzt und genossen und sie gehören zu den weltlichen Preziosen in meinem Erinnerungsschatz.

In diese Zeit der Muße fiel auch das Erscheinen von Fritjof Capras *Das Tao der Physik* mit dem Untertitel *Die Konvergenz von westlicher Wissenschaft und östlicher Philosophie.* In unserem Freundeskreis, der sich aus Personen mit den unterschiedlichsten Berufen und verschiedenstem Bildungsstand zusammensetzte, Deutsche und Franzosen, diskutierten wir oft heftig über das neue Paradigma, wie Capra es beschrieb. Es waren ja die sechziger und siebziger Jahre, in denen verschiedene gesellschaftliche Bewegungen entstanden, die sich mit ökologischen Problemen beschäftigten, gleichzeitig kam ein starkes Interesse für Mystik auf, und ganzheitliche Methoden in der Medizin und Heilkunst wurden wieder entdeckt. Diese neuen Trends wirkten alle der Überbetonung verstandesgeprägter und maskuliner Werte und Einstellungen entgegen. Sie versuchten ein Gleichgewicht zwischen den männlichen und weiblichen Aspekten der menschlichen Natur wiederherzustellen. Genau das war es, womit ich mich auseinandersetzte, sowohl in Rütte als auch in Poona. Mir fiel dazu spontan der feminine Aspekt zu „Rütte" ein und der maskuline Aspekt zu „Poona"... Meine eigene Geisteshaltung war durch beide geprägt und ich spürte deutlich, daß eine fundamentale Veränderung meines Denkens, meiner Wahrnehmung und vor allem auch meiner Wertvorstellungen sich Bahn brach, sowohl vor dem Hintergrund der Zurückgezogenheit in Rütte oder in Poona als auch inmitten des pulsierenden Lebens an der Côte d'Azur.

In den folgenden Jahren unterlag mein Jahresablauf einem ganz bestimmten Schema: Wir, das heißt mein Mann und ich, verlebten Weihnachten und den Jahresanfang entweder in Bad Gastein, auf einer der kanarischen Inseln oder in der Karibik. Dann kamen die Kurzreisen mit beruflich repräsentativem Charakter, immer in den schönsten Hotels. Zu Ostern war St-Tropez angesagt, eine Jahreszeit, die ich dort besonders liebte aufgrund des betörenden Duftes der Mimosenwälder, und vor allem St-Tropez war dann noch, was es eigentlich ist, ein Hafen und ein paar Häuser, ein Dorf, doch ein Ort, der seinesgleichen in der Welt suchen müßte... Dann kamen wieder ein paar Wochen in Mülheim an der Ruhr, sozusagen zu Hause, doch immer wurden Koffer ein- und ausgepackt. Es kamen die Sommerferien meines Sohnes Daniel, und ich fuhr mit ihm wieder an die Côte. Wenn Daniel von Nizza aus nach Frankfurt abflog, kam mein Mann an und wir verbrachten ein paar Wochen gemeinsam; mein Mann liebte den Strand und das Segeln, wofür ich gar nicht zu haben bin. Obwohl ich Wasser liebe und sicher eine gute Schwimmerin bin, fürchte ich mich vor der Auslieferung an die Elemente Luft und Wasser, wie man dies beim Segeln erlebt und was ja letztlich den Reiz dieser Sportart ausmacht. Es waren stets unterhaltsame Wochen, um nicht zu sagen, es waren Superlative der natürlichen Erlebnismöglichkeiten. In diesen Zeiten, die aus dem natürlichen Wellengang des Lebens herausragten, voller Überschwang und Überfluß, gab es Momente, in denen die Fragen aufhörten und ich mich für Augenblicke am Ziel meiner Sehnsüchte und Wünsche angelangt wähnte. Auch gesundheitlich hatte ich keine Probleme, Licht und Wärme waren für meine Physis und Psyche immer die besten Voraussetzungen für Wohlbefinden und Ausgeglichenheit. Nach den Sommerwochen im Süden kam dann der Mülheimer Alltag wieder. In dieser Zeit unterrichtete ich Yoga, hauptsächlich in Einzelstunden. Die Klientel, die sich für Yoga interessierte, war eine ganz andere, als ich sie vorher in Kaiserslautern oder später in Saarbrücken hatte. Hier kamen Herren aus der Industrie und Wirtschaft, Filmleute, Modeleute und auch ganz „normale" Leute, beiderlei Geschlechts, die dann allerdings am Gruppenunterricht teilnahmen. Das Unterrichten machte mir immer Freude und ich war stets engagiert, mein Bestes zu geben, bezogen auf meinen jeweiligen Wissensstand...!

Den November verbrachte ich alljährlich in Indien bei meinem Meister, meinen Freunden, in „meiner Welt“, denn niemand in meiner Familie teilte sie mit mir. Meine Erlebnisse in Poona wurden im Laufe der Jahre nicht weniger herausfordernd oder anstrengend. Bis an die Grenze der Belastbarkeit kommend, merkte ich, daß ich anfing ganz bestimmte Paßformen zu entwickeln, um die Widersprüche, Erschöpfung, innere Einsamkeit und die belastenden Emotionen, die sich aus der intensiven Arbeit mit Mr. Iyengar ergaben, aushalten zu können. Ich war ja nun „Rütte“-geschult und meine Achtsamkeit ließ mich sehr präsent an all dem Yogageschehen teilnehmen. Wenn ich oft Zeuge sein mußte, wie mein Meister mit Schülern umging, meist älter als ich und jahrelange Anhänger seiner Methode, so ließ sich die hier beobachtete Grobheit und Unsensibilität für mein Empfinden nicht immer auf eine höhere Sinnebene transformieren. Ich erfuhr den Umgang zwischen ihm und seinen Schülern oft als sinnwidrig, ungerecht und grausam, obgleich ich wußte, daß der Meister auch mich oft an die Grenze meiner Toleranz brachte, wo dann etwas geschah, was ich als Person eben nicht mehr „machen“ konnte und was damit eine andere Dimension ins Spiel brachte. Trotzdem begann in mir die Frage laut zu werden, ob ich meinen sonstigen Neurosen nicht noch etwa eine Yoga-Neurose hinzufügte...? Eine Antwort auf diese gewagte Frage konnte ich mir zum damaligen Zeitpunkt noch nicht geben, es fehlte mir an Wissen, um zu einer Erkenntnis zu kommen. So ließ ich geschehen, was geschah und übte mich in der Achtsamkeit, mehr hatte ich all dem nicht entgegenzusetzen.

Aus Indien zurück, hatte ich jedesmal einen Kulturschock, den ich erst überwinden mußte. Die meisten Indienreisenden kommen von Indien zurück und erzählen über den Kulturschock, den sie in diesem Land erlebt haben. Ich kann nur das Gegenteil empfinden. Wenn ich aus diesem Land, das ein Land der größtmöglichen Gegensätze ist, nach Deutschland zurückkam, war ich stets geschockt von den Allüren einer Wegwerfgesellschaft, die sich in fast allen Bereichen unseres täglichen Lebens ausdrückten. Doch all das ist eben subjektiv!

Im Jahr 1979 kam ich aus Bombay zurück und meldete mich sogleich telefonisch bei Graf Dürckheim an. Mein Mann hatte für uns und meine Mutter eine Ägyptenreise über Weihnachten und Neujahr gebucht. Mein Vater hatte sich nach zweiundvierzig Ehejahren vor zwei Jahren von meiner Mutter scheiden lassen und so dachten wir, ihr mit der gemeinsamen Reise eine Freude zu machen. Doch es gab Meinungsverschiedenheiten zwischen ihr und mir, nichts Neues in unserer Beziehung, die mich sehr ungehalten werden ließen. Ich brauchte ein klärendes Gespräch mit Graf Dürckheim. Dieses fand dann auch umgehend statt und er gab mir die Anweisung, an meine Mutter einen Brief zu schreiben, in dem ich ihr alles, aber auch alles sage, was sie mir an Verletzungen, Enttäuschungen, Ungerechtigkeiten, Kälte und was mir noch alles einfiel, im Laufe meines Lebens zugefügt hatte. Ich mußte erst einmal tief durchatmen! Ob ich das bringen würde? Doch mein Vertrauen in Graf Dürckheim ließ mich diese Aufforderung annehmen und so machte ich mich gleich nach meiner Rückkehr an die Arbeit.

Das Erste, was ich spürte, als ich mich an meinem Sekretär niedergelassen hatte, den Schreibstift in der Hand und die Worte „Liebe Mutti“ auf dem Papier, war Beklemmung im Solarplexus, Enge im Brustbereich, ein Kloß im Hals und mein Nacken verspannte sich. Schöne Bescherung, dachte ich und dann stieg aus meinem Bauch ein starkes Gefühl auf, Wut, ich spürte sie bis in die Poren meiner Haut, eine schreckliche Wut darüber, daß meine Mutter mir alles das angetan hatte, was ich nun im Begriff war zu formulieren, aber auch darüber, daß ich jetzt in dieser Situation war, mir darüber Rechenschaft abgeben zu müssen, indem ich meine Erlebnisse und die daran gebundenen Emotionen nochmals aktualisieren mußte, um sie zu Papier zu bringen. Ein Satz von Frau Haich kam mir in den Sinn: „Wut ist ein unglaublicher Energiefaktor, man muß ihn nur richtig einsetzen.“

Also schrieb ich den Brief, handschriftlich, auf hellblauem Büttenpapier, den Inhalt kann man sich nach der Lektüre des Kapitels über meine Kindheit und Jugendjahre leicht vorstellen. Es existiert keine Kopie oder sonstige Aufzeichnung und das Original habe ich spontan an meine Mutter abgeschickt. Als Graf Dürckheim bei unserem Telefongespräch davon hörte, konnte er es kaum fassen...! Doch nun war es eben so – und die Reaktion kam postwendend per Telefon. Meine Mutter teilte mir in knappen, präzisen Sätzen mit, daß sie den Brief erhalten habe und ihre Teilnahme an der Ägyptenreise damit hinfällig sei. Jedes weitere Gespräch mit mir lehnte sie generell ab.

Meine Hoffnung auf eine offene Aussprache zwischen zwei Erwachsenen über all das, was sich in den zurückliegenden Jahren trennend zwischen uns gelegt hatte, war zunichte. Es blieb alles beim Alten.

Mein Mann und ich flogen am 24. Dezember 1979 nach Kairo, wo wir am späten Nachmittag landeten. Die Fahrt in die Innenstadt, in das „Sheraton Hotel“, wo wir gebucht hatten, war mehr als abenteuerlich, atemberaubend, unglaublich viele dahinrasende Autos, Ziegen, Kamele und sonstige Kleintiere, an den Ampeln reagierte kaum einer auf „rot“, dazu der Geruch arabischer Küchen und Kaffeehäuser, gemischt mit dem Geruch von Benzinschwaden und Eselsdung, ohrenbetäubendes Hupen. Kairo, damals war es eine Fünf-Millionenstadt, Afrikas größte Metropole, hier begegneten sich Orient und Okzident.

Während der zwei Wochen unseres Aufenthaltes hatten wir großes Glück mit dem Wetter, kein Wölkchen trübte den blauen Himmel Ägyptens. In unserem Hotelzimmer angekommen, hoch über dieser Metropole Kairo, zeigte sich das eindrucksvolle Panorama: gen Süden erblickten wir die weltberühmten Pyramiden von Gizeh, im Osten die gelben Berge der arabischen Wüste, im Westen die der libyschen Wüste, Saladins Zitadelle vor den zerknittert anmutenden Mokkatam-Bergen, das Häusermeer beiderseits des Nils, orientalisch ungeordnet in den östlichen Bezirken, dagegen ein Allerwelts-Großstadtstil in den westlichen Bezirken.

Als wir schließlich in der obersten Etage des Hotels beim Candlelight-Dinner saßen, blickten wir rundum auf ein Lichtermeer, das sich im Nil spiegelte. Der „Heilige Abend“ war wirklich ein ganz besonderer Abend!

Am nächsten Tag schifften wir uns auf der MS „Sheraton“ ein und reisten wie in der pharaonischen Antike auf dem Nil zu all den weltberühmten Stätten, stummen Zeugen einer wahrlich monumentalen Vergangenheit. Wer Ägypten kennt, weiß um die unvergeßlichen Eindrücke, die man aus diesem Land mitnimmt, eine detaillierte Schilderung im Rahmen dieses Buches wäre zu umfangreich, obgleich ganz sicher lohnenswert...

So beschränke ich mich auf den Erlebnisbericht dreier Besonderheiten, die rein subjektiv gesehen eine ganz besondere Qualität hatten.

Erstens: Die Meditationen, die ich an Deck unseres Schiffes erlebte, bei Sonnenaufgang gen Osten gewandt, bei Sonnenuntergang gen Westen, fast immer ungestört, allein, warm angezogen, da die Nächte stets kühl waren; der Himmel wie Seide, das Strahlen der Sterne, die trockene, besondere Qualität der Luft, das sanfte Gleiten des Schiffes im Fluß und natürlich die Sonne selbst, dieses Gestirn aller Gestirne, das hier als Sonnengott verehrt wurde. In diesen gesegneten Meditationen „verstand" ich zutiefst den Sonnenkult der Antike und zwar jenseits der Ratio, erlebte ein Eins-Sein mit mir selbst, mit der Natur, mit dem Kosmos. Verbale Beschreibungen dieser erfahrenen Zustände sind mir nicht möglich, sie transzendierten die Ebene der Begriffe und des Begreifens.

Das zweite Erlebnis besonderer Art hatte ich in der Cheops-Pyramide, der größten der drei klassischen Pyramiden von Gizeh, die auch heute noch das Wahrzeichen Ägyptens sind.

Wir waren am 31. Dezember von der Nil-Kreuzfahrt zurück in das „Sheraton Hotel" gekommen, um dort Silvester zu feiern. Mein Mann hatte auf meinen Wunsch hin über den Concierge des Hotels eine Verabredung besonderer Art getroffen: Am 1. Januar 1980 würde ein Wächter meinen Mann und mich um sechs Uhr früh allein in die Cheops-Pyramide einlassen. Eine Stunde hätten wir Zeit, dort zu bleiben.

Ein Taxi brachte uns pünktlich an Ort und Stelle. Ein paar Zahlenangaben erscheinen mir aufschlußreich, um meine Ergriffenheit sowohl beim Anblick dieser größten

Pyramide, als auch im Hinblick auf mein Vorhaben, verständlich zu machen. Die Höhe bis zur großen Plattform beträgt heute noch 137 Meter, bei einem Neigungswinkel von 51.52°. Die Seitenlänge beträgt heute, da der Mantelbelag fehlt, 173 Meter. Das Volumen beträgt heute 2,34 Millionen Kubikmeter. Auf ihrer Basisfläche von 230 Meter Seitenlänge würden der Kölner Dom, die Peterskiche und die Westminster Abbey zusammen Platz finden. Das stelle man sich bitte einmal vor seinem geistigen Auge vor...! Inmitten dieser Steinmassen liegt die Königskammer, das Ziel meines Vorhabens.

Als Eingang dient heute ein Grabräuberloch etwa 15 Meter über Niveau. Wir traten ein und ich hielt für einen Moment den Atem an, als hinter uns die Tür ins Schloß fiel und abgeschlossen wurde. Bei spärlicher Beleuchtung gingen wir einen 1 Meter breiten und 1,20 Meter hohen Gang in gebückter Haltung schräg abwärts. Nach 20 Meter stiegen wir auf eisernen Stufen 38 Meter bergan zur sogenannten Großen Halle, 47 Meter lang, 8,5 Meter hoch und 2,5 bis 1 Meter im Gewölbe breit; sie ist eine ausgeklügelte Sicherheitszone vor der Grabkammer. Locker eingesetzte Balkenkonstruktionen konnten nach ihrer plötzlichen Entfernung ganze Tonnen Gesteins freigeben und so den unteren Gang sicher blockieren. Auch die anschließende sogenannte Vorkammer hatte nur die Funktion der Gangsicherung. Dann endlich waren wir in der heutigen Grabkammer, die 42,30 Meter über Niveau, 10,45 mal 5,20 Meter groß und 5,80 Meter hoch ist. Mit Hilfe meiner Taschenlampe, die ich bei dieser Reise immer bei mir trug, bewunderte ich die überaus glatte Fügung und Verkleidung der Wände mit Granitplatten und deren fugenlose Setzung. Ich wußte, daß hier eine Decklast von 400 Tonnen über unseren Köpfen lag... Der Raum selbst ist streng und schmucklos, das Unterteil des Königs-Sarkophags steht seitlich, nicht in der Bauachse, eine Granitwanne von 1 Meter Höhe, 89 Zentimeter Breite und 2,30 Meter Länge. In diesen Sarkophag stieg ich hinein, meinem Mann hatte ich zuvor meine Tasche, Lampe und Jacke übergeben, um mich vollkommen ungehindert meinem „Pendelvorhaben“ widmen zu können. Ich bitte an dieser Stelle um Verständnis, daß ich die Frage, die ich an diesem besonderen Ort durch das Einsetzen meines „Isis-Pendels“ beantwortet haben wollte, nicht offenlege. Sie gründete in einer Vision, die ich bei einer Meditation während der Nilfahrt hatte und die mich seitdem nicht mehr losließ. Kaum hatte ich mich konzentriert, begann mein Pendel mit sofortiger Heftigkeit sich im Uhrzeigersinn zu drehen, mit einer solchen Kraft zu rotieren, daß es mir aus der Hand gerissen und an die Wand der Sargkammer geschleudert wurde. Ein unglaublicher Vorgang von Sekundendauer. Ich war wie erstarrt, mein Mann hob das Pendel auf, beide waren wir zunächst sprachlos. Dann überkam mich ein Zustand absoluter Panik, Angst, Enge, der Schweiß brach mir aus, wie bei einem Saunagang nach zwanzig Minuten, ich fühlte mich brennen, glühen, Herz und Puls rasten... Mein Mann sagte mir später, daß das blanke Entsetzen in meinem Gesicht gestanden hätte. Mein Mann war Herr der Situation und wußte, daß wir so schnell wie möglich hier heraus mußten. Er führte mich, zog mich, stützte mich, wo meine Beine zu versagen drohten, vor allem beim Abstieg über die eisernen Stufen. Zu all dem schien ich zu ersticken, rang nach Luft und dachte, das sei mein Ende. Als wir endlich den Ausgang erreicht hatten, brach ich buchstäblich zusammen, zitternd und schluchzend.

Nach etwa einer Stunde hatte ich mich wieder soweit unter Kontrolle, daß wir per Taxi zu unserem Hotel zurückfahren konnten. Dort verbrachte ich den ganzen Tag liegend, duschte immer wieder kalt, weil ich die innere Hitze, dieses Glühen, das nicht nachließ, kaum aushalten konnte, ansonsten war ich für nichts und niemanden ansprechbar.

Mein Zustand normalisierte sich, nur dieses Hitzegefühl hielt an, so daß ich am liebsten ohne Kleidung gegangen wäre.

Die letzte ungewöhnliche Erfahrung, die ich in Ägypten machte, fand in „Dendera“ statt. Es zog mich zu diesem Tempel der Spätzeit, etwa 150 Kilometer von Kairo entfernt in der libyschen Wüste, seitdem ich im Louvre in Paris den Original-Tierkreis von „Dendera“ besichtigt hatte, eine riesenhafte Himmelskarte mit den bekannten Sternbildern; seit damals wünschte ich mir, den Ursprungsort dieser weltberühmten, ältesten Tierkreisdarstellung einmal kennenzulernen.

Es war eine wunderschöne Tagesfahrt, unter anderem durch das „Fayûm“, wo wir in der größten bewässerten Oase des Landes Rast machten. Das „Fayûm“ ist mehr Landschaft denn Sehenswürdigkeit. Dennoch ist ein Besuch dieser Oase ein Erlebnis, weil einem hier das Alltagsleben auf den Feldern, am Wasser, auf den Märkten, bei den Handwerkern lebendig vor Augen geführt wird, wie man es an den Grabwänden als Relief oder Malerei wiederfindet.

Es war Nachmittag als wir in „Dendera“ ankamen. Der Tempel ist der Triade der Göttin Hathor, der Göttin der Liebe, ihrem Gemahl, dem Falkengott Horus und ihrem Sohn Ihi geweiht. Der Tempelbau ist ein Rechteck von 290 mal 280 Meter, in der Nord-Süd-Achse ausgerichtet. Wir besichtigten die beiden sogenannten Mammisi, Geburtshäuser mit dem Geburtszimmer im Allerheiligsten. Hier vollzogen sich alljährlich die Mysterien der Geburt des göttlichen Kindes. Auf dem Tempeldach befindet sich das Osiris Heiligtum, wo man in mehreren Kapellen die Mysterien des Leidens und der Auferstehung des Osiris feierte. Hier konnte ich endlich die Kopie des Tierkreises von Dendera besichtigen, dessen Original im Louvre mich so fasziniert hatte. Vom Tempeldach aus übersieht man alle Nebenanlagen, den Isis-Tempel, den heiligen See und den Brunnen. Am beeindruckendsten fand ich das größte Bild, das die gesamte Tempel-Südwand einnimmt. Um das Kultbild der Göttin Hathor in der Mitte und vor all den anderen Göttern von Dendera, opfern Kleopatra und ihr Sohn Ptolomäus XV. Cäsarion den Göttern von Dendera.

Soweit die allgemeine Besichtigung, nach der ich mir einen stillen Platz suchte, um ganz allein und ungestört dem „genius loci“ nachzuspüren. Plötzlich stand ein Ägypter vor mir im weißen Kaftan und weißem Turban, groß gewachsen und edel von Gestalt und Aussehen und sprach mich freundlich an. Ich begriff sofort, auch ohne arabische Sprachkenntnis, daß er mir etwas zeigen wollte. Er nahm mich bei der Hand und führte mich zur Tempelmauer, wo wir in einen engen Gang eintraten, danach standen wir vor einer Öffnung, eher ein Loch als eine Tür, er kroch hindurch und leuchtete mir mit der Taschenlampe, als ich ihm folgte. Wir waren von dem Schein der Taschenlampe abgesehen, in vollkommener Dunkelheit, absoluter Stille und Abgeschlossenheit. Er zeigte mir an den Wänden wunderbare Reliefs. Dann krochen wir nochmals, tief gebückt, durch eine weitere Wandöffnung und befanden uns schließlich in einer Art Zelle oder Kammer, auf der linken Seite über die Länge des Raumes ein steinernes Ruhelager, davor nur der schmale Gang, in dem wir jetzt beide standen. Die

Wände waren überall mit vorzüglichen Reliefs geschmückt und zu meiner Überraschung waren hier alle Götter nackt dargestellt. Das hatte ich vorher bei allen Besichtigungen noch nie gesehen. Die besondere, eigenartige Atmosphäre dieses Raumes war für mich auch körperlich zu spüren, die Klarheit meines Denkens schien auf einmal wie vernebelt und ich fühlte mich von einer unsichtbaren Präsenz überschattet. Der Fremde ließ mir Zeit, danach brachte er mich auf dem gleichen Weg, den wir gekommen waren, zurück ans Tageslicht, sprach in sehr ruhigem Tonfall ein paar Worte, die ich zu gerne verstanden hätte, verneigte sich und verschwand. Ich wollte mich mit einem Trinkgeld bedanken und suchte meinen Mann, der die Finanzen bei sich hatte. Doch ich fand meinen fremden Führer nicht mehr wieder, keiner hatte ihn gesehen oder kannte ihn, er war verschwunden, wie er gekommen war, plötzlich und unerwartet...

In meinem Kunstführer über Ägypten fand ich als Besonderheit von Dendera zwölf Krypten angegeben mit schwer zugänglichen Gängen und Kammern. Über die Deutung von Sinn und Zweck ist man sich bis heute nicht einig. Ich wußte nach meinem Erlebnis und es bestand für mich keinerlei Zweifel, daß der Fremde mich an einen rituellen Ort der Einweihung geführt hatte, den man einst nur entsprechend vorbereitet und in tiefster Demut betreten hatte, nicht wissend, ob man das Tageslicht wiedersehen würde. Es übersteigt mein Vorstellungsvermögen, was menschliche Wesen hier für Seelenzustände durchlebt und durchlitten haben, zum einen aufgrund der Kraft dieses Ortes und zum anderen durch die Rituale, die hier vollzogen wurden.

Erst auf der Rückfahrt nach Kairo, als sich die Dunkelheit über die Wüste legte und ich meinen Gedanken freien

Lauf ließ, wurde mir rational bewußt, auf was für ein Abenteuer ich mich mit meinem ägyptischen Führer eingelassen hatte... Zum Zeitpunkt des Geschehens empfand ich alles als ganz selbstverständlich, es geschah einfach...

So einzigartig diese Ägyptenreise auch war, konnte ich es kaum erwarten, wieder in Düsseldorf zu landen, um mich sofort nach meiner Rückkehr mit Graf Dürckheim telefonisch besprechen zu können. Das Hitzegefühl hielt unverändert an, äußerlich konnte ich mein Gleichgewicht im Alltag bewahren, doch innerlich schien ich zu verbrennen. Graf Dürckheim empfahl mir einen baldigen Besuch bei ihm, wir waren uns einig darin, daß es sich um einen „Kundalini-Unfall" handelte. Er empfahl mir, das Meditieren sofort sein zu lassen, was ich ohnehin bereits getan hatte.

Das aus dem Yoga stammende Kundalini-Modell geht davon aus, daß die Kundalini, auch Schlangenkraft genannt, eine Energie ist, die gewöhnlich „schlafend" am unteren Ende der Wirbelsäule ruht. Wird diese Energie „geweckt", steigt sie langsam entlang der Wirbelsäule bis zum Scheitelpunkt des Kopfes auf. Dies kann den Beginn eines Erleuchtungsprozesses anzeigen. Im Steigen veranlaßt die Kundalini das Nervensystem, Streß abzuwerfen. Wenn sie auf Blockaden trifft, beginnt sie eigenständig zu handeln und widmet sich einem selbst-geleiteten Prozeß der Ausbreitung im gesamten physiopsychologischen System, um diese Blockaden zu entfernen und Bewußtsein zu erwecken.

Wer sich für den Kundalini-Prozeß interessiert, sollte unbedingt das Buch von Swami Muktananda lesen: *Kundalini - Spiel des Bewußtseins*. Auch Pandit Gopi Krishna aus Kaschmir hat einem großen westlichen Publikum das

Wissen um die Kundalini-Energie in verständlicher Form zugänglich gemacht. Auch ein westlicher Mediziner, Psychiater und Ophtalmologe in Kalifornien, Lee Sannella, hat ausführliches Beweismaterial gesammelt dafür, daß auch im Westen viele Patienten ein Syndrom herausbilden, das den Beschreibungen des Kundalini-Erwachens gleicht und einen klar erkennbaren physiologischen Prozeß bezeichnet.

Mir war klar, daß die Intensität der in meinen Organismus eingeflossenen Energie in der Cheops-Pyramide das für mein System erträgliche Maß weit überschritten hatte, vergleichbar einem zu starken Strom, der eine Sicherung zum Durchbrennen bringt. Wieso ich nicht bedachter und vorsichtiger in meinem Verhalten gewesen war, ich wußte damals bereits um meine sensitive Veranlagung und die möglichen Gefahren, die sich daraus ergeben können, das ist mir bis heute nicht klar... Von irgend woher schien ich geführt zu sein, um diese Erfahrungen so machen zu müssen, wie ich das erlebt habe.

Ich fuhr umgehend zu Graf Dürckheim, der Schwarzwald war weiß verschneit, hätte ich doch von der Kälte im Außen etwas nach innen nehmen können. Nach einer ausführlichen Schilderung bat mich Graf Dürckheim, meine Kleider abzulegen und mich auf die Couch zu legen, die in seinem Arbeitszimmer an der Wand stand. Er magnetisierte mich, strich mit seinen Händen in langsamen, sich wiederholenden Bewegungen vom Kopf zu den Füßen abwärts, die Haut so gut wie nicht berührend. Ich empfand die Behandlung wie einen angenehmen kühlen Windhauch, der über mich hinwegstrich, gleichzeitig kehrte ein Gefühl tiefer Entspannung und Ruhe ein. Ich hätte unter seinen Händen einschlafen können. Graf Dürckheim bestand darauf, daß ich in einem privaten Raum, wo er sich auszuruhen pflegte, noch eine Weile ruhen sollte. Er selbst packte mich dann in eine weiche Wolldecke und ich fühlte mich zum erstenmal wieder wohl in meiner Haut, im wahrsten Sinn des Wortes. Als ich dann gerade dabei war, mich zum Weggehen fertig zu machen, kam er noch einmal zur Tür herein, hielt inne, betrachtete mich schweigend, wie durch mich hindurchschauend und sagte: „Was für eine strahlende Aura Sie haben, wie schade, daß Sie das selbst nicht sehen können“. Wir reichten uns die Hände zum Abschied, Worte waren nicht nötig...

Wie erlöst fuhr ich am gleichen Tag zurück nach Mülheim. Doch nach wenigen Tagen kam das Glühen in meinen Körper zurück. Wieder sprach ich mit Graf Dürckheim und wir kamen überein, daß ich selbst verschiedene Maßnahmen ergreifen sollte: Ich änderte meine Ernährung, indem ich wieder mehr Fleisch aß, um mich zu erden, ich summte Melodien, sooft ich allein war, nahm längere kalte Bäder, ging täglich mindestens zwei Stunden in den Wald, ohne Eile, bewußt entspannt wandernd, machte ausführlich meine yogischen Umkehrhaltungen und ein bestimmtes Pranayama, das Streß abbauend wirkt und sagte alle Termine soweit wie möglich ab... Es war eine schwierige Zeit!

Nach etwa einem Monat ließ die Intensität des Glühens etwas nach, nach insgesamt drei Monaten hatte ich alles überstanden... Hatte ich das? So deutlich wie nie zuvor habe ich die Unterscheidung zwischen meinem somatischen Körper und meinem Energiekörper zu spüren bekommen. Das Glühen in meinem somatischen Körper war vorbei, war durch die Behandlung des Magnetisierens durch Graf Dürckheim wieder geordnet. Diese Behandlungen wurden bei jedem weiteren Rütte-Aufenthalt wiederholt und Graf Dürckheim stellte jedesmal mit Begeisterung fest, wie sensibel ich auf diese Form der Behandlung ansprach, wenn er anschließend meine Aura überprüfte. Ich selbst fühlte mich danach jedesmal wie neu geboren, angstfrei und von einem Glücksgefühl durchströmt.

Ich spürte ein neues Bewußtsein, das ich als einen Zustand der Transparenz beschreiben möchte, den ich vorher in dieser Form noch nicht gekannt hatte. Er fand seinen Ausdruck darin, daß ich mich zum einen mehr in Kontakt fühlte zu allem, was in meiner näheren Umgebung war, zum anderen hatte ich gleichzeitig ein Gefühl der Verletzlichkeit gegenüber aggressiven Schwingungen, die von außen an mich herankamen. Ich mußte einen Weg finden inmitten der Gegensätze, die sich aus dem Erfahrenen auftaten und mußte gleichzeitig noch mehr auf meine Gesundheit achten, die für allerlei Störungen anfällig geworden war.

In all den Jahren, in denen ich immer wieder nach Rütte kam, entwickelte ich ein Gefühl des „Nachhausekommens“, sobald ich das Ortsschild von Rütte passiert hatte, nach Hause ist zu verstehen als ein Zu-mir-selbst-kommen, in meine geistige Heimat. Hier konnte ich Ich sein, konnte mich austauschen mit Menschen, die auf dem gleichen Weg waren und wenn nicht gleiche, so doch ähnliche Erfahrungen machten, so daß man sich ohne lange Erklärungen verstand. Mein Individuationsprozeß erschien mir manchmal wie ein großes Spiel, in dem das Eine sich ent-äußert und wieder er-innert, in der Vielfalt der Gegensätzlichkeit stirbt und in der Einheit wieder ersteht. Im Rhythmus dieses Spiels steht das Exerzitium als Möglichkeit der Brücke zwischen Himmel und Erde, zwischen Oben und Unten, zwischen Innen und Außen... Die Bipolarität des Lebens ist nur durch Verwandlung wieder zu vereinigen, beziehungsweise zu transzendieren...

Rilke drückt dies treffend aus: „Dieses heißt Schicksal: Gegenüber sein und nichts als das und immer gegenüber." Gegenübersein heißt aber zugleich Leiden und Einsamkeit, wie auch „in Beziehung-Treten", wie „Be-Gegnen"...

Es war mir eine große Ehre, von Graf Dürckheim ermutigt zu werden, Yoga-Kurse in Rütte zu halten. In ganz besonderer Erinnerung ist mir davon ein Wochenkurs, dessen Teilnehmer Nonnen, Priester und der Generalbevollmächtigte des Vatikans aus Brasilien waren. Alles Menschen, denen ich die Grundidee des Yoga nicht erst erklären brauchte: Die Vereinigung der individuellen Seele mit der universellen Seele oder in der Sprache der Upanischaden, mit dem Ungeschaffenen. Der Zustand der Transparenz für Transzendenz, um den es letztlich geht, bedurfte in diesem Teilnehmerkreis keiner Erklärung. Es war eine Woche konzentrierten Übens auf einem sehr hohen Schwingungsniveau, wie ich es in keinem der vielen Seminare, die ich danach gehalten habe, wieder erleben durfte. Ich war am Ende dieses Kurses die Beschenkte.

Auf Einladung von Graf Dürckheim erlebte ich dann mein erstes Zen-Sesshin mit dem Roshi Yuho Seki aus Eigen-ji in Japan. Das Wort „sesshin", aus dem Chinesischen, bedeutet „gesammeltes Herz". Es wird für Zen-Übungen gebraucht, die sich über mehrere Tage bis zu einer Woche erstrecken.

Der Roshi war Oberabt und Zenmeister von Eigen-ji, einem der neun wichtigsten Tempel-Klöster der Rinzai-Schule. Er war ein äußerst humorvoller Mensch, an Körpergröße der kleinste Mann, der je neben mir stand. Sein kahlrasierter Schädel reichte gerade an mein Schultergelenk, sein breites Lachen, das einige Zahnlücken zum Vorschein kommen ließ, war umwerfend. Er brachte zwei seiner Priester und Mönche mit, die das Sesshin nach streng formalem Ritus unterstützten. Alles war festgelegt, die Tageseinteilung vom Wecken über die Mahlzeiten bis zu den Ruhepausen. Insgesamt wurden täglich neun Stunden meditiert, die Nacht war fakultativ. Wir waren über dreißig Teilnehmer, es war recht eng im Zendo, dem Übungsraum, und meist stand das Fenster offen, obwohl draußen Schnee lag. Alle waren barfuß, wie es im Zen üblich ist, doch keiner holte sich einen Schnupfen! Einige der Regeln, die bei einem Sesshin zu beachten sind, möchte ich einmal aufzählen:

- Stillschweigen während der gesamten Zeit, auch während der Mahlzeiten
- Absolute Pünktlichkeit
- Persönliche Aussprache mit dem Zen-Meister nach Voranmeldung
- Wichtig: Es liegt im Interesse aller Teilnehmer, während des Sesshins keinen Verkehr mit der Außenwelt (Briefe, Telefon) zu pflegen. Wo Sprechen unbedingt notwendig ist, ist es auf das Notwendigste zu beschränken
- Dialektische Auseinandersetzungen aller Art sind nicht im Geiste des Zen, daher sind sie zu vermeiden
- Sesshin ist Gemeinschaftsarbeit am Wesentlichen, auf dem Wege zum Selbst im tiefsten Sinne, ohne irgendwelche Verzweckung. Zazen ist der Weg, das Ziel und nicht ein „Mittel“ zur Vervollkommnung
- Zazen ist Zazen und nichts anderes

Eine Inschrift am Eingang des größten Soto-Klosters Japans, Eihei-ji, mahnt:
„Nur wem die Frage nach Leben und Tod eine tiefe Herzensangelegenheit ist, möge hier eintreten“.

Dieses Wort sollte an der Tür jeder Zenhalle und vor allem am Beginn eines Sesshins stehen.

Zazen, das regelmäßige Sitzen in Stille, gehört noch heute zu meinem täglichen Exerzitium und so möchte ich doch noch ein paar Sätze hinzufügen, wie Zen in einer ganz bestimmten Weise vorgeht, um zum inneren Gleichgewicht zu gelangen. In der Zenpraxis geht man durch Ausschluß vor. Zunächst: Fallenlassen aller persönlichen und materiellen Bindungen, weiterhin: Fallenlassen von allem, was Gewohnheit und Kontakte mit anderen betrifft, drittens: Ausschluß aller moralischen rationalistischen Urteile, viertens: Fallenlassen von Überlegung, Denken und innerer Einsicht, fünftens: Verzicht auf alle bewußten Wünsche und Begierden und endlich: Aufgabe selbst des Strebens nach Erleuchtung.

Es ist nicht möglich, die Erfahrungen, die ich in diesem Sesshin machte, in Worten zu schildern. Bekanntlich kann man Erfahrungen nicht weitergeben, man muß sie selbst machen, dann weiß man... Nur so viel, der Zustand an Klarheit im Denken, Wollen und Tun, der am Ende solcher Übungstage steht, ist unbeschreiblich, man möchte ihn für alle Zeit konservieren. Es ist diese besondere erfahrbare Qualität, die einem in der Verpflichtung zu einem täglichen freiwilligen Exerzitium hält.

In Rütte habe ich mir das Fundament erarbeiten dürfen, das ich für die Entscheidung, die unweigerlich auf mich zukommen sollte, brauchte, Erkenntnis, innere Kraft und Mut, um „dem Nichtwissen zu vertrauen“.

Gleichzeitig hatte ich durch die Person von Graf Dürckheim einen Meister im Westen als Ergänzung zu meinem Meister in Indien, BKS Iyengar. Beide verhalfen mir in ihrer Gegensätzlichkeit, mich der Einheit, um die es mir in all meinem Mühen und Bemühen ging, zu nähern. Beiden fühlte ich mich zu tiefstem Dank verpflichtet, der mich gleichzeitig Verantwortung und Verpflichtung empfinden und tragen ließ.

Zum Schluß dieses Kapitels möchte ich Graf Dürckheim selbst sprechen lassen: Als ihn einmal der ihm befreundete Botho Fürst zu Stollberg-Wernigerode fragte, wie man es mit dem rechten Umgang im Alltag halten solle, antwortete der knapp 82-jährige im Brief vom 9. August 1978 mit einem freimütigen Geständnis:

> Immer ertappe ich mich wieder dabei, es an jener Wachheit fehlen zu lassen, die die nie zu unterbrechende Fühlung mit unserem Wesen betrifft. Immer wieder verstellen wir ihm den Weg in unserem Erleben und durch dieses hindurch die Weise unseres Umganges mit den Dingen, insbesondere mit den kleinen Dingen. Das beste Mittel gegen diese Fehlhaltung scheint mir zu sein, so oft wie möglich einen Augenblick innezuhalten, zu verweilen bei irgend einem Eindruck. Es braucht nicht immer etwas Schönes, Besonderes zu sein, zum Beispiel die Tischplatte, auf die unser Blick fällt, oder die Kühle eines Steines, den wir „zufällig" in der Hand halten oder das Lichterspiel eines Blattes, auf das die Sonne fällt...

Eine schwere Entscheidung

Joseph Cambell definierte und formulierte die sogenannte Midlife-crisis als das, was passiert, wenn man bis ans obere Ende der Leiter hinaufgestiegen ist und dann daraufkommt, daß die Leiter an der falschen Wand angelehnt war! Dieser Vergleich mit einem Zustand, der alles andere als komisch ist, bringt mich immer wieder zum Lachen und Humor ist bekanntlich, „wenn man trotzdem lacht"...!

C.G. Jung schreibt über die Lebensphase, in der ich mich mit zweiundvierzig Jahren befand, folgendes:

> Die Mitte des Lebens ist der Moment größter Entfaltung, wo der Mensch noch mit seiner ganzen Kraft und seinem ganzen Wollen in seinem Werke steht. Aber in diesem Augenblick auch wird der Abend geboren, die zweite Lebenshälfte beginnt... Die Wendungen des Weges, die früher Überraschung und Entdeckung waren, werden zur Gewohnheit. Der Wein hat vergoren und beginnt sich zu klären. Man entwickelt konservative Neigungen, wenn alles wohl steht. Statt vorwärts blickt man häufig unwillkürlicherweise rückwärts und beginnt, sich Rechenschaft zu geben über die Art und Weise, wie sich das Leben bisher entwickelt hat.

Das paßte genau auf meine Lebenssituation, die ich hellwach beobachtete. Meine Ehe war zu einer Routine des täglichen Lebens geworden, wir waren gut und verläßlich aufeinander eingespielt, vor allem im Wahrnehmen der äußeren Verpflichtungen. Dennoch spürte ich immer deutlicher, daß sich eine kritische Atmosphäre zwischen meinem Mann und mir aufbaute. Es gab zum Beispiel Meinungsverschiedenheiten über Familienmitglieder, die vorher nie Gegenstand einer Diskussion gewesen wären! Es trat eine Entfremdung zwischen uns ein, die auch vor unserem Intimleben nicht halt machte. Ich fing an, eine Art Bestandsaufnahme zu machen und stellte dabei fest, daß die äußeren Lebensumstände meinem inneren Leben nicht mehr entsprachen. Das hatte ich schon einmal in einem schmerzhaften Prozeß erfahren. Viele persönliche, familiäre, gesellschaftliche Angelegenheiten, die früher meine Aufmerksamkeit, mein Interesse und meine Zeit beansprucht hatten, verloren an Bedeutung und traten immer mehr in den Hintergrund. Inmitten von Gesundheit, Wohlstand und Lebensgenuß setzte wieder eine Art Unzufriedenheit ein, die ich nicht näher definieren, noch fassen konnte.

Mein Mann konnte überhaupt nicht verstehen, wenn ich bei unseren Gesprächen, die ich immer wieder suchte, von einer existentiellen Krise sprach, er verstand überhaupt nicht, worum es eigentlich ging. Er gehörte zu den Männern, die mit den Mitteln des Erfolges es bestens verstehen, ein Aufwachen zu vermeiden und so dem Ruf nach Individuation gegenüber taub zu bleiben. Unsere Beziehung hätte einer Auseinandersetzung bedurft, um sie neu zu definieren, doch dem wich mein Mann beharrlich aus, bewußt oder unbewußt und so blieb ich mit „meiner Krise“ allein. Das Trauma meiner ersten Scheidung war für mich unvergessen, und ich hatte mir fest vorgenommen, egal unter welchen Umständen, mich nie mehr scheiden zu lassen. Ich lebte in einer intensiven Dauerspannung, die den Nährboden für meinen sich zusehends verschlechternden Allgemeinzustand bot.

Krankheit zwang mich in zunehmendem Maß, mein inneres Wissen, daß mein Leben einer neuen Richtung bedurfte, ernst zu nehmen. Ich mußte einen Narbenbruch an meiner „alten Gallen-Narbe“ operieren lassen. Im Winterurlaub in Bad Gastein bekam ich eine schwere Bronchitis mit Rippenfellentzündung. Kaum zurück in Mülheim, verlor ich bei einem Erstickungsanfall das Bewußtsein und fand mich am Boden unseres Wohnraumes, äußerlich unverletzt, wieder... Der Verdacht auf Herzinfarkt bestätigte sich zum Glück nicht. Die Diagnose war ein Anginapectoris-Anfall, gleichzeitig entdeckte man eine Herzmuskelschwäche, wahrscheinlich ein Überbleibsel der Virusgrippe, die ich kurze Zeit vorher durchgemacht hatte.

Mein Mann brachte mich auf Empfehlung unserer Ärzte auf die „Bühlerhöhe“ im Schwarzwald, wo man sich medizinisch um mein Herz kümmerte und ich Zeit hatte, mir Fragen zu stellen und nach Antworten, beziehungsweise Lösungen zu suchen. Ich war zu diesem Zeitpunkt so schwach, daß ich keine fünfhundert Meter mehr allein gehen konnte.

Warum nur ist der Eintritt in eine umfassendere Erfahrungsebene so oft mit Krankheit verbunden? Ist diese Erschöpfung nötig, um das geregelte Funktionieren von Organismus und Psyche zu unterbrechen? Wird auf diese Art erst eine erhöhte Sensibilität für den Lebensprozeß möglich?

Ich zog mich immer mehr in mich selbst zurück und erfuhr dabei, wie schmerzhaft es ist, inmitten von Menschen, bei Einladungen, Empfängen und ähnlichen Anlässen, sich allein und isoliert zu fühlen. Wenn ich wirklich allein war, übte, meditierte, studierte, fühlte ich mich niemals einsam, doch die Anwesenheit von Menschen, mit denen mich geistig nichts verband, wurde mir in dieser Zeit immer unerträglicher.

Ende November flog ich nach Bombay, von da nach Poona zu Mr. Iyengar. Wir standen immer in Briefkontakt und so hatte er mir bereits spezielle Übungsanweisungen für meine akuten Gesundheitsprobleme gegeben, doch nun wollte er mich sehen, um konkret helfen zu können.

In Poona, gleich nach der ersten Übungsstunde mit ihm, fragte ich, wie er meinen derzeitigen Zustand, beziehungsweise die Besserungsmöglichkeiten einschätze. Mit seinen immer wieder faszinierenden, tiefgründigen schwarzen Augen schaute er mich an und sagte nur einen einzigen Satz: „You ruin your whole body over your husband", zu deutsch, du ruinierst deinen gesamten Körper wegen deines Ehemannes. Das traf wie ein Blitz! Ich wußte, daß er wußte und zwar die Wahrheit! Der Körper ist immer Ausdruck der Wahrheit, er lügt nie!

Ich fügte mich einen Monat lang total seinen Anweisungen, es waren yoga-therapeutische Übungen mit langen statischen Phasen, die wir ausprobierten, veränderten und perfektionierten. Ich hatte mich buchstäblich ganz in seine Hände gegeben. Allmählich spürte ich wieder Lebenskraft in meinen Körper zurückkommen, was für ein wunderbares Gefühl! Mein Denken wurde ruhiger, klarer und die räumliche Distanz zu meinem Mann und meiner gewohnten Umgebung waren hilfreich, um meine Situation in Zusammenhängen zu überschauen, wie es mir vorher nicht möglich war. Mit der Zunahme an physischer Kraft und Ausdauer spürte ich gleichzeitig ein Zuwachs an emotionaler und mentaler Stabilität. Sehr wohl wußte ich allerdings, daß Verstehen, Wissen und Einsicht nicht genug sind, wenn nicht eine ethische Verpflichtung daraus hervorgeht... Ich fühlte mich auf dem besten Weg in diese Richtung.

Das Zusammensein und tägliche Umsorgtsein bei meinen indischen Freunden, ihre sanfte, verständnisvolle Art des Umgangs, die nie an der Oberfläche haften blieb, halfen ebenfalls, mich zu restabilisieren.

Zwischen meinen täglichen Übungszeiten mit Mr. Iyengar, morgens und abends, hatte ich Zeit zu ruhen, zu meditieren und zu lesen. Dabei stieß ich auf einen Text bei Ramana Maharshi, den ich sehr verehre, der mich tief betroffen machte und mich mit dem Herzen nachdenken ließ: „Ihr dankt Gott für das Gute, das euch geschieht, aber ihr dankt ihm nicht auch für das Schlechte, und darin geht ihr fehl." Das heißt konkret, ich muß Frieden schließen mit meinem Schmerz, meinem Leiden, meinem Kranksein, nur so finde ich zu meinem Selbst, meiner wahren Identität und fühle mich nicht als Opfer des Lebens... Welche Aussage!

Anfang Dezember kam ich aus Indien zurück mit einer neuen Lebendigkeit und einem messerscharfen Bewußtsein. Ich war bereit, meine Entscheidung zu treffen: Trennung von meinem Mann, um allein zu leben, ungeachtet der Konsequenzen, die sich daraus für mich ergeben würden.

Mein Mann war bereit, meinen Entschluß zu akzeptieren, obwohl er bis zu unserer Scheidung, sogar noch im Gerichtssaal, bei seiner Meinung blieb, daß er unsere Ehe nach wie vor aufrechterhalten möchte.

Wir legten unsere Trennung schriftlich fest, wie sie gesetzlich vor einer Scheidung erforderlich ist. In diesem sogenannten Trennungsjahr änderte sich für uns beide nur wenig. Wir verbrachten Weihnachten 1981 und den Jahreswechsel gemeinsam in Bad Gastein, wohl wissend, daß dies das letzte gemeinsam begangene Fest sein würde... Zu Hause empfingen wir weiter Gäste und ich begleitete meinen Mann zu manchen Anlässen, so er dies wünschte. Er brachte mir weiterhin, wie üblich in all den Jahren unseres

Zusammenseins, zum Wochenende einen großen Rosenstrauß und kochte mir – wenn er da war – abends meinen Kräutertee, den er mir auf den Nachttisch stellte. Er mußte mir sogar manchmal die Brille von der Nase nehmen, das Buch aus der Hand und das Licht ausmachen, da ich schon tief eingeschlafen war. Es war zwischen uns so etwas wie eine neue Qualität des Umgangs entstanden, sehr menschlich, warmherzig. Ob mein Mann im Stillen noch hoffte, daß mein Entschluß rückgängig zu machen sei, habe ich nie erfahren, sein Verhalten gab mir Anlaß, in diese Richtung zu denken.

Das sogenannte Trennungsjahr verlief im allgemeinen ohne besondere Auffälligkeiten nach außen, nur Urlaub machten mein Mann und ich nicht mehr zusammen. In diesem Sommer schrieb ich mein kleines Buch *Yoga – bewußter Alltag*, das erst zwei Jahre später gedruckt wurde. Konzentriertes Arbeiten ist für mich immer die beste Medizin, um mich zu ordnen im Falle von Schwierigkeiten und die gab es zwischendurch so manches Mal in Form von Zweifeln an meinem Entschluß, all das Schöne, Angenehme, ein existentiell völlig sorgenfreies Leben aufgeben zu wollen. Für was, das wußte ich konkret noch nicht, dennoch war ich mir sicher, daß diese Art Leben, wie ich es unter den gegebenen Umständen lebte, nicht mehr mit dem übereinstimmte, was ich im Grunde meines Wesens spürte und leben wollte. Das „Schuldigwerden“ an meinem Mann, so empfand ich es, um selbst in meine innere Wahrheit zu kommen, stellte eine Problematik dar, die verlangte, daß ich mich zutiefst mit ihr auseinandersetzte... Ich hatte jedoch meine Entscheidung, eine schwere Entscheidung getroffen und war damit die innere Verpflichtung zur Treue auf meinem Weg eingegangen.

Im Dezember reiste ich wieder nach Indien, unterzog mich erneut einer yogischen Schulung mit Mr. Iyengar. Energiegeladen, frei von Zweifeln und Ängsten, kam ich im Januar von diesem Aufenthalt zurück. Ich hatte mich für eine dreijährige Heilpraktikerausbildung in einer Tagesschule in Saarbrücken entschlossen, nicht um diesen Beruf später ausüben zu wollen, sondern meine Yoga-Arbeit sollte eine medizinisch fundiertere Basis bekommen. Eine Münchner Schule hatte ebenfalls zur Wahl gestanden, doch in Saarbrücken studierte inzwischen meine Tochter Kati Jura und nach Kaiserslautern, wo mein Sohn Daniel noch zur Schule ging, war es auch nicht weit. Meinen Kindern wieder „näher" zu kommen war ein Herzenswunsch.

Ich fuhr nach Saarbrücken und erledigte an einem Tag alles Erforderliche: Einschreiben in der Schule, Mieten einer Hochhauswohnung über einen Makler, Aussuchen von Polstermöbeln, Betten und Vorhängen in einem Möbelhaus, Eröffnen eines Bankkontos. Am 1. Februar 1983 sollte der Einzug in mein neues Zuhause stattfinden.

Inzwischen gab es immer wieder Gespräche mit meinem Mann, ich setzte meine ganze emotionale und mentale Kraft ein, diese Ehe im Guten zu beenden, in gegenseitiger Achtung und Toleranz, auch wenn dies nicht immer schmerzfrei möglich war. Ein merkwürdiges Ereignis am letzten Abend vor meinem Auszug war der überraschende Besuch von Bekannten aus Aachen, die von unserer bevorstehenden Trennung keine Ahnung hatten. Mein Mann lud uns alle in unser bevorzugtes italienisches Restaurant zum „Dante" ein, wo wir so delikat aßen und tranken, daß der Abend eine Art festlichen Charakter annahm, die Atmosphäre war schön und heiter, wir lebten so ganz in der Gegenwart! So hatte ich mir ein Auseinandergehen gewünscht, ein Weitergehen dürfen auf meinem Weg, nicht mehr und nicht weniger...!

Am Montag, dem 31. Januar 1983, stand am Nachmittag, mit Verspätung, der Möbelwagen vor der Tür. Es wurde neun Uhr abends, bis ich in Begleitung unserer Haushälterin nach Saarbrücken abfahren konnte. Die Autofahrt in dieser Nacht war das Schlimmste, was ich auf der Straße je erlebt habe. Es war Nebel, Sichtweite zwanzig Meter, stellenweise weniger, Schneetreiben und dann ein plötzlicher Eisregen. Die Polizei forderte alle Autofahrer auf, an der nächsten Raststätte herauszufahren und zu warten, bis ein Aufruf zur Weiterfahrt erfolgen würde. Es war morgens, vier Uhr, als ich in Saarbrücken vor „meinem Hochhaus“ aus dem Auto stieg, das Bettzeug, das ich im Kofferraum mitgenommen hatte, unter den Arm nahm und unter Sturmgetöse die Haustür aufschloß. Um sieben Uhr kamen die Möbelpacker. Der Neuanfang hatte es wahrlich in sich! Ich kam von der „Prinzenhöhe 9“ in die „Preußenstraße 40“ und das in meinem vierundvierzigsten Lebensjahr. Die okkulte Bedeutung der Zahl vier ist die „Supramentale Verwirklichung im Physischen“ nach Aurobindo. Sie ist ein Ganzheitssymbol, wenn sie im Traum erscheint, die Basis der menschlichen Naturordnung. Vier Himmelsrichtungen, vier Elemente, vier Jahreszeiten und so weiter zeigen stets die Vollständigkeit an. Nun ja...!

In den kommenden Monaten wurde ich sehr massiv mit den Veränderungen meiner alten Lebensbedingungen konfrontiert: Ich hatte keine Haushalthilfe mehr, mußte mich erstmals selbst um mein Auto kümmern, mußte meine nun begrenzten Finanzen in den Griff bekommen, der Verkauf der Immobilie in St-Tropez, die meinem Noch-Ehemann und mir zusammengehörte, fiel in meinen Aufgabenbereich, dazu der tägliche Besuch der Heilpraktikerschule, die Vorbereitung auf Klausuren, die Biochemie von damals liegt mir heute noch im Magen, wenn ich daran denke... Ganz praktische Fragen waren zu lösen: Wohin mit den vielen Abendkleidern, Schuhen, Hüten, Pelzen, Mänteln, Taschen und vieles mehr, was zu den selbstverständlichen Requisiten meines vergangenen Lebensstils zählte? Umzugskartons waren die Lösung. Ich packte sie sorgfältig, beschriftete sie deutlich lesbar und stapelte sie schließlich in einem Speicherzimmer, das zu meiner Wohnung gehörte, ordentlich übereinander. Wenn ich bei meinen Freundinnen äußerte, daß ich dringend auf den Speicher müsse, so löste dies stets Heiterkeit aus. Das Suchen nach etwas Bestimmtem endete meist in einer Verkleidungsorgie, bei der wir inmitten der durcheinander geratenen Kartons oft Tränen lachten. Wir benahmen uns wie Kinder, die Muttis elegante Sachen heimlich an- und ausprobieren.

Der Spannungsbogen zwischen der Ernsthaftigkeit meiner Lage und einer nicht zu übersehenden Komik war weit gespannt...!

Ich war aus einem Schutzkreis herausgetreten, der mich in dreiundzwanzig Ehejahren ganz selbstverständlich umgeben hatte und dies erlebte ich sehr bewußt. Eine sechzehn Jahre währende, enge Freundschaft mit einer etwas älteren Frau zerbrach sehr ungut gleich zu Beginn dieses neuen Lebensabschnitts. Mein gesellschaftlicher Status war ein anderer geworden und das bekam ich zu spüren, vor allem vom eigenen Geschlecht! Wo ich über Jahre bei gesellschaftlichen Anlässen ein gern gesehener Gast war, wurde ich jetzt, wenn überhaupt, zum Kaffee oder zu einem Heringsessen auf der „gemütlichen Küchenbank“ eingeladen... Es gab Intrigen, Neid, Konkurrenzdenken, die mich sehr trafen und betroffen machten, schmerzhafte

Erfahrungen in einem Kreis sogenannter Freunde...! Doch wie immer im Leben, wenn eine Tür zugeht, geht eine andere auf, auch das durfte ich in dieser Neuorientierungsphase erfahren.

Ich war trotz aller Gestaltungskraft, die ich in mir spürte und umsetzte, leicht verletzlich. Die neuen Perspektiven, an denen ich unter Einsatz aller meiner Kräfte arbeitete, verlangten, daß weit auseinanderliegende Pole in Übereinstimmung zu bringen waren, um nicht in einen neuen Spannungsstau zu geraten, aus dem ich mich ja gerade zu befreien suchte. Täglich sagte ich mir, was „Zen“ lehrt: „Jede Gelegenheit ist die beste aller Gelegenheiten“, um sich zu entwickeln!

Im April traf ich meinen Mann zum Scheidungstermin in Mülheim wieder. Als er mir beim Abschied, wie stets, die Wagentür öffnete, konnten wir beide die Tränen in unseren Augen kaum verbergen, es lag etwas so Schicksalhaftes in diesem unvergeßlichen Augenblick: Die gemeinsame Vergangenheit war auf einmal so präsent, die Gegenwart war nur ein „beständiger Augenblick“ und die Entwicklungen der Zukunft waren unvorhersehbar...

Das Jahr 1983 war in allen Bereichen meines Lebens mit Schwierigkeiten gepflastert. Ich fühlte mich reduziert auf das pure Selbst, jenseits aller Absicherungen und so kam ich zwangsläufig, wie nie zuvor in meinem Leben, zum Erkennen der eigenen Grenzen. Es war eine Zeit des Loslassens und gleichzeitig der Begegnung mit der eigenen Subjektivität....

Es ist Teil meiner Charakterstruktur, aufgrund einer ausgeprägten Willens- und Selbstbehauptungskraft, die Auswirkungen meines Tuns in ihrer Folgerichtigkeit klar zu erkennen und kompromißlos zu akzeptieren, ohne Berücksichtigung persönlicher Gefühle und eigener Bedürfnisse. Auch jetzt übernahmen tief im Unbewußten alte Verhaltensmuster das Steuer und der Fahrplan richtete sich nicht nach der Gegenwart – so sehr ich dies mit meinem Denken versuchte und erstrebte – sondern nach alten Zwängen. Mit dem heutigen Abstand besehen, beging ich damals eine Gratwanderung, die entweder auf den Gipfel der Erleuchtung oder in die Unerlöstheit der Selbstvernichtung führen mußte...!

Mit Disziplin und Ausdauer übte ich täglich über mehrere Stunden mein Yoga-Programm, meditierte morgens und abends regelmäßig, all dies in der Überzeugung, daß ich so meine physische, psychische und spirituelle Balance halten würde, trotz der aktuellen Beziehungsprobleme und der damit verbundenen Kränkungen und Verletzungen. Ich übersah, daß Aggression ein Bestandteil der menschlichen Natur ist und sich normalerweise in der Auseinandersetzung mit anderen selbst reguliert. Die Ganzheit des Seins, die ich so sehr erstrebte, geriet in Gefahr und manifestierte sich schließlich auf der physischen Ebene in dem sensibelsten Körpersystem unseres Organismus, dem Nervensystem. Ich bekam Neuralgien im Kopfbereich, die sich im Zwischenrippenbereich fortsetzten. Diese äußerst schmerzhaften „Stromstöße" ließen mich nachts nicht mehr zur Ruhe kommen, ebenso am Tag, so daß ich mich schließlich nicht mehr konzentrieren konnte. Bei Waldspaziergängen, ruhig gehend, versuchte ich mir Wissen in Anatomie und Physiologie anzueignen, das war die einzige Möglichkeit, in der meine Nerven Lernen zuließen. Doch trotz aller medizinischer Maßnahmen verschlechterte sich mein Zustand so dramatisch, daß der Leiter der Heilpraktikerschule mich verständnisvollerweise vom Unterricht beurlaubte.

Ich fuhr allein nach Südfrankreich, noch besaß ich dort das Domizil, das jetzt zum Verkauf stand. Die Wärme, die

Stille, die Schönheit und der Duft der Landschaft, die Ausstrahlung der Ruhe, die insbesondere das Meer stets auf mich hat und eine Ernährung, die hauptsächlich aus gereiftem Obst und frisch geerntetem Gemüse bestand, taten das ihre, meinen angeschlagenen Allgemeinzustand wieder zu verbessern. Die Muße, die ich in meinem ungestörten Alleinsein hatte, nutzte ich zur Meditation und Reflektion, beides bekam eine neue Qualität, die sich nach außen in einem neuen Zustand von Gelöst- und Gelassenheit manifestierte.

Im Herbst, wieder zu Hause und damit zurück in der Heilpraktikerschule, hatte ich mich mit einem jungen Studienkollegen angefreundet, der sich für meine Yoga-Arbeit interessierte und mir seinerseits in Biochemie auf die Sprünge half. Er erzählte mir von seinem Aufenthalt im Aurobindo Ashram in Südindien und ich war sofort fasziniert. Das erste Aurobindo-Buch, das ich mir kaufte, hatte den Titel *Alles Leben ist Yoga*. Diese Aussage traf bei mir ins Schwarze. Es ist meine Gewohnheit, jedes neue Buch intuitiv irgendwo mittendrin, aufzuschlagen und meinen Blick auf einen Absatz „fallenzulassen“. In diesem Fall traf ich auf folgende Zeilen:

> „Wenn in deiner Arbeit etwas ist, was Sorgen verursacht, schau nach innen, und du wirst in dir selbst die entsprechende Schwierigkeit finden. Ändere dich selbst, und die Umstände werden sich ändern.“

Diese Aussage war mir vom Inhalt her natürlich nicht neu, doch in diesem besonderen Augenblick des Lesens hatte sie eine so starke Wirkung auf mich, daß ich spontan „wußte“, ich „mußte“ nach Pondicherry. Aus diesem Wissen wurde ein Plan, der sich im Dezember dieses Schicksalsjahres verwirklichen sollte.

M.P. Pandit – Aurobindo Ashram

Kurz vor meinem Abflug nach Indien ergab es sich, daß meine New Yorker Yoga-Freundin Tao mich anrief, um sich mit mir in Poona zu verabreden. Als sie erfuhr, daß ich in diesem Jahr erstmals nicht zu Mr. Iyengar reiste und von ihm sogar eine Empfehlung an Mr. M.P. Pandit, dem geistigen Oberhaupt des Aurobindo Ashrams, in der Tasche hatte, ebenso an Mr. TKV Desikachar, dem Sohn von T. Krishnamacharya, dem Meister von Mr. Iyengar, der in Südindien lebte und lehrte, entschloß sie sich spontan, mich zu begleiten. Wir verabredeten uns in Delhi, wo sie geschäftlich etwas zu erledigen hatte, und ich wollte die Gelegenheit nutzen, endlich einmal das „Taj Mahal" in Agra zu besuchen.

Mit einer mir im spirituellen Bereich nahestehenden Freundin, Karin, verabredete ich, daß ich anstatt meiner üblichen Tagebuchaufzeichnungen Briefe an sie schreiben würde, die sie mir später wieder zurückgeben sollte. Sie war sehr gespannt auf meine neuen Erfahrungen, am liebsten wäre sie selbst mitgereist, was leider nicht möglich war.

Delhi, 9. Dezember 1983

Liebste Karin,

Alles verlief bestens! Der Abflug in Frankfurt war fünfzig Minuten verspätet. Mein Sitznachbar, ein Inder, bot mir sofort seinen Fensterplatz an und lud mich zu seiner Familie ein, allerdings machte er eine strenge vegetarische Diät – ohne Eier und Butter – zur Bedingung. Er möchte mir dann etwas streng Geheimes beibringen, nur nach Mitternacht zu üben, womit ich bei jedem Menschen seine vergangenen und zukünftigen Leben überschauen könne... Das ist Indien...!

In Delhi kam ich bei Sonnenaufgang an, die Außentemperatur betrug 7° C. Meine Freundin Tao stand tatsächlich am Ausgang und holte mich trotz der frühen Tageszeit ab, liebenswert wie immer. Sie hatte alles geregelt und so fuhren wir programmgemäß ins Hotel und nach einer kurzen Ruhepause, zum Schlafen war es viel zu laut, aßen wir ein köstliches Currygericht und meine geliebten Mangofrüchte, süß und saftig. Den Nachmittag verbrachten wir am Schwimmbad, es gab so viel zu erzählen, dabei genossen wir die Wärme der Sonne. Tao ist auch eine Löwe-Frau und Sonnenanbeterin. Für morgen ist die Fahrt nach Agra geplant, ich freue mich schon sehr darauf. Am Sonntag bin ich dann auf „Sightseeing Tour" und am Montag fliegen wir nach Madras und von da mit dem Auto weiter nach Pondicherry. Es geht alles so schnell, daß ich es noch gar nicht so recht fassen kann, wieder in meinem geliebten Indien zu sein. Das überaus freundliche und hilfsbereite Hotelpersonal empfinde ich in Indien immer wieder als sehr angenehm und wohltuend.

Delhi, 10. Dezember 1983

Ehe ich erschöpft in den Tiefschlaf falle, muß ich Dir noch berichten, was heute alles schief ging und somit ein Einüben auf indische Lebensart verlangte, die mir als perfektionistischer Europäerin jedes Jahr erneut am Anfang meines Aufenthaltes schwer fällt. Die Lufthansa Crew verabschiedete sich heute und meinte, ob ich nicht wieder mit zurückkommen möchte. Ich bin froh, hier zu sein und dies noch sechsunddreißig Tage lang...

Als wir um sechs Uhr heute morgen am Bahnhof waren, stellte sich heraus, daß die erste Klasse nach Agra total ausgebucht war. Das normale Reisen inmitten Einheimischer mit allen möglichen Kleintieren und häufig gezeichnet von Hautkrankheiten ist für einen Europäer zu gefährlich. So machten wir um neun Uhr eine ganztägige Stadtrundfahrt. Delhi ist eine ausgeprägt schöne Stadt mit prächtigen Alleen und vielen gepflegten Grünanlagen. Bei einem Baudenkmal, das als der vollkommenste Turm der Welt gilt und 71 Meter hoch ist, steht eine Säule aus dem 4. Jahrhundert, aus 99,75 prozentigem Eisen, die nie rostet. Du liest richtig, nie! Wenn man sie umarmt und einen Wunsch hat, soll er in Erfüllung gehen. Ich habe sie umarmt...!

Morgen früh ist um fünf Uhr Wecken und dann fahren wir mit dem Bus nach Agra, um zehn Uhr abends ist die Rückkehr. Am 12. Dezember geht unser Air India Flug um 6.20 Uhr nach Madras, vier Stunden Flugzeit und nochmal vier Stunden mit dem Auto bis Pondicherry...

Delhi, 11. Dezember 1983

Heute hat sich mein lange gehegter Wunsch erfüllt, das schönste Denkmal einer Liebe in natura sehen zu können. Beim vierzehnten Kind ist Mumtaz Mahal gestorben, siebenunddreißig Jahre alt. Der Schah hatte ihr versprochen, nach ihr keine andere Frau mehr zu haben und als Dank für ihre Liebe dieses einmalige Denkmal bauen zu lassen. Alles in weißem Marmor und Halbedelsteinen. So viel Harmonie und Schönheit berührt mich zutiefst. Das Nonplusultra ist eine Vollmondnacht am Taj Mahal, doch vielleicht erlebe ich das noch ein andermal in diesem Leben. Es gab heute so viele Impressionen, die in der Kürze unmöglich zu schildern sind; allein die Kamele, Elefanten, Bären, Flamingos, schneeweiße Reiher und herrliche Pfauen, dazu die Affen, eine Buntheit, die beeindruckend war...

Letzte Zeilen aus Delhi...

Pondicherry, 13. Dezember 1983

Der Flug über den ganzen Kontinent, der Indien heißt, bei wolkenlosem Himmel, war beeindruckend. Die Stadt Madras erstaunt durch ihre Sauberkeit im Unterschied zu Nordindien. Doch es blieb keine Zeit, Besichtigungen zu machen, da ein Taxi-Fahrer für die Fahrt zum Ashram bereits auf uns wartete. Die Fahrt durch eine von grünen Reisfeldern geprägte Landschaft, in denen hauptsächlich Frauen arbeiteten, war faszinierend schön und für das Auge wohltuend. Es regnete sehr heftig, doch gleich danach kam wieder die Sonne. Es ist Monsunzeit, Treibhaus-Wetter, das sehr ermüdet und schlapp macht. In Pondicherry angekommen, suchten wir erst einmal das Ashram Office, wo uns ein junger Mann zur Begleitung mitgegeben wurde, um die verschiedenen Quartiermöglichkeiten anzusehen. Wir entschieden uns dann für das neueste, gerade fertiggestellte Ashram-eigene „Park Guest House“, das direkt am Meer, dem Golf von Bengalen, liegt. Unser spezielles Gebäude heißt „Bellevue“ und ich bekam Zimmer Nummer sieben! Der Preis beträgt einhundert Rupies, etwa zehn Dollar, zu zweit belegt, hätte das Zimmer den gleichen Preis...! Eigentlich ist es ein Doppelzimmer, recht geräumig, einfach eingerichtet, eine Sitzecke, ein Schreibpult mit Spiegel darüber, ein Schrank, ein pritschenähnliches Bett mit vier Pfosten für das Moskitonetz, darüber ein Ventilator, das ganze zur Meerseite hin mit einem großen Balkon mit Ratan-Sitzmöbeln, Dusche und Toilette. Ich bin die Erste, die diesen Raum bewohnt, was mir natürlich sehr angenehm ist. Neben der profanen Einrichtung beeindrucken mich die beiden lebensgroßen Portraits von Aurobindo und der Mutter an der Wand, direkt meinem Bett gegenüber, sie strahlen so viel Wärme und Ruhe aus, daß ich mich geborgen fühle und dankbar bin, hier angekommen zu sein. Morgen ist der sogenannte Informationstag im Ashram-Hauptgebäude und mein Treffen mit Sri M.P. Pandit.

Nun werde ich den Brief zur Ashram Post bringen, eine Meile von hier, entlang einer breiten, schönen, erstaunlich sauberen Uferpromenade, „Goubet Salai“, in deren Mitte ein sehr beeindruckendes Mahatma Gandhi Monument steht, Treffpunkt vieler Einheimischer vor allem am Abend.

Om shanti,
Deine Ilse

Ehe ich mit meinem persönlichen Erleben fortfahre, möchte ich über Aurobindo und die Mutter kurzgefaßt die wichtigsten Angaben machen, ebenso über den Ashram selbst, wofür er heute steht und natürlich darf auch Auroville nicht unerwähnt bleiben.

Sri Aurobindo wurde am 15. August 1872, um vier Uhr dreißig, eine Stunde vor Sonnenaufgang, in Kalkutta als dritter Sohn geboren. Der Vater war Arzt, die Mutter Tochter eines bekannten Exponenten indischer Kultur. Die spirituelle Bedeutung des 15. August ist neben dem Datum des Unabhängigkeitstages Indiens, der Tag von Maria Himmelfahrt. Die symbolische Bedeutung ist, daß die physische Natur zur göttlichen erhoben wird. Die Jungfrau Maria weist auf die Natur hin, Jesus ist die im Menschen geborene göttliche Seele, er ist der Sohn Gottes ebenso wie der Sohn des Menschen.

Aurobindo kam mit fünf Jahren in ein englisches Internat in Darjeeling. 1879 brachte Dr. Ghose seine drei Söhne zur Ausbildung nach Manchester, zuerst im Privatunterricht. Aurobindo war damals sieben Jahre alt und der Vater hatte verboten, daß Aurobindo mit Indern oder indischer Kultur zusammenkommen dürfe. Es gab finanzielle Probleme und ein Jahr lang lebte Aurobindo täglich von zwei Scheiben Butterbrot, einer Tasse Tee und einem Brötchen am Abend. Von 1890-92 ist Aurobindo am King's College in Cambridge, erhält ein Stipendium und viele Preise, unter anderem in Poesie, Griechisch und Latein.

Danach war der indische Staatsdienst vorgesehen, doch Aurobindo versäumte die Reitprüfung und wurde deshalb nicht aufgenommen. Im Jahr 1893 lernte er in London den Maharaja von Baroda kennen, der ihm eine Anstellung gab.

Nachdem Aurobindo vierzehn Jahre in England gelebt hatte, kehrte er mit einundzwanzig Jahren in seine Heimat zurück. Er selbst sagte, daß er als zweites Land seiner Wahl nur Frankreich liebte, intellektuell und emotional. Doch er sollte es in diesem Leben nie kennenlernen.

Seit Betreten indischen Bodens machte Aurobindo merkwürdige Erfahrungen des Eintritts in supraphysische Welten mit Einfluß und Einwirkung auf die materielle Ebene.

Am 8. Februar 1893 tritt er in den Staatsdienst von Baroda und bekommt erstmals Kontakt mit revolutionären Führern. 1900 erhält er eine Professur für Englisch am Baroda College. 1901 heiratet er Mrinalini Devi. 1902 beginnt er seine politische Arbeit, eine revolutionäre Tätigkeit in Bengalen. Er nimmt zu dieser Zeit Unterricht in Französisch. 1904 wird er stellvertretender Direktor des College und hier liegt der Anfang zu seinem Integralen Yoga. Aurobindo lernte in Baroda: Sanskrit, Marathi, Gujarati und

Bengali. Er las unendlich viel und ein Großteil seines Gehaltes gab er nur für Bücher aus. Er las sowohl die Dichter des Sanskrit, als auch Homer, Dante und Horaz.

Seine erste Veröffentlichung einer Gedichtsammlung fiel in das Jahr 1895. Im Jahr 1899 lebte Aurobindo mit Kumar Roy zusammen, einem Bengali-Schriftsteller und lernte von ihm fließend Bengali, umgekehrt lernte Kumar Roy von Aurobindo Französisch und Deutsch.

Aurobindos politische Vorstellungen hatten drei Aspekte:
1. Die Aktion, mit der er begann, war geheime revolutionäre Propaganda und Organisation, deren Hauptziel die Verbreitung eines bewaffneten Aufstandes war
2. Öffentliche Propaganda, mit dem Ziel, die gesamte Nation zum Ideal der Unabhängigkeit zu bekehren, das zu der Zeit, zu der Aurobindo in die Politik eintrat, von der Mehrheit der Inder für nicht praktikabel, beziehungsweise unmöglich angesehen wurde. Man glaubte allgemein, daß das britische Empire zu stark und Indien zu schwach sei, zu sehr entwaffnet und machtlos, um von dem Erfolg einer solchen Anstrengung auch nur träumen zu können
3. Die Organisation des Volkes, um gemeinsamen und öffentlichen Widerstand zu unterminieren

Für Aurobindo war die Freiheit Indiens nicht nur politisches Ziel, sondern der erste Schritt zur Begründung des Reiches Gottes auf Erden.

Im Jahr 1907 hat Aurobindo seine erste Begegnung mit Yogi Vishnu Bhaskar Lele aus Maharastra. Am 3. Mai des folgenden Jahres kommt er als Untersuchungsgefangener für ein Jahr ins Gefängnis von Alipur. In dieser Zeit hörte Aurobindo eine innere Stimme, die ihm folgendes sagte:

> „Ich führe, darum fürchte dich nicht! Wende dich deinem eigenen Werk zu, um dessentwillen ich dich ins Gefängnis gebracht habe. Und wenn du dann herauskommst, dann vergiß nicht: Niemals fürchten, niemals zögern! Vergiß nicht, daß ich das alles tue!“

Hierin ist das Geheimnis zu suchen für den großen Wandel, der in Alipur mit Aurobindo geschah, der sich von nun an unter der direkten Führung und dem direkten Anruf Gottes erfuhr. Diese Erfahrung brachte die totale Wende in seiner Existenz.

Nach einem aufsehenerregenden Prozeß wird Aurobindo freigesprochen und danach beginnt ein neues Kapitel in seinem Leben und seiner Mission.

1904 beginnt Aurobindo mit Pranayama, er übt fünf bis sechs Stunden täglich, was seine schriftstellerischen Fähigkeiten wiederbelebt. In dieser Zeit gibt er das Fleischessen auf. Aurobindo übt in dieser Zeit auch das Zur-Ruhebringen der Gedanken und hat die „ewige Stille“ in drei Tagen, zum Entsetzen seines Guru, erreicht. Um einer weiteren Verhaftung durch die Regierung zu entgehen, folgte er einer inneren Stimme und schiffte sich am 1. April 1910 nach Pondicherry ein, das französisch verwaltet war. Am 4. April 1910, um vier Uhr morgens, kommt er in Pondicherry an. Seine Deutung der Zahl vier ist die „Verwirklichung des Supramentalen im Physischen“. Die Yoga-Praxis nahm ihn zu dieser Zeit ganz in Anspruch. Er wurde durch den Geheimdienst weiter beschattet und kam zudem in finanzielle Schwierigkeiten. Aurobindo und sein Werk warteten noch auf die Persönlichkeit, die seine wahre Mitarbeiterin werden sollte, die „Mutter“. Am 29. März kam sie aus Frankreich und die erste Begegnung fand statt. Ein Jahr später verläßt die „Mutter“ Pondicherry wieder, um schließlich am 24. April 1920 endgültig zu Aurobindo zurückzukehren. Inzwischen war Aurobindos Frau auf dem Weg nach Pondicherry an einer Grippe gestorben.

Im Januar 1922 übernahm die Mutter die Leitung des gesamten Haushalts und sie zogen in das jetzige Hauptgebäude des Ashrams in der „Rue de la Marine N° 9".

Am 24. November 1926 verwirklichte Aurobindo das „Overmind Bewußtsein" und brach allen persönlichen Kontakt mit den Schülern und Besuchern ab, schriftlich blieb er in Kontakt mit ihnen und bis zu seinem Tode blieb er in der Abgeschiedenheit. Die Mutter übernahm von da an die Ashram-Leitung.

Am 24. November 1938 erlitt Aurobindo einen komplizierten Beinbruch in seinem Zimmer, das Darshan mußte abgesagt werden. Er selbst kommentierte seinen Unfall: „Feindliche Kräfte sind immer am Werk und dieser Unfall ist eine Tatsache der Schlacht."

Nach seinem physischen Rückzug im November 1926 gab Aurobindo dreimal jährlich Darshan. Ein Darshan ist in Indien, wenn man einem Heiligen Achtung erweist, um durch seinen Anblick Segnung und Läuterung zu erfahren. Jede Begegnung mit einem Guru oder Heiligen kann als Darshana bezeichnet werden.

Aurobindos Darshan-Termine waren der 21. Februar, der Geburtstag der Mutter, der 15. August, sein Geburtstag, der 24. November, sein Siddhi Tag und nach 1939 auch der 24. April für die endgültige Ankunft der Mutter in Pondicherry.

Der Unabhängigkeitstag Indiens, der 15. August 1947, fällt mit dem fünfundsiebzigsten Geburtstag von Aurobindo zusammen.

Am 5. Dezember 1950, um 1.26 Uhr morgens, verließ Aurobindo seinen physischen Körper, der für drei Stunden ein subtiles Glühen aufwies, da er eine Konzentration supramentalen Lichts trug. Am 9. Dezember, als das Licht sich zurückzog, wurde der Körper in einen Sarg aus Rosenholz gelegt und im Ashram Innenhof unter dem „Service Tree“ beigesetzt. Der sogenannte „Samadhi-Place“ ist heute ein Ort der Sammlung und der Meditation, eine Pilgerstätte für Menschen aus der ganzen Welt.

Die „Mutter“, von der hier bereits die Rede war, wurde am 21. Februar 1878 als Mira Alfassa in Paris geboren. Ihr Vater, Maurice Alfassa, war Bankier, geboren in Adrianopel in der Türkei und ihre Mutter, Mathilde Ismaloun, war in Alexandria, in Ägypten geboren. Die Eltern waren nach Frankreich emigriert. Mira bekam mit vierzehn Jahren Mal- und Zeichenunterricht, später studierte sie an der Ecole des Beaux-Arts. 1893 schreibt sie *The Path of Later On*.

1905-06 reist sie nach Algerien, um mit Max Theon und seiner Frau Okkultismus zu studieren. Danach gründet sie ihre erste Gruppe von Suchern, „Idea“ genannt.

1911-13 hatte sie Kontakte und Gespräche mit verschiedenen Gruppen in Paris, in diese Zeit fällt auch die Veröffentlichung von *Prayers and Meditations*. Am 7. März 1914 reiste sie nach Indien, und damit begann ihre Identifikation mit der universellen Mutter. Am 29. März hatte sie die erste Begegnung mit Aurobindo. Sie ging nach Frankreich zurück und verbrachte dann vier Jahre in Japan.

Am 24. April 1920 kehrte sie nach Pondicherry zurück und übernahm, wie schon erwähnt, die gemeinsame Haushaltführung mit Aurobindo. Am 2. Dezember eröffnete sie die Ashram School. 1949 erschienen die ersten Folgen des *Bulletin of Sri Aurobindo International Center of Education*, in dem viele Gespräche und Schriften der Mutter erstmals publiziert wurden. Im April 1951 erfolgte die Inauguration des Sri Aurobindo University Center, das heute „Sri Aurobindo International Center of Education" heißt.

Am 17. November 1973 verläßt die Mutter ihren Körper im Mahasamadhi und wird im Samadhi, jener Gruft, in die 1950 Sri Aurobindos Körper gelegt wurde, beigesetzt. Die beiden Körper werden in zwei Grabkammern übereinander gebettet.

Zu ihrem hundertsten Geburtstag im Jahr 1978 wurde ihr Gesamtwerk veröffentlicht.

Die Wirkungsstätte dieser beiden außergewöhnlichen Persönlichkeiten, der Sri Aurobindo Ashram in Pondicherry, erfordert eine etwas genauere Schilderung, so daß ein Gesamtbild von den Gründern, ihrer Lehre und der Örtlichkeit entstehen kann.

Pondicherry liegt an der Küste von Süd-Ost-Indien am Golf von Bengalen, 160 Kilometer südlich von Madras. Es war Hauptstadt der französischen Besitzungen in Indien, 250 Jahre also unter französischer Verwaltung und wurde 1954 an Indien zurückgegeben. Pondicherry macht noch heute vom Ansehen her den Eindruck einer französischen Kleinstadt. Im 17. Jahrhundert wurde Pondicherry von den Franzosen dem Maharaja von Bijapur abgekauft.

Pondicherry hat jedoch auch spirituell eine sehr alte Geschichte, und zwar kam der Überlieferung nach Rishi Agastya vom Norden und ließ sich in Pondicherry nieder, zu jener Zeit hieß es Vedapuri. Jouveau-Debreuil, ein französischer Archäologe, bestätigte diese Überlieferung.

Berühmt wurde Pondicherry schließlich durch den weltberühmten Heiligen Sri Aurobindo Gosh, der hier seine philosophische Lehre begründete. 1983 hatte Pondicherry etwa fünfhunderttausend Einwohner.

Der Ashram selbst ist ein natürlicher und wachsender Ausdruck der Ideale von Sri Aurobindo und der Mutter. Der eigentliche Ashram nahm am 24. November 1926 Gestalt an, als Sri Aurobindo die Schüler der Leitung der Mutter unterstellte.

Ein Ashram in Indien ist gewöhnlich eine spirituelle oder religiöse Gemeinschaft, deren Mitglieder sich um einen „guru" scharen und der Welt entsagt haben, um sich einem spirituellen Leben zu widmen. Abgesehen von der Tatsache, daß die Schüler sich zunächst um Sri Aurobindo und dann später um die Mutter scharten, trifft diese Definition nicht auf den Aurobindo Ashram zu. Aurobindo sagte: „Dieser Ashram ist nicht zur Entsagung der Welt geschaffen worden, sondern als Zentrum und Übungsfeld für die Evolution einer anderen Art und Form von Leben". Ehe Sri Aurobindo an die Gründung eines Ashrams dachte, erklärte er einmal:

> „Das spirituelle Leben findet seinen effektivsten Ausdruck in demjenigen, der das gewöhnliche Leben der Menschen in der Kraft des Yoga lebt... Durch eine solche Vereinigung des inneren und des äußeren Lebens wird die Menschheit schließlich eine höhere Stufe erlangen und mächtig und göttlich werden."

Der Sri Aurobindo Ashram ist also ein Ort, wo das gewöhnliche Alltagsleben ein integraler Bestandteil des spirituellen Lebens ist.

Die etwa zweitausend Ashramiten, die allen Nationalitäten und Lebensbereichen angehören, sind nicht „sannyasis" oder Asketen, sondern „sadhaks", Sucher und Aspiranten. Ihr Ideal ist die Verwirklichung eines göttlichen Lebens hier auf Erden und im irdischen Dasein. Der Ashram ist seit 1920 ständig gewachsen. Außer dem Hauptgebäude, das eigentlich ein Gebäudekomplex aus vier Gebäuden ist, in dem Sri Aurobindo und die Mutter wohnten und in dem sich der „Mahasamadhi“, die Grabstätte, befindet, besitzt der Ashram Gebäude, die über die ganze Stadt und die Außenbezirke verstreut sind. Die Ashramiten wohnen in etwa vierhundert verschiedenen Häusern.

Sri Aurobindo wurde einmal gefragt, welches denn der Ashram Bezirk sei und er antwortete: „Jedes Haus, in dem die „sadhaks“ des Ashrams wohnen, ist innerhalb des Ashram-Bezirkes.“

Besonders westliche Besucher des Ashrams, wozu ich mich zähle, sind zunächst enttäuscht, wenn sie das erste Mal in den Ashram kommen. Niemand ist da und hilft ihnen etwas zu lernen. Es gibt keinen Unterricht, Vorträge oder Unterweisung, außer den Worten von Sri Aurobindo und der Mutter, die allen zugänglich sind. Der Schüler-Aspirant muß inmitten eines äußerst aktiven Lebens alles für sich selbst herausfinden, er ist sich selbst überlassen. Es gibt keine schützenden Wände, außer dem inneren Licht.

Der Ashram ist beschrieben worden als ein riesiges Laboratorium – dies sind Sri Aurobindos Worte –, das alle Stufen der Evolution, mentale, vitale und psychische hereinnimmt. Alle Menschentypen sind vertreten und alle Traditionen, Hinduismus, Islam, Christentum, Taoismus, Buddhismus und Atheismus. Alle befinden sich auf verschiedenen Stufen der Evolution. Jeder muß seine eigene Wahrheit entdecken und seine Wahrheit mag nicht dieselbe sein, wie die seines Nachbarn.

Die meisten Ashramiten gehen einer Arbeit nach, und es gibt Arbeit nach jedem Geschmack. Man kann Lehrer am internationalen Schulzentrum sein, das Unterricht von der Stufe des Kindergartens bis zur Universität bietet, oder man kann bei der Herstellung von Edelstahl, handgefertigtem Papier, Möbeln, Duftstoffen mithelfen, Handweberei betreiben, auf einer Farm oder im Garten arbeiten. Wer gerne handwerklich arbeitet, kann in den Werkstätten für Kraftwagen, Traktoren und Lastwagen arbeiten; oder man kann sich versuchen im Schneidern, Brot- und Kuchenbakken, Drucken in zahlreichen Sprachen, im Zimmern oder in der Milchwirtschaft oder, wenn man wirklich ein einfaches Leben führen möchte, so kann man im Speisesaal Geschirr spülen.

Es gibt Bibliotheken, Lesezimmer, einen großen Sportplatz und ein großes Schwimmbad sowie Gelegenheiten zur Ausübung von Musik, Kunst und Photographie.

Man geht nicht davon aus, daß eine Art von Arbeit mehr Wert habe als eine andere, für keine Tätigkeit wird man bezahlt. Der Ashram versorgt die „sadhaks" mit allem, was für das Leben gebraucht wird, daher sind sie von finanziellen Problemen befreit. Die wirkliche Arbeit besteht darin, die Wahrheit des eigenen Wesens zu entdecken. Alles Werk ist zu tun in einem Geist des Dienstes und der Selbstlosigkeit und es ist dem Göttlichen darzubringen, wobei man das Ziel integraler Umwandlung stets fest im Auge behält.

„Für das Göttliche zu arbeiten", sagte die Mutter, „heißt mit dem Körper beten."

Etwa eintausend Kinder wohnen im Ashram. Das „Sri Aurobindo International Center of Education" wurde 1952 gegründet und bietet eine außergewöhnliche Form der Ausbildung und Erziehung. Die Mutter sagte: „Damit die Erziehung vollständig sei, muß sie fünf grundlegende Aspekte haben, die auf die fünf grundlegenden Tätigkeiten des Menschen zurückgehen: das Physische, das Vitale, das Mentale, das Psychische und das Spirituelle". Und weiter:

Ilse M. Zielasko

HUNGER UND RELIGION

„Die drei Richtungen der Erziehung, physische, vitale und mentale, beschäftigen sich mit dem, was man als das Mittel zum Aufbau der Persönlichkeit definieren könnte... Mit der psychischen Erziehung kommen wir zum Problem des wahren Lebens, unseres Daseinsgrundes auf Erden, der Entdeckung selbst, zu der das Leben führen muß und dem Resultat jener Entdekkung, daß sich das Individuum seiner ewigen Grundwahrheit weiht und widmet."

Der Ashram ist herangewachsen und hat sich entwickelt wie ein Wald wächst, jede Abteilung wurde nicht mittels künstlicher Planung geschaffen, sondern aufgrund lebendiger und dynamischer Notwendigkeit... So die Mutter: „Der Ashram ist gegründet worden mit dem Zweck, die Wiege der neuen Welt zu sein... Die Tür steht offen und wird stets für all jene offen bleiben, die beschließen, ihr Leben jenem Zweck zu widmen."

Pondicherry, 15. Dezember 1983

Liebste Karin,

Gestern war ein besonderer Tag und er war für mich so inhaltreich, bedeutungsvoll, daß ich Schwierigkeiten habe, die passenden Worte für eine schriftliche Mitteilung zu finden. Doch Du wirst zwischen den Zeilen zu lesen verstehen, darauf vertraue ich. Übrigens war gestern auch der fünfundsechzigste Geburtstag von Mr. Iyengar, dessen Grüße ich Sri Pandit überbrachte. Ich hatte ein langes Gespräch mit diesem weltweit anerkannten Gelehrten und Literaten, eine beeindruckende, Spiritualität ausstrahlende Persönlichkeit, groß und schlank von Gestalt, noch schwarzhaarig, obgleich er schon über siebzig Jahre alt sein muß, denn er war fünfzig Jahre lang, bis zu ihrem Tod, der

Sekretär und engste Vertraute der Mutter und ist heute das spirituelle Oberhaupt des Ashrams. Als wir über meinen spirituellen „Werdegang“ sprachen, kamen wir auch auf Graf Dürckheim, den Sri Pandit persönlich kannte. Er ist fast jedes Jahr unter anderem an der Universität Heidelberg zu Gastvorlesungen eingeladen. Vielleicht kann ich ihn dort bei einer zukünftigen Gelegenheit einmal wiedersehen, wer weiß.

In einem über einstündigen Gespräch lud er mich für die Zeit meines Aufenthaltes abends um sechs Uhr dreißig zu sich nach Hause zu einer halbstündigen Meditation im allerengsten Kreis ein. Danach hätte ich Gelegenheit zu einem persönlichen Gespräch, wenn immer ich dessen bedurfte. Stell Dir vor, hier leben zweitausend Ashramiten und ich darf im innersten Kreis des Ashrams meditieren. Er schlug mir vor, an keinen Ashram-Veranstaltungen teilzunehmen, sondern so viel wie möglich allein zu sein. Mein Yogaübungsprogramm, etwa zwei Stunden, solle ich wie gewohnt weitermachen, so oft als möglich langsam am Strand entlang spazieren gehen, so oft meditieren, wie mir zumute ist. Als weitere Aufgabe sollte ich jeden Tag aus „Savitri“, dem letzten Werk Aurobindos, eine Seite abschreiben, und zwar sieben Tage lang und ihm dann das Geschriebene überbringen. Sehr wichtig sei es für mich, mich nie zu überanstrengen! Wie oft hatte ich das auch schon von deutschen Ärzten zu hören bekommen... Bei der Verabschiedung sagte er als letzten Satz: „Ich bin sehr froh, daß Sie gekommen sind“.

Ich dachte auf dem langen Fußmarsch zurück ins Park Guest House darüber nach, wie ich diesen Satz zu verstehen habe. Doch beim Gehen verloren sich meine Gedanken und ich hatte das Gefühl, mit einer Vibration besonderer Art in Beziehung getreten zu sein, es war auf einmal so viel

Ruhe in mir, trotz der Riksha-Fahrer, die mir von allen Seiten eine Fahrt anboten, die ich doch so gar nicht wünschte.

Am Abend war ich bei Sri Pandit zur Meditation, Tao war mit. Ich hatte gefragt, ob ich sie mitbringen dürfe, da wir zusammen hier seien. Wir waren sechs Leute an diesem ersten Abend. Ich ging mühelos in eine tiefe Meditation. Die anderen saßen auf Stühlen, die bereit standen, ich hatte mir nur ein Kissen genommen und saß wie gewohnt im Halblotos am Boden. Nach der Meditation bat mich Sri Pandit vor seinem Schreibtisch Platz zu nehmen. Er eröffnete das Gespräch, indem er sagte, daß ich in früheren Leben alle Vorbereitungen hinter mich gebracht hätte, so daß jetzt alles nur ein „Sich-Erinnern" sei. Ich würde hier eine große Veränderung erfahren, da ich dafür reif sei („you are ready", sagte er wörtlich). Ich bekam Antworten auf einige Fragen, die meine Meditationserfahrungen betrafen und verschiedene paranormale Erlebnisse, die ich nicht so ganz einordnen konnte.

Tao und ich gingen schweigend unter einem unbeschreiblich funkelnden Sternenhimmel die Uferpromenade entlang zu unserem „Bellevue" zurück. In einem kleinen Restaurationsraum im Hauptgebäude des Park Guest House aßen wir ein wenig Rührei und Toast. Tao meinte, das sei das schlechteste Rührei, das sie je gegessen habe. Sicher hatte sie recht, doch ich konnte es nicht nachempfinden, mir hätte man in der momentanen Verfassung sicher alles vorsetzen können, ohne mich aus meiner tiefinneren Zufriedenheit herauszubringen.

In der Nacht habe ich so gut wie nicht geschlafen. Gegen Morgen fing ich hemmungslos zu weinen an, es war, als würde ich alle Tränen, die ich schon vergossen habe, noch einmal weinen und all die, die ich nicht gewagt hatte zu weinen, ebenfalls. Es ist im wahrsten Sinn des Wortes etwas „in Fluß“ gekommen.

Nach meinem meditativen Strandgang am Morgen, vorbei an einem malerischen Fischerdorf, wo jede Menge Kinder sich zusammenscharten, um mich zu begucken, ging ich mit Tao in den Aurobindo Ashram. Über der Eingangstür zum Ahsramgelände ist das Symbol von Sri Aurobindo, das einem hier überall begegnet, es sind zwei ineinander gesetzte Dreiecke, Symbol des Herz-Chakras, mit dem in der Mitte in einem Quadrat im Wasser blühenden Lotus. Das nach unten weisende Dreieck stellt die Trinität von Dasein, Bewußtsein und Seligkeit dar. Das nach oben weisende Dreieck stellt die sehnende Antwort der Materie in der Form von Leben, Licht und Liebe dar. Der Schnittpunkt von beiden, das Viereck in der Mitte, ist die vollkommene Manifestation, die als Zentrum die Verkörperung des Höchsten hat, den Lotus. Das Wasser innerhalb des Vierecks stellt die Vielheit dar, die Schöpfung. Jedesmal, wenn ich unter diesem Symbol durchgehe, habe ich eine sehr intensive physische Empfindung, einem „Rieseln“ ähnlich, das durch meinen ganzen Körper geht, belebend, energetisierend. Ich verbrachte einige Zeit am „Samadhi-Place“ von Aurobindo und der Mutter, im Innenhof des Ashrams gelegen. Ein großer alter Baum breitet seine schützenden Zweige aus und spendet allen, die hier verweilen, kühlenden Schatten. Hier ist der geistige Mittelpunkt des Ashrams. Menschen kommen, schauen, gehen still wieder, andere verbringen den ganzen Tag in Versenkung. Jeden Tag wird der Blumenschmuck erneuert, mit Opferblüten werden die dekorativsten Muster und Formen geschaffen, eine wahre Augenweide, doch auch die Nase wird verwöhnt vom Duft der Blumen und der Räucherstäbchen.

Anschließend ging ich in die sogenannte „Meditation Hall“, eine Art Kapelle, mit dicken Mauern, wenig Licht und ausgesprochen kühl im Vergleich zur Außentemperatur. Vorne, in der Mitte, stand das Sterbebett der Mutter. Ich ließ mich zur Meditation auf dem Boden nieder, sofort konnte ich mühelos alles loslassen und mich einem tiefen Frieden überlassen, den ich immer ersehnt, doch nie zuvor in dieser Form erfahren hatte. In Gesprächen der Mutter mit einem Schüler hatte ich gelesen, daß ein direkter Zusammenhang zwischen der Transformation und der Umgebung besteht; diese Tatsache erfuhr ich hier sehr deutlich. An diesem Ort und auch am „Samadhi-Place“ hatte ich stets das starke Gefühl, das Wirken einer besonderen Kraft im Physischen, in meinem Körper zu spüren.

Inzwischen ist es wieder Abend geworden, und ich will Dir doch noch von unserem ersten Mittagessen in der „Ashram Dining Hall“ erzählen. Stell Dir vor, hier essen dreimal am Tag zweitausend Leute. Es gab eine große Schlange vor dem Eingang, in die wir uns einreihten. Man legt, wie immer beim Betreten eines Gebäudes, die Schuhe ab, holt sich dann am Anfang eines langen „Speise-Buffets“ einen großen Teller, Besteck, Brot und Früchte. Im Weitergehen erhält man, mit großen Löffeln ausgeteilt, Reis, Dhal und Gemüse. Man sucht sich seinen Platz aus, sitzt an Tischen und auf Bänken, wer schweigen möchte, geht in dafür vorgesehene Räume, die als Schweigeräume mit „mouna“, gekennzeichnet sind. Hier ließen Tao und ich uns nieder. Nach dem Essen bringt man sein Geschirr in die Küche, eine riesige Küche, wo gemauerte große Becken, wassergefüllt, die Teller und Bestecke, voneinander getrennt, aufnehmen. Unangenehm ist der nasse, etwas glitschige Boden, über den man hier laufen muß. Alles geht sehr diszipliniert, ruhig, freundlich, für europäische Maßstäbe kaum faßbar vor sich! Und stell Dir vor, mit unserer „Member-Card“, die wir bekommen haben, kosten drei Mahlzeiten am Tag umgerechnet zwei Mark fünfzig... Überhaupt wundern wir uns hier ständig über die kleinen, bescheidenen Preise.

Nun aber gute Nacht, ich werde mich jetzt, wie inzwischen gewohnt, zur Meditation auf mein Bett unter das Moskitonetz setzen, den Blick hinaus auf das Meer, über mir den leise surrenden Ventilator. Ich schicke Dir in Gedanken eine „Portion Friede“, der mich hier in einer nie zuvor erfahrenen Fülle umgibt.

Love...
Deine Ilse

Ehe ich in der Schilderung meiner persönlichen Erlebnisse fortfahre, werde ich zunächst einmal den „Integralen Yoga“ von Aurobindo näher beleuchten, um sozusagen einen Hintergrund aufzuzeigen, vor dem sich meine subjektiven Erfahrungen abspielten.

Sri Aurobindos Integraler Yoga ist eine Neuheit und es gibt vier grundlegende Prinzipien oder Charakteristika seiner Yoga-Philosophie, die gleichzeitig die Charakteristik Aurobindos selbst sind und des inneren Weges, den er selbst gegangen ist und der Freiheit, die er sich errungen hat, wobei er die traditionellen Fesseln indischer Denktradition sprengt. Yoga bedeutet für Sri Aurobindo grundsätzlich Bewußtseinserweiterung, das heißt in ein Bewußtsein hineinzugelangen, in dem man nicht mehr durch das enge Ich eingegrenzt ist.

Die vier Begriffe sind: Herabkunft, das Personale, das Integrale und die Evolution.

Zum Begriff der Herabkunft, der Sri Aurobindos Yoga zu einem untraditionellen Yoga macht, ist ein Schlüssel zu seinem Denken. Alle Bewußtseinserweiterung, alles wesenhafte Werden, alle Transformationen des empirischen Menschen sind bedingt durch ein Sicherschließen höherer Bewußtseinsmächte, des höheren Geistes oder der Gnade, wie Aurobindo auch sagt, ohne sich damit die Theorie einer Gnadenreligion anzueignen. Die klassischen Yogas sind demgegenüber Wege eines einseitigen Aufstieges, an dessen Ende der Mensch in Brahma oder das Nirvana eingeht. Bei Aurobindo stehen wir grundsätzlich vor dem Menschen, der nicht nur bei sich und seinen Möglichkeiten bleibt. Der Aufstieg, das eigene Werke-Tun, die Selbstbereitung und die Methode sind nicht alles, die Herabkunft ist eine notwendige Bedingung, ohne die es keinen legitimen Aufstieg gibt, sondern nur ein Befangensein im selbstherrlichen Autonomiewahn. Die erste Grundfunktion in Aurobindos Yoga ist, sich überantworten, das heißt sich wirklich ausliefern und mit dem Geöffnetsein wirklich ernst machen.

Die zweite Grundfunktion ist sich öffnendes Vertrauen, Vertrauen der höheren Macht gegenüber, die eingreifen will und die dritte Grundfunktion lautet, beiseite treten, das heißt, diese Macht wirklich und wahrhaftig wirken lassen und ihr nicht doch wieder hindernd in den Weg zu treten.

Zum zweiten Grundbegriff Aurobindos Yoga-Denken gehört prinzipiell eine personale Relation. Gott ist nicht ein Es, er ist Er, Gott ist Überperson, der Grund aller Personalität. In der Mensch-Gott-Relation wird der Mensch zur Person. Geschichtlich richtet sich seine betonte Akzentuierung des Personbegriffes Gottes gegen die indische Mystik. Er sagt: „Nach dem Unpersönlichen zu streben, das ist der

Weg derer, die dem Leben entrinnen wollen und meistens versuchen sie das nur kraft ihrer eigenen Bemühungen."

Es gibt gewiß keinen zweiten Hindu, der für das Personsein Gottes so prinzipiell eingetreten wäre, der für das Personsein des Menschen mit so prinzipieller Begründung metaphysischer gestritten hätte. Und das in einem Lande, in dem die unpersonale Mystik als Ideal gilt. Sein Denken ist in dieser Hinsicht ein Überwinden von zwanzig Jahrhunderten mystischer Vorherrschaft und der hinter ihr stehenden Psychologie.

Zum dritten Grundbegriff des neuen Yoga von Aurobindo gehört der Begriff „integral" und das hebt ihn vollends vom traditionellen indischen Hintergrund ab und macht ihn zum Modernen. Bei Aurobindo gibt es kein Entrinnen in metaphysische Fernen, kein mystisches Versinken oder ekstatisches Entrücktsein. Das Bewußtsein ist nach ihm nicht auszuschalten, sondern zu entwickeln. Der Wachzustand, die Bewußtheit oder der denkende Mensch sind der zentrale Beziehungspunkt. Dem Bewußtsein ist anzugliedern, was an Unbewußtem und Überbewußtem bewußt gemacht werden kann. Obwohl Aurobindo dem Unbewußten ausdrückliche Beachtung schenkt, beschäftigt seinen Entdekkergeist vornehmlich das Problem des Überbewußten, für das er die Bezeichnung das „Supramentale" einführt. Dennoch ist der Begriff der Integration bei ihm und bei C.G. Jung nicht der gleiche, für Aurobindo steht das Problem der Bewußtseinserweiterung ausdrücklich im Mittelpunkt. Aurobindo versichert im übrigen immer wieder, daß sein Yoga seine Ehre nicht darin sieht, die Sinne zu unterbinden und sein Begriff von Spiritualität schließt keine Abscheu vor weltlichen Dingen ein. Er sagte: „Wirklich weit gefaßte Spiritualität schließt keine menschliche Tätigkeit oder Fähigkeit aus, noch entmutigt sie diese. Sie bemüht sich vielmehr, diese alle emporzuheben.“

Der vierte grundlegende Begriff für Aurobindo heißt Evolution. Sri Aurobindo war der Ansicht, daß es eine aufsteigende Evolution in der Natur gebe, die vom Stein zur Pflanze, von der Pflanze zum Tier, vom Tier zum Menschen erfolgt. Da der Mensch derzeit an der Spitze der aufsteigenden Evolution steht, hält er sich für das Endstadium und glaubt, daß es auf der Erde nichts geben kann, was ihn überragt. Darin irrt er sich! In seiner physischen Natur ist er noch ganz und gar animalisch, zwar ein denkendes und sprechendes Tier, dennoch ein Tier in seinen materiellen Gewohnheiten und Instinkten. Mit dieser Unvollkommenheit kann die Natur sich nicht zufrieden geben und bemüht sich, ein Wesen zu evolvieren, das für den Menschen sein wird, was der Mensch dem Tier ist, ein Wesen, dessen Bewußtsein sich weit über das mentale Wesen und seine Gebundenheit an die Unwissenheit erheben wird.

Diese Evolution geht nach Aurobindo dem geistigen Zeitalter entgegen und hat in der Spiritualität ihr Prinzip. Denn Spiritualität bedeutet ihm, von der mentalen Ebene her formuliert, das paradoxe Miteinander von Herabkunft, die Neues eröffnet, und Selbstentfaltung, die aber nur aufgrund der Herabkunft möglich wird, einer Herabkunft, die sich wiederum nur dem mitteilt, der ihr aufrichtig entgegenstrebt.

Führer in der Evolution, Helfer und schöpferische Schrittmacher sind nach Aurobindo darum jene Individuen, die zu derart umfassender eigener Selbstbewußtheit gelangt sind. Das sind immer nur wenige und in aller Zukunft werden es nur wenige bleiben. Sie sind die Elite der Evolution. Umfassende integrale Selbstbewußtheit wird auch in diesem demokratischen Zeitalter nie ein Massenartikel, sondern bleibt die außerordentliche Leistung weniger.

„Zu sein und im wahren Sinne zu sein, das ist das Ziel, das die Natur mit uns hat. Im wahren Sinne des Wortes zu sein, heißt aber, seines Seins voll bewußt zu sein. Unbewußtheit, Halbbewußtheit oder ungenügende Bewußtheit, das ist ein Zustand des Seins, der nicht wirklich im Besitz seiner selbst ist. Das ist bloßes Existieren, aber nicht die Fülle des Seins. Seiner selbst ganz und integral und aller Wahrheit des eigenen Seins bewußt zu werden, das ist die notwendige Bedingung, seine Existenz wirklich zu besitzen. Dieses Bewußtsein seiner selbst ist mit Spiritualität gemeint. Die Essenz alles spirituellen Wissens ist eine innerliche Selbstbewußtheit. Jede Handlung eines Menschen muß ein sich selbst Formulieren jener Selbstbewußtheit sein. Jede andere Art von Wissen kennt sich selbst nicht wirklich und strebt letztlich doch nur nach ihrem alten Bewußtsein und dessen Inhalten zurück. In Wahrheit heißt dies, sich selbst nicht zu kennen. Es stellt die mühsame Anstrengung dar, sich selbst in das alte Bewußtsein zurückzuverwandeln.“

4. Advent 1983

Liebe Karin,

Es ist kaum zu glauben, obwohl ich hier ohne Fernsehen, Radio, Telefon, Zeitungen lebe und keiner geregelten Beschäftigung nachgehe, geschieht immer irgend etwas... Inzwischen trage ich hier nur noch weiße „Nachthemden“, die ich bei einem Ashram-Schneider für wenig Geld aus feinster Baumwolle anfertigen ließ, knöchellang, mit Seitenschlitzen, kurzen Ärmelchen, darunter ein Slip und an den Füßen meine indischen Zehen-Sandalen, die einzigen Accessoires meines Outfit sind meine Armbanduhr und eine Haarspange im Nacken. Das würde Dir auch gefallen! So einfach, wohltuend bequem. Wenn ich an die elegante „Aufmachung" denke, mit der ich in früheren Jahren über die Königsallee in Düsseldorf zu gehen pflegte, muß ich lachen...! Sri Aurobindo sagt: „Alles Leben ist Yoga", wir Abendländer sagen: Alles hat seine Zeit...

Ich sprach inzwischen mit Mr. Pandit über mein intensives Traumleben, das hier noch an Intensität zugenommen hat. Er gab mir den Rat, mich beim Aufwachen nicht im Geringsten zu bewegen, so lange, bis ich das Geträumte, Stück für Stück, wieder erinnern kann. Das Gleiche gilt nach einer Meditation. Ich befolge diese Praxis und der Erfolg ist, daß meine Nächte so bewußt sind wie meine Tage. Daß ich das erreicht habe, diesen Zustand, von dem Frau Haich oft gesprochen hat, ist für mich selbst wie ein Wunder. Der Leiter des Ashram-Districts sprach mich heute morgen auf mein sich öffnendes drittes Auge an, das sogenannte „Ajna-chacra", und bemerkte, daß sehr starke Vibrationen von mir ausgehen würden. Mir kommt spontan eine Aussage von Graf Dürckheim in den Sinn: „Wie schade, daß Sie selbst Ihre Aura nicht sehen können".

Den gestrigen Nachmittag verbrachte ich mit Mr. Hindu Patel, einem international bekannten Astrologen, der hier ein astrologisches Forschungsinstitut leitet und mir von Sri Pandit empfohlen worden war. Er war von meinem Horoskop sehr angetan und stellte eine starke spirituelle Verbindung mit Aurobindo fest. Er sagte unter anderem, daß mein Aufenthalt hier in meinem Lebenslauf sehr bedeutungsvoll sei, ich hätte augenblicklich ganz besondere Aspekte „to reach the goal“ (das Ziel zu erreichen).

Am Abend nach der „Lecture“ sprach ich mit Sri Pandit über meine Unterhaltung mit Mr. Patel und er gab mir folgenden Rat, den ich dringend beachten solle: Wenn ich plötzlich nicht mehr wisse, wer und wo ich sei, so solle ich keine Angst aufkommen lassen, sondern mich einfach still hinsetzen wo immer ich sei, und wenn es am Bordstein einer Straße sein sollte... Jetzt wird es spannend, dachte ich für mich! Danach gingen Tao und ich in einer „Fast-Vollmondnacht“ schweigend am Strand entlang zurück zu unserem temporären Zuhause.

In der Ashram-Bibliothek gibt es hochinteressante Literatur, die teilweise zu kaufen ist. Ich konnte nicht widerstehen, mir einige bibliophile Kostbarkeiten zu leisten, Werke von Sri Aurobindo, handgedruckt auf handgefertigtem Papier, von Hand gebunden und mit einem Seiden-Cover mit Goldprägung versehen. Inhalt und Aufmachung eine Einheit!

Heute morgen bei meinem frühen Spaziergang am Meer lag plötzlich eine Frauenleiche, mittleren Alters, wie Strandgut angeschwemmt. Ich blieb eine Weile bei ihr stehen und Gedanken über Vergänglichkeit, Flüchtigkeit und Nichtigkeit unseres irdischen Daseins überfluteten mich. Danach ging ich zum Ashram zurück und bat, die Polizei zu verständigen. Ich fühlte das starke Bedürfnis, mich in meinem Zimmer zur Meditation zurückzuziehen, was ich dann auch tat. Das Klopfen von Tao an meiner Tür, Zeichen für das gemeinsame Frühstück, schreckte mich auf. Doch sie verstand, als ich ihr mitteilte, was ich erlebt hatte und daß ich heute den Tag in der Stille verbringen möchte. Über den

Zustand, in dem ich an diesem besonderen Tag war, kann ich kaum eine Aussage machen, die das Wesentliche wiedergeben würde, nur so viel: Ich fühlte mich frei von allen Bindungen, frei von Familie oder sonstigen mir nahe stehenden Personen, frei von jeglicher Vergangenheit, frei von dem, was ich normalerweise als mein Ich empfinde und erlebe, frei von Gedanken an die Zukunft... Ich erfuhr Gegenwart als Ewigkeit, Freiheit und Glückseligkeit!
Das war mein „Weih-nachten“, möge das Deine ebenso gesegnet sein...!

Love and Peace
Deine Ilse

Weihnachten, Sonntag

Liebste Karin,

In meinem letzten Brief, der inzwischen an Dich unterwegs ist, hatte ich Dir von meiner transzendenten Erfahrung berichtet. Noch am gleichen Abend bekam ich Schüttelfrost und hohes Fieber, Erbrechen und Durchfall, Gliederschmerzen und rasende Kopfschmerzen. Tao informierte Sri Pandit und bat um ärztliche Hilfe. Es erschienen gleich zwei Ärzte, ein Homöopath und ein Ayurvediker, die mich wegen des Verdachts auf Malaria sofort in ein Krankenhaus einweisen wollten. Das miserable Wetter, es goß unentwegt wie aus Kübeln, Straßen und Wege standen bereits unter Wasser, war mir bei der Ablehnung einer Krankenhauseinlieferung behilflich.

Du weißt ja, daß ich seit Jahren ohne Impfungen nach Indien reise, seitdem ich an den Folgen einer Cholera-Impfung mit einer lebensbedrohlichen Erkrankung stationär aufgenommen werden mußte. Doch Bedenken oder gar

Angst wegen meiner massiven Symptome hatte ich nicht einen Augenblick. Draußen tobte inzwischen der Monsun, dies erlebte ich in Indien das erste Mal und es übertraf alle meine bisherigen Vorstellungen! Das Wasser kam durch die Balkontür bis zum Bett, alles war feucht, ob Kleider, Haare, Bettzeug, selbst Salz verflüssigte sich! Dazu kam die Ankündigung eines Taifuns, der dann in der Nacht zum 23. Dezember losbrach. Ein solches Toben der Elemente läßt sich kaum beschreiben, man muß es erlebt haben – oder besser nicht !

Und das alles mit 40° C Fieber... Zeitweise war ich nicht bei Bewußtsein, hatte auch jedes Zeitgefühl verloren. Wenn ich dazwischen einmal die Augen öffnete, nahm ich weißgekleidete Gestalten wahr, die sich an meinen Füßen, Händen und am Kopf zu schaffen machten. Die Wahrnehmung war jedoch zu vage, um Einzelheiten des Geschehens erfassen zu können.

Der transformative Prozeß dauerte insgesamt eine Woche. Dann öffnete ich meine Augen, nahm erstmals wieder bewußt meine Umgebung wahr und hatte das dringende Bedürfnis etwas zu trinken. Die weißen „Gestalten", die sich die ganze Zeit über um mich gekümmert hatten, verabschiedeten sich, liebevoll und namenlos mit „Namaste". Doch ein gesprochener Satz war wie eine besondere Botschaft für mich: „She is alright now..." (Sie ist jetzt in Ordnung). Auf meinem Nachttisch entdeckte ich ein Kärtchen mit dem Symbol der Mutter. Auf der Rückseite stand handschriftlich gedruckt: „Merry X-mas, All Love – no Fear for 1984!"

Dazu hatte „man" mir eine rote Kerze gestellt. Was für Erlebnisse...!

Am Heiligabend aß ich erstmals wieder zwei Gabeln Rührei und eine halbe Scheibe Toast, dazu eine Tasse Tee und konnte alles bei mir behalten. Doch ich war körperlich so schwach, daß Tao mich beim Gehen stützen mußte.

Es ging dann täglich mehr bergauf mit meinen physischen Kräften, so daß ich mich schließlich mit einer Fahrrad-Riksha, wie sie hier üblich sind, zu Sri Pandit bringen lassen konnte. Ich hatte sehr stark abgenommen und die Bräune meiner Haut konnte über meinen Schwächezustand nicht hinwegtäuschen. Sri Pandit beglückwünschte mich zu meiner „überstandenen Prüfung" und wir sprachen ausführlich über die Bedeutung der durchlebten Krankheit. Er erklärte mir, obwohl ich es innerlich schon wußte, daß die Erkrankung und der vorausgegangene Bewußtseinszustand als Teil meiner hier erfolgten Transformation zu verstehen seien. Er sagte, daß ich diese karmisch bedingte Erfahrung nicht überlebt hätte, wenn ich nicht unter dem Schutz und der Kraft des hiesigen Ortes gestanden hätte, beim Verlassen des Ashrams würde ich in ein „neues Leben" in dieser Inkarnation gehen. Meine eigenen Empfindungen und inneres Wissen waren mit dem Gesagten identisch.

Wir besprachen dann praktische Dinge. Zum Beispiel wollte ich wissen, wie und wo ich die ärztliche Betreuung bezahlen könnte. Die Antwort war: „Gar nicht, sie gehören zum Ashram und medizinische Versorgung ist hier frei", stelle Dir bitte mein Erstaunen vor! Wir kamen dann überein, daß ich früher als geplant abreisen würde, um noch eine Woche mit Mr. Iyengar meine physischen Kräfte wieder aufzubauen. Doch zuerst mußte ich überhaupt wieder reisefähig werden.

Tao plante inzwischen ihre Abreise. Wir waren beide zum Telefonieren beim Ashram-Postamt, sie verabredete sich mit Freunden in Bombay, ich sprach mit Mr. Iyengar in Poona, ob ich nach dem Erlebten kommen und auf seine

Hilfe hoffen dürfe. Er sagte, daß ich jederzeit willkommen sei, wenn er in Poona sei, das habe er mir doch schon gesagt. Was für ein Privileg ich hatte, wurde mir in diesem Moment erstmals so richtig bewußt und ich empfand tiefe Dankbarkeit für die Hilfe, Liebe und Zuwendung gleich zweier bedeutender Meister.

Daß Tao ihren Aufenthalt vorzeitig beenden wollte, konnte ich, ohne daß wir darüber sprachen, sehr gut verstehen. Sie hatte sich das Zusammensein mit mir sicher ganz anders vorgestellt. Außer der Sorge um mich und damit verbundener Arbeit hatte sie praktisch nichts von mir. Dennoch wollten wir gemeinsam den Besuch von „Auroville“, der Stadt des Zukunftsmenschen, realisieren, so, wie Sri Pandit es mir vorgeschlagen hatte. Es gab ein Ashram-Taxi mit einem englisch sprechenden und ortskundigen Fahrer, der uns durch „Auroville“ fahren würde, so daß wir wenigstens das Sehenswerteste in Augenschein nehmen und als Eindruck mitnehmen könnten.

Ein überaus liebenswürdiger Tamile, Ramesh, Mitglied des Ashrams, holte uns pünktlich um drei Uhr nachmittags ab. Er berichtete uns auf der Fahrt, daß Auroville am 28. Februar 1968 gegründet wurde, heute etwa fünfhundert Aurovillianer habe, geplant seien fünfzigtausend. Der Architekt war der Franzose Roger Anger, den die Mutter aus Frankreich hatte kommen lassen. Wir fuhren durch ein weites Areal, es dehnt sich auf zwanzig Quadratkilometer aus und darin liegen etwa vierzig Siedlungen, „colonies“ genannt. Der Grundriß von Auroville, übersetzt „Morgenröte“, basiert auf einer runden Grundform, von der Mutter entworfen, der Hibiskusblüte nachempfunden, die auch ihrem eigenen Symbol zugrunde liegt. In der Mitte der werdenden „Stadt der Zukunft“ liegen drei Zentren, Symbole dafür, was Auroville ausdrücken soll: Im geografischen Zentrum steht ein großer Banyanbaum, einsame Erinnerung an den weiten Dschungel, der sich auf dieser jetzt ausgedörrten, sonnenverbrannten Ebene einmal ausgedehnt hat. Daneben das Amphitheater, in dessen Zentrum eine lotusförmige Urne aus weißem Marmor errichtet ist, in die am Tage der Gründung Aurovilles Jugendliche aus einhundertvierundzwanzig Ländern, Vertreter der Nationen der Erde und dreiundzwanzig Indischen Staaten eine Handvoll Erde aus ihrem Land gegeben haben. Und schließlich das sogenannte „Matrimandir", ein weithin sichtbarer Kugelbau, der sich dreißig Meter über die Erdoberfläche erhebt. Die Form des Matrimandir ist eine abgeplattete Kugel, im Inneren befindet sich, genau in der Mitte der Kugelform, der zentrale Raum. Vier pfeilerähnliche Strukturen tragen die Kugelhülle, die noch mit golden reflektierenden Platten bedeckt werden soll. Wir betreten das Matrimandir von unten durch die vier Pfeiler und steigen über zwei spiralförmige Rampen hoch zu dem zentralen Raum. Unser Führer erklärt uns, daß am 24. März 1970 das zentrale Gebiet von Auroville seine endgültige Gestaltung, eine tantrische Form erhielt. Der Rohbau ist jetzt, nach zehn Jahren Arbeit, fertiggestellt, doch wird es noch Zeit brauchen, um den Innenraum, die Außenschale und die umgebenden Gärten zu vollenden, denn das Matrimandir wird ausschließlich von Aurovillianern, ohne jede bezahlte Hilfskraft, gebaut. Was stellt das Matrimandir eigentlich dar? Die Mutter hat es folgendermaßen erklärt, sagt unser Fahrer: Das Matrimandir möchte das Symbol für die Antwort des Göttlichen auf die Sehnsucht des Menschen nach Vollkommenheit sein... Die Vereinigung des Göttlichen, wie es sich in einer fortschreitenden menschlichen Einheit manifestiert... Ist es demnach ein religiöses Bauwerk? Nein, die

Bedeutung des Matrimandir steht über allen Religionen. Es ist Ausdruck der reinen spirituellen Bemühung, der Wiedergeburt des Menschen in ein neues Bewußtsein, „Verwirklichung“, wie dies in Indien genannt wird. Um das Matrimandir reihen sich in der Planung zwölf Gärten mit zwölf Wegen, die alle zum Matrimandir hinführen. Die Gärten stellen als Ganzes wiederum das Symbol der Mutter dar und drücken ihre verschiedenen Aspekte aus. Ich war sehr beeindruckt von Symbolik und Gestaltung. Literatur wird mir vieles erklären können, was unter den gegebenen Umständen zu erfahren nicht möglich war. Wir fuhren weiter durch dieses weitläufige Areal, das von Tamil-Dörfern durchzogen ist. Ihre zwanzigtausend Einwohner sind an den Arbeiten wie Ackerbau, Aufforsten, Landwirtschaft, Erziehung, Handarbeit, Webereien, Druckerei und dergleichen beteiligt. Dazwischen liegen architektonisch die ausgefallensten, phantasievollsten Häuser und Gärten, die ich je gesehen habe. Menschen aller Hautfarben wohnen darin. Die freie Gestaltung ist hier nur möglich, da es keinerlei Auflagen gibt, und somit jeder nach eigenem Geschmack, Phantasie und pekuniären Möglichkeiten bauen kann. Das alles fand ich mehr als beeindruckend...! Doch mir kam der Gedanke, wie man als Mensch der westlichen Hemisphäre das Ansteigen des Thermometers auf über 40° C ab Mai wohl verkraften kann? Zwei Stunden waren wie im Flug vergangen und als Ramesh uns wieder am „Bellevue“ absetzte, strahlend seine blütenweißen Zähne zeigend, Ausdruck seiner Freude über das Trinkgeld, war ich so erschöpft, daß ich mit Mühe die Treppen nach oben steigen konnte. Tao besorgte uns einen Imbiß auf das Zimmer, so konnte ich liegen bleiben. Es war der letzte Abend gemeinsam in Pondicherry, am nächsten Morgen um sieben Uhr kam das Taxi, das sie nach Madras zum Flughafen brachte.

Auroville hat mich trotz der Kürze der Zeit, in der ich es besuchen konnte, zutiefst berührt! Nicht nur die beeindrukkenden Gebäude, nein das ganze zugrundeliegende Konzept, die Idee, die Vibrationen, die ich dort wahrgenommen habe. Und so lasse ich einen Aurovillianer zu Wort kommen, der seit 1969 in Auroville lebt, in Wien 1945 geboren, und in seinem Buch *Auroville, Stadt des Zukunftsmenschen* die Worte der Gründerin von Auroville, der Mutter, wiedergibt, die all das ausdrücken, was ich selbst empfunden habe:

> Es sollte irgendwo auf der Erde einen Platz geben, den keine Nation als ihr Eigentum beanspruchen kann, einen Platz, an dem alle gutwilligen Menschen, ehrlich in ihrem Bestreben, frei als Bürger der Welt leben können und einer einzigen Autorität folgen, der höchsten Wahrheit. Ein Platz des Friedens, der Eintracht, der Harmonie, wo alle kämpferischen Instinkte des Menschen ausschließlich dazu benützt würden, die Ursachen seines Leidens und Elends zu bewältigen, seine Schwächen und sein Unwissen zu überwinden, über seine Grenzen und seine Unfähigkeiten zu triumphieren. Ein Platz, an dem die spirituellen Bedürfnisse und die Sorge um Fortschritt Vorrang hätten vor der Befriedigung von Verlangen und Leidenschaften, dem Suchen nach materiellem Vergnügen und Genuß. An diesem idealen Platz wäre Geld nicht mehr der unumschränkte Herrscher. Individueller Wert hätte größere Bedeutung als der Wert, der aus materiellem Reichtum und sozialer Stellung kommt. Arbeit würde nicht dazu dienen, seinen Lebensunterhalt zu erwerben. Sie wäre das Mittel, um

sich auszudrücken, um seine Fähigkeiten und Möglichkeiten zu entwickeln, während man gleichzeitig einen Dienst für die Gemeinschaft tut, die ihrerseits für die Lebensbedürfnisse und das Tätigkeitsfeld des Einzelnen sorgen würde. An diesem idealen Platz wären Kinder in der Lage, integral heranzuwachsen und sich zu entwickeln, ohne die Verbindung mit ihrer Seele zu verlieren. Ausbildung würde nicht im Hinblick auf Prüfungen und Zeugnisse und Positionen erteilt, sondern um die vorhandenen Fähigkeiten zu bereichern und neue hervorzubringen. Kurz, es wäre ein Platz, an dem die Beziehungen zwischen den Menschen, die gewöhnlich fast ausschließlich auf Konkurrenz und Streit begründet sind, durch Beziehungen des Wetteiferns um das Bessertun ersetzt würden, des Wetteiferns um Zusammenarbeit und Beziehungen wahrer Brüderlichkeit.

Die Bedingungen, unter denen die Menschen auf der Erde leben, so die Mutter weiter, sind das Ergebnis ihres Bewußtseinszustandes:

> Die Bedingungen ändern zu wollen, ohne das Bewußtsein zu wandeln, ist ein vergebliches Trugbild, denn keine menschliche Organisation kann sich radikal wandeln, es sei denn, das menschliche Bewußtsein ändert sich. Propheten einer neuen Menschheit kamen einer nach dem anderen. Religionen, spiritueller oder sozialer Natur, wurden gegründet, und ihre Anfänge waren manchmal voller Verheißung: Aber da die Menschheit nicht im Herzen gewandelt war, tauchten nach und nach aus der menschlichen Natur die alten Irrtümer wieder auf, und nach einiger Zeit fand man sich beinahe wieder am gleichen Fleck, von

dem man mit so viel Hoffnung und Begeisterung aufgebrochen war. In diesem Bemühen, die menschlichen Lebensbedingungen zu verbessern, gab es immer zwei Richtungen, die, obwohl sie scheinbar im Gegensatz zueinander stehen, besser komplementär sein und zusammen den Fortschritt ausarbeiten sollten. Eine sucht die kollektive Neuordnung, etwas, das zu einer wirksamen menschlichen Einheit führen könnte. Die andere erklärt, daß aller Fortschritt zuerst im Einzelnen gemacht wird, und besteht darauf, daß es das Einzelwesen ist, dem man Bedingungen ermöglichen sollte, durch die es sich frei entwickeln kann. Beide sind gleich wahr und notwendig, und unsere Bemühung sollte es sein, beiden Richtungen zu folgen. Kollektiver Fortschritt und individueller Fortschritt sind gegenseitig abhängig. Bevor der Einzelne einen Sprung vorwärts tun kann, ist es nötig, daß etwas wie ein vorhergehender Fortschritt im Kollektiven erreicht wird. Darum muß man einen Weg finden, auf dem beide Arten des Fortschritts gemeinsam verfolgt werden können.

Die Kraft ist hier, gegenwärtig wie nie zuvor, und es ist die Unehrlichkeit der Menschen, die sie daran hindert herabzukommen, gefühlt zu werden. Die Welt ist voller Falschheit, alle Beziehungen zwischen den Menschen waren bisher auf Falschheit und Betrug aufgebaut. Die Diplomatie zwischen den Nationen gründet sich auf Lügen. Sie geben vor, Frieden zu wollen und rüsten sich auf der anderen Seite. Nur transparente Ehrlichkeit im Menschen und unter den Nationen erlaubt die Geburt einer verwandelten Welt.

Auroville ist der erste Schritt eines Experiments. Es ist gewiß, daß man, um in Auroville zu leben, einen großen Fortschritt in der Bewußtwerdung machen muß. Aber der Augenblick ist gekommen, an dem dieser Fortschritt möglich ist.

Eine neue Welt wird geboren werden, wenn die Menschen bereit sind, sich um eine Wandlung und eine Suche nach Ehrlichkeit zu bemühen; es ist möglich. Für die Entwicklung vom Tier zum Menschen waren Tausende von Jahren nötig; heute kann der Mensch, dank seines Geistes, die Entwicklung beschleunigen und eine Umwandlung in einen Menschen wollen, der göttlich sein soll.

Diese Worte stammen aus dem Jahr 1971. Ihre Aktualität am Übergang in ein neues Jahrtausend, mit all den Problemen, die global die Menschheit bedrohen, ist faszinierend. Wenn man auch die Diplomatie nicht pauschal als Lüge bezeichnen kann, sehen wir doch mit Erschrecken, wie politisch-strategische Überlegungen humanitäres Handeln erschweren, wie zum Beispiel im früheren Jugoslawien, im jetzigen Kosovo. Letztendlich kann die Welt nur geheilt werden, wenn jeder einzelne heil wird und mit sich in Frieden kommt.

Die letzten Tage des alten Jahres verbrachte ich in absoluter Stille und Zurückgezogenheit, unterbrochen nur durch die erforderlichen Reisevorbereitungen. Am Silvesterabend verabschiedete ich mich bei Sri Pandit, es waren bewegende Momente. Er entließ mich mit den Worten, daß ich jederzeit, auch für immer, im Ashram willkommen sei. Ich solle über die Fortschritte in meiner Meditation schreiben und vor allem: nie vergessen, daß der Segen der Mutter und Sri Aurobindos immer mit mir seien...

Die Silvesternacht verbrachte ich in Stille und Meditation, irgend ein bedeutender Mensch hat einmal gesagt, Stille ist Gott, – das entsprach ganz meinem Empfinden.

Am ersten Morgen des Neuen Jahres kam mein Taxi pünktlich um sieben Uhr. Auf der Fahrt zum Airport in Madras sah ich überschwemmte Straßen, abgeknickte Palmen, unter Wasser stehende Felder und abgedeckte Häuser, einfach chaotisch sah all das aus, was sich bei meiner Ankunft so malerisch dargeboten hatte. Mein Fahrer erzählte mir, daß in der einen Taifun-Nacht vierzigtausend Häuser vernichtet worden seien.

Als ich auf meinem Flug von Madras nach Bombay aus zehntausend Meter Höhe, bei wolkenlosem Himmel, hinunter schaute auf den Kontinent Indien, bewegte mich eine dringliche Frage: Ist mein Bedürfnis und mein Streben nach Spiritualität ausreichend wirksam, um die Lebensform zu entwickeln und zu finden, die mir entspricht? Spiritualität, sagt Sri Aurobindo, ist etwas anderes als Rationalität. Ihr Erscheinen weist darauf hin, daß eine größere Macht als das Denkwesen emportauchen will. Vertraue ich also der größeren Macht, vertraue ich dem Nichtwissen...!

Zum Neujahrs-Lunch war ich dann schon im Kreise meiner indischen Freunde in Bombay im Airport-Hotel. Das „normale Leben“ hatte mich wieder und war etwas „gewöhnungs-bedürftig“! Meine Freunde bemerkten an mir eine Veränderung, und wir sprachen darüber. Mein innerer Zustand der Freude, des Friedens und einer so wohltuenden Gelassenheit strahlten also auch nach außen – wie schön!

Am Montag, den 2. Januar 1984, war ich um sieben Uhr im Iyengar Institut in Poona, wo Mr. Iyengar bereits in der Übungshalle weilte. Er ging in dieser Woche des gemeinsamen Übens sehr behutsam mit mir um, zumindest empfand ich es so, baute mich von Tag zu Tag mehr auf, so daß ich am Ende der Woche wieder meine alte physische Energie spürte. Beim Abschied sprachen wir über meine weiteren beruflichen Pläne, er befürwortete mein Vorhaben, in die Yoga-Seminararbeit einzusteigen und bezüglich meines begonnenen Heilpraktikerstudiums sagte er wörtlich: „You should know, that Yoga goes far beyond that...!“ (Übersetzung: Du solltest wissen, daß Yoga weit darüber hinaus geht). Was meinen nächsten Poona-Aufenthalt betraf, schlug er vor, daß ich, wenn es sich einrichten ließe, für drei Monate kommen solle, dann sei ich „yogafit“, denn er plane, sich aus der Lehrtätigkeit zurückzuziehen. Er schlug November bis Januar vor, da es danach für meine Konstitution zu heiß werden würde. Das war eine Botschaft, die ich sehr ernst nahm.

Als die Lufthansa-Maschine am frühen Morgen des 8. Januar 1984 in Santa Cruz, Bombay, abhob – ein freundlicher Inder hatte mir mit einem Lächeln eine „Boarding Card“ für die „Business Class“ gegeben, statt wie gebucht für die „Economy-Class“ – fühlte ich in mir eine beglückende Schwerelosigkeit. Mein Körper war auf dem Transport nach Europa, meine geistige Heimat blieb Indien...

Beruf als Berufung

Nach meiner Rückkehr aus Indien bat ich umgehend um ein Gespräch mit dem Leiter der Heilpraktikerschule, um ihn zu bitten, mich aus dem dreijährigen Ausbildungsvertrag zu entlassen. Er hatte Verständnis für meinen Entschluß, mich von nun an ausschließlich meiner Yoga-Arbeit widmen zu wollen und entließ mich großzügigerweise aus meiner vertraglichen Verpflichtung.

So begann ich zunächst in meinem eigenen Übungsraum in kleinen Gruppen zu unterrichten und gab Einzelstunden, hauptsächlich für Menschen mit unterschiedlichen gesundheitlichen Problemen: nach Unfällen, nach Bandscheibenoperationen, nach Herzinfarkten, Bluthochdruckpatienten, neurologische Erkrankungen und Rückenprobleme verschiedenster Art, und andere Beschwerden, die das Wohlbefinden einschränken und dadurch den Alltag erschweren. Da ich Yoga-Therapie am eigenen Leib aufgrund meiner eigenen Problematik in jahrelanger Arbeit mit Mr. Iyengar erlernt hatte, befand ich mich hier auf sicherem Boden. Jeder kleinste Fortschritt in Richtung Besserung, Heilung und Wiederherstellung einer verloren gegangenen Ganzheit, die nach yogischem Verständnis nicht nur an Gesundheit und Funktionstüchtigkeit orientiert ist, erfüllte mich mit großer Freude und innerer Zufriedenheit und waren mir Indiz dafür, daß ich auf dem richtigen WEG war...

Eine Kollegin und spätere Freundin bot mir ihre Yoga-Räume für Seminare an, was ich gerne annahm. Durch die Seminararbeit erweiterte sich meine Schülerzahl sehr schnell, vor allem kamen jetzt auch Yoga-Lehrer, die sich für den „Yoga nach Iyengar“ und dessen Präzision in anatomisch, physiologisch sinnvoller Ausrichtung und Ausführung interessierten. Sie kamen nicht nur aus Saarbrücken, sondern aus dem ganzen Saarland und bald aus ganz Deutschland. Ich war sicher eine Mitbegründerin der Popularität von „Iyengar Yoga“ in Deutschland.

Bis heute lehre ich keine Yoga-Übungen, „asanas“ genannt, ohne den entsprechenden Hintergrund mit einzubeziehen, vor dem Yoga überhaupt nur zu verstehen und erfolgreich zu praktizieren ist.

Yoga ohne „Yoga-Therapie“, zumindest temporär, ist in unserer Zeit gar nicht mehr denkbar. Es kommen nun einmal keine kerngesunden, zufriedene und glückliche Menschen zum Yoga-Unterricht, investieren dafür Zeit und Geld und verpflichten sich dann auch noch zum täglichen Üben...!

Ich werde versuchen durch Skizzieren verschiedener Themenbereiche, die indirekt natürlich miteinander zu tun haben, herauszuarbeiten, was unter Yoga und der von mir praktizierten Yoga-Therapie zu verstehen ist, wie ich sie selbst seit über drei Jahrzehnten übe und lehre, in Übungsstunden, Seminaren, Gesprächen, Vorträgen und Fragestunden. Vor allem für den Yoga-Laien dürften die Ausführungen interessant und aufschlußreich sein, da man heute in der breiten Öffentlichkeit unter Yoga leider noch immer entweder eine wohlige Entspannungsmethode oder eine exotische Krankengymnastik versteht, auch als besondere Fitnessmethode wird Yoga inzwischen angepriesen...

Unsere heutige Gesellschaft ist sensibilisiert, mit gutem Grund, für alles, was vermeintlich gesund ist und mit Heilung zu tun hat. Es ist keine Übertreibung festzustellen, daß langsam die ganze Welt ein „Therapiezentrum“ wird.

Doch gleichzeitig ist es eine Tatsache, daß die Menschheit immer kränker wird, die Allergien nicht mehr in den Griff zu bekommen sind, die Depressionen und neurologischen Erkrankungen erschreckend zunehmen, ganz zu schweigen von der Problematik von Krebs und Aids und den ständig wachsenden Selbstmordraten... Wir müssen endlich begreifen lernen, daß Heilung im tiefsten, echten Sinne immer Wiederherstellung einer verlorengegangenen Ganzheit bedeutet, durch Gewahrwerden der Einheit und wechselseitigen Beziehungen aller Dinge.

Immer öfter bekomme ich Presseberichte, Zeitungsausschnitte und Prospektankündigungen von Yoga-Veranstaltungen mit Heilwirkungen auf meinen Schreibtisch, und ich möchte an dieser Stelle einmal meiner Betroffenheit Ausdruck geben darüber, wie nur um einer gewissen Popularität willen, Geltungsdrang oder schlicht und „einfach" wegen des Geschäfts, das damit zu machen ist, Menschen auf einen Weg gebracht werden, der niemals das halten kann, was da „schwarz auf weiß", heute oft in Regenbogenfarben, angekündigt wird. Ich beginne mit der Erklärung dreier Punkte, die nach meiner Auffassung zum Verständnis des Themas wichtig sind:

1. Stufen menschlicher Entwicklung
2. Was ist Yoga?
3. Die Gesamtkonstitution des Menschen

Um zunächst einmal den Begriff der Therapie zu klären, müssen wir uns darüber klar sein, daß jede Zeit ein Bild vom Menschen hat, das sich an Gesundheit und Funktionstüchtigkeit orientiert. Wenn Sie die Fernsehwerbung anschauen, dann wissen Sie, wie „der Mann" oder „die Frau" von heute auszusehen hat! Wo immer nun die Leistungsfähigkeit und Anpassungsfähigkeit gestört ist, bemüht sich in der traditionellen Therapie der Arzt oder der Therapeut um die Wiederherstellung des verlorengegangenen Zustandes, so daß der Mensch möglichst schnell wieder in der Lage ist, sowohl für sich selbst als auch für andere reibungslos zu funktionieren, sich an- und einzupassen.

Ganz anders ist es nun im Yoga, einem Übungsweg, bei dem der Körper mit einbezogen ist und nun eine völlig neue Bedeutung gewinnt, denn hier geht es um Individuation, das heißt Selbstverwirklichung der Person und ihre Rückbindung oder „religio" in seiner eigentlichen Bedeutung.

Zu einem „exercitium ad integrum", was Yoga meint, gehören Übungen, die alle einen gemeinsamen Sinn haben, nämlich Transparenz für Transzendenz, das Durchlässigwerden auf eine andere Dimension hin. Hier wird die Gesamtverfassung des Menschen angesprochen und seine Verwandlung.

Ich zitiere hier wörtlich eine Formulierung meines verehrten Lehrers Graf Dürckheim: „Es gibt dreierlei Leibgewissen, das eine ist orientiert an der Gesundheit, das andere an der Schönheit, das dritte aber an der Transparenz"...

Die Ganzheit, um die es ja im klassischen Verständnis von Therapie geht, fordert die Integration beider Pole, die zu unserem Menschsein gehören. Das ist einmal, die Welt zu gestalten, zu meistern, sich anzupassen und sich durchzusetzen – zum anderen, zu reifen auf dem inneren Weg, einen Einweihungsweg der Seele zu gehen, um das wahre Selbst verwirklichen zu können. Es mag ein gewisser Widerspruch in dieser Aussage anklingen, denn in der westlichen Gesellschaft leben wir in einer Überbetonung einer „Werk-Kultur", einem Yang-Prinzip und im Osten, vor allem in Indien, in einer Überbetonung einer „Weg-Kultur", dem Yin-Prinzip zugehörig. Wenn Yoga heute die Popularität hat, die es ganz ohne Zweifel hat, so ist es, weil der Westen in breitem Maße dabei ist, die Seele wieder zu entdecken und dies nicht nur als Gegenstand des Glaubens, sondern als ernstzunehmende, erfahrbare Realität des Menschseins in seiner Ganzheit.

Wir haben zwei grundverschiedene Ansätze der Therapie, einmal der Arzt oder Therapeut mit einer medizinisch therapeutischen Lösung für ein bestimmtes Leiden und den Therapeuten, Guru, Meister, Seelsorger, der vor ein metaphysisches Problem gestellt ist.

Wenn wir von Metaphysik sprechen, so sind wir bei Spiritualität und zu dieser Stufe des Verstehens und Verwirklichens muß der Mensch in seiner Entwicklung erst einmal herangereift sein.

Lassen Sie mich deshalb, ehe ich eine profundere Erläuterung meines Yoga-Verständnisses gebe, einmal aufzeigen, wie diese Stufen unserer menschlichen Entwicklung aussehen, wie sie verwirklicht werden oder verfehlt, mit den daraus resultierenden Konflikten, die wir alle rund um uns und bei uns selbst, so wir kritisch und sehend genug geworden sind, beobachten können.

In der Kleinkindphase ist der Mensch noch eins mit der Welt, erst als Erwachsener kommt die Ratio hinzu und damit ein „ICH".

1. Stufe

Hier geht es darum, ein primäres Ego auszubilden. Feind ist hier alles, was sich diesem Ich in den Weg oder es in Frage stellt.

Hierher gehören Leistung, Freunde und Feinde, die ursprünglichen Triebe und vor allem die Möglichkeit, sie leben zu können und zu dürfen...! Kurz gesagt, vitales Leben muß zu Selbstbewußtsein kommen. Es ist einfach wichtig, daß ein primäres Ego leben darf!

2. Stufe

Um ganz Mensch zu werden, muß diese Stufe durchlebt werden, so daß aus Egoismus Altruismus werden kann. Hier geht es darum, nicht nur das Ego ernstzunehmen, sondern das „alter", den Anderen oder das Andere, wobei das Andere ein Werk sein kann, ein Mitmensch, eine Idee, eine Gemeinschaft. Hier lernt der Mensch sich einzuordnen, unterzuordnen und zu unterwerfen.

Der Lebenssinn ist, „dem Anderen" zu dienen. Hierher gehören dann die Werte des „Wahren, Schönen, Guten". Aus dem Ich wird auf dieser zweiten Stufe eine Persönlichkeit, die fähig ist zu dienen.

Bedenken wir, daß Ethik, Ästhetik und Logik nur unter Zurückstellung des Ich möglich sind, und so gehört auf diese Stufe eben alles, was mit Verhaltensethik zu tun hat, das ganze Gefüge von Ordnungen und Regeln zur Selbstentfremdung, so daß die Individualität in Gefahr ist, beziehungsweise verlorengeht. Die Freiheit des heutigen Menschen besteht sicher darin, daß er seine Unfreiheit, in der er „abgesichert" ist, nicht mehr bemerkt. Wo immer wir eine Überbetonung des Kollektivs haben, wird die Ganzheit des Menschen geopfert. Doch die vernachlässigten, verdrängten Aspekte melden sich früher oder später, oft mit komischen Erscheinungen, zum Beispiel der Überbetonung des vernachlässigten Weiblichen in merkwürdigen Aufmachungen im äußeren Erscheinungsbild; Regressionserscheinungen auf primitive Stufen gehören hierher, die jedoch aus der Sicht der Ganzheit nötig sind.

Auf dieser Stufe entstehen auch die meisten Konflikte durch das Zurückstellen des Ich. Denken Sie an die Verdrängungen des Trieblebens zum Beispiel und all die Krankheiten, die hier ihre Wurzel haben. Die heutige Psychotherapie hilft in all ihren verschiedenen Ansätzen, den Menschen zu befähigen, das einmal erleben zu dürfen, was er im Dienst am Anderen an seinem Ich unterdrückt und ignoriert hat; von daher versteht man auch den allseits boomenden Psychomarkt...!

Die Regeln der Erziehung haben unsere Neurosen begründet, Neurosen zu verstehen als verhärtete Fehlantwort auf das Leben. Ein Beispiel: Das Nichtnehmenkönnen als Grundlage für neurotisches Verhalten oder Freigebigkeit die zwar wunderschön aussieht und Eindruck macht, doch im Grunde geht es um einen Menschen, der nichts bei sich behalten kann.

Kurz gesagt: Nichts Böses tun, geben können, bescheiden sein...! Wir kennen das alle!

3. Stufe

Hier geht es nun um das persönliche Wesen, im Unterschied zu dem der Gemeinschaft. Wer bin ich denn eigentlich? Die Sinnfrage wird gestellt, und die Problematik der Lebensmitte, die bekannte „midlife-crisis", vor allem bei Frauen, wie auch ich sie erlebt habe, taucht auf. Die Rolle, die Funktion, meist die Pflichten in der Familie erfahren eine Veränderung oder lösen sich auf. Hier nun taucht das Wesen als transzendentale Tiefe auf und will ernst genommen werden. Egoismus und Altruismus sind für den anständigen Menschen kein Problem!

Wesenstreue und Gemeinschaftsverpflichtung sind jedoch ein ernstes Problem!

Hierher gehört die Problematik der Mutter-Tochter-Beziehung, wie ich sie erlebt habe, überhaupt die Familie, das Schuldigwerden am Anderen, wenn man selbst in die innere Wahrheit, die man ist, kommen möchte; Mann-Frau-Beziehungen, oft ist es dann die Frau, die alles versucht und betet, in der kaputten Beziehung bleibend, es aushalten zu können. In Wahrheit betet sie um die Kraft, in der Lüge bleiben zu können... und „meditiert“...!

Mit anderen Worten, hier ist die Harmonie der zweiten Stufe in Gefahr, die Reibungslosigkeit, die Anpassung, das Gutsein... Hier werden Kampf und Konflikt zur Lebenswirklichkeit, bis schließlich eine Erfahrung in der Wesenstiefe hervorbricht und das, was ich in der Welt bin und darstelle, mit dem übereinstimmt, was ich im Grunde meines Wesens bin!

Auf dieser Stufe und in diesem Erleben sind die Grundvoraussetzungen enthalten für spirituelle Transformation. Selbstverständlich kann diese Stufe der Reife nicht an einem Lebensalter festgemacht werden, was im Zusammenhang mit der Reinkarnation verständlich ist.

Lassen Sie mich einmal zusammenfassen, was es überhaupt für Grundvoraussetzungen gibt, um sich einem spirituellen „Übungsweg“ zuzuwenden:

- allmählicher Wandel, Unzufriedenheit,
- eine Not, Krise, Enttäuschung, emotionaler Schock, Verlust, Channeling, Nahtoderfahrung, Außerkörpererfahrungen,
- die Erfahrung einer anderen Dimension,
- eine Erfahrung als Ruf und Möglichkeit einer Verpflichtung,
- die Bereitschaft zu einem Entschluß, diese Verpflichtung auf sich zu nehmen,
- der Gehorsam, die Treue zu diesem Weg.

Ich werde versuchen, in dem begrenzten Rahmen eines Buchkapitels zu erklären, was Yoga wirklich meint.

Die Philosophie des Yoga ist faszinierend, geheimnisvoll und uralt. Sie befaßt sich mit den tiefsten Mysterien des Lebens und des Universums. Interpretationsmöglichkeiten, wie sie uns heute in einer zum Teil chaotischen Vielfalt der angebotenen Yoga-Literatur begegnen, gibt es zahllose, da das unumstrittene Grundlagenwerk des „Patanjali", die sogenannten *Yoga-Sutras*, 198 Aphorismen, eine große Bandbreite für verschiedenste Auslegungen bieten. Historisch ist Patanjali etwa 200 vor Christus einzuordnen, es gibt keine genaue Festlegung. Jedem ernsthaft Interessierten möchte ich das Buch von Prof. I.K. Taimni, *Die Wissenschaft des Yoga* empfehlen, eine überaus kompetente Lektüre zu dem umfassenden Thema Yoga. Ich möchte an dieser Stelle auch einmal meiner persönlichen Betroffenheit Ausdruck geben, daß westliche Yoga-Lehrer unserer Zeit aus der komplexen Philosophie und Technik des Yoga immer wieder nur jene Übungen herausnehmen und als Yoga lehren, die als „asanas und pranayamas" bekannt sind, und damit den Yoga zu einem System der Körperkultur degradieren.

Die Wissenschaft des Yoga ist eine Wissenschaft der Selbsterziehung, einer beschleunigten, evolutionären Entwicklung, und ihre Wahrheiten gründen auf Erfahrungen einer ununterbrochenen Folge von Mystikern, Weisen und Heiligen und sind nachvollziehbar von Menschen, die eine bestimmte Stufe ihrer Entwicklung erreicht haben und von daher zu der für einen solchen Übungsweg verlangten Disziplin und Ausdauer in der Lage und bereit sind.

Nun zu Prof. Taimni:

In den *Yoga-Sutras* hat der Autor die Yoga-Philosophie und -Technik in einer Weise zusammengefaßt, die ein Wunder an kurzgefaßter und systematischer Auslegung darstellt. Der Studierende, der das Buch zum ersten Mal nur flüchtig durchliest, mag die Aussagen ziemlich merkwürdig und gewagt finden. Doch ein gründliches, vertieftes Studium enthüllt die rationale Basis der Behandlung. Die nachfolgende Übersicht wird zeigen, wie vernünftig die ganze Darlegung ist.

Der erste Abschnitt befaßt sich mit dem Wesen des Yoga im allgemeinen und seiner Technik. Er soll die Frage beantworten: „Was ist Yoga?" Da Samadhi (Erleuchtung) die wesentliche Yoga-Technik ist, nimmt es selbstverständlich den bedeutendsten Platz unter den in diesem Teil behandelten Themen ein. Er trägt deshalb die Überschrift „Samadhi Pada".

Der zweite Abschnitt befaßt sich in seinem ersten Teil mit der Philosophie der „Klesas" (Leiden) und soll die Frage beantworten: „Warum sollte irgend jemand Yoga üben". Er gibt eine großartige Analyse der Zustände des Menschenlebens, des Elends und Leidens, die diese Lebensbedingungen mit sich bringen. Diese Philosophie der „Klesas" muß von jedem gründlich verstanden werden, der unerschütterlich entschlossen ist, Leben für Leben den Yoga-Pfad zu durchlaufen bis er ans Ziel gelangt.

Der zweite Teil des zweiten Abschnitts befaßt sich mit den ersten fünf Übungen der Yoga-Technik, die als „Bahiranga", äußerlich, bezeichnet werden. Diese Übungen sind vorbereitender Natur und sollen den Sadhaka (Übenden) für die Übung des Samadhi tauglich machen. Da dieser Abschnitt den Strebenden physisch, mental, emotional und moralisch auf die Übung des höheren Yoga vorbereiten soll, heißt er „Sadhana Pada“. Hier setzt Yoga an, wie er heute im Westen allgemein verstanden und gelehrt wird.

Der erste Teil des dritten Abschnitts stellt die weiteren Übungen der Yoga-Technik vor, die als „Antaranga“, innerlich, bezeichnet werden. Diese Übungen, die im Samadhi ihren Höhepunkt finden, entwirren alle Geheimnisse des Yoga-Lebens und führen zur Erlangung der sogenannten „Siddhis“ (Paranormale Kräfte).

Im zweiten Teil dieses Abschnitts werden diese Vervollkommnungen ausführlich diskutiert, weshalb dieser Abschnitt „Vibhuti Pada“ genannt wird.

Im vierten und letzten Abschnitt werden all jene wesentlichen philosophischen Probleme behandelt, die mit dem Studium und der Ausübung des Yoga zusammenhängen. Die Natur des Verstandes und der mentalen Wahrnehmung, des Wunsches und seiner bindenden Wirkung, der Befreiung und der dieser folgenden Ergebnisse werden kurz, doch systematisch erläutert, um dem Studierenden eine geeignete Grundlage theoretischen Wissens zu geben. Da all diese Themen auf die eine oder andere Weise mit dem Erreichen von „Kaivalya“ (Befreiung) zusammenhängen, heißt dieser Abschnitt „Kaivalya Pada“.

Natürlich braucht dieses Meisterwerk der Yoga-Literatur eine Ausarbeitung des Themas, die es dem Studierenden erlaubt, tiefer in die Materie einsteigen zu können und schließlich selbst, aufgrund eigener Erfahrungen, darüber zu reflektieren.

Das Streben nach dem Ideal des Yoga ist keine leichte Aufgabe und kann niemals als entspannendes und wohltuendes Hobby betrieben werden. Auch nicht als Flucht vor dem Druck des Alltags und ungeklärten Lebenssituationen! Dies sei hier einmal deutlich gesagt! Erst wenn wir zu der Erkenntnis gekommen sind, daß die Leiden und Nöte unseres Lebens nur dann geändert und gelöst werden können, wenn wir uns selbst ändern, ist Yoga eine einzigartige Hilfe. Dieser Erkenntnis- und Entwicklungsprozeß ist nicht in einer Inkarnation möglich, sondern nur in vielen Leben, und damit möchte ich ein paar Sätze zur Reinkarnation und Karma, dem Gesetz von Ursache und Wirkung, sagen. Ohne diese Lehre hat Yoga kein Fundament. Man kann nicht Yoga machen und die Reinkarnationslehre, das Fundament, ablehnen.

Bei den großen historischen Religionen des Ostens ist die Reinkarnationslehre ein grundlegender Lehrsatz. In Indien hat sie ihren Einfluß in der Metaphysik der Brahmanen. Auch die gnostische und die neuplatonische Philosophie betrachten die Reinkarnationslehre als einen integrierenden Teil ihrer Gesamtlehren. Bei vielen Stämmen Nord- und Südamerikas begegnen wir dieser Lehre als einem tief verwurzelten Glauben, zum Beispiel bei den Mayas, die sowohl in ihrer Sprache als auch in ihrer Symbolik mit dem alten Ägypten verbunden waren.

Das Mittelalter überschwemmte Europa mit einer Unwissenheit, die nicht nur die Lehre der Reinkarnation auslöschte, sondern die ganze Metaphysik, die Philosophie und Wissenschaft im allgemeinen. Während Europa in der Barbarei versank, erfreute sich der Osten einer verfeinerten Kultur. Trotz der Bemühungen der Kirche, die Reinkarnationslehre auszumerzen, bekannten sich viele große Seelen zu ihr, zum Beispiel Paracelsus, Böhme, Swedenborg, und auch die deutsche Philosophie wurde durch sie bereichert, durch Schopenhauer, der die Upanischaden studiert hatte, Lessing, Hegel, Leibniz und viele andere.

Im Umfang dieses Buches muß ich mich zu diesem Thema kurz fassen, möchte aber nicht unerwähnt lassen, daß heute bei einer immer größer werdenden Anzahl gebildeter Menschen die Reinkarnation als mögliche Hypothese durchaus anerkannt und diskutiert wird. Diese Lehre eignet sich hervorragend zur Erklärung scheinbar nicht miteinander in Beziehung stehender Erscheinungen. Sie bringt Licht in viele Probleme der Konstitution des Menschen, seines Charakters, seiner Beziehungen, seiner Entwicklung und seiner Bestimmung, ist doch die Gesetzmäßigkeit von Ursache und Wirkung die sogenannte „Karma-Lehre", unlösbar mit der Reinkarnation verbunden. Albert Einstein sagt: „Für uns gläubige Physiker hat die Trennung zwischen Vergangenheit, Gegenwart und Zukunft den Wert einer bloßen, wenn auch hartnäckigen, Illusion."

Ich wiederhole an dieser Stelle, daß ich persönlich um die Wahrheit der Reinkarnation seit meiner Kindheit weiß, da mich ein gewaltsames Todeserlebnis in der vorherigen Inkarnation in meinen Träumen immer wieder heimsuchte. Auch die bereits geschilderte Nah-Toderfahrung mit meiner ersten Außerkörper-Erfahrung vermittelten mir weitere Einblicke, besser gesagt, Rückblicke in frühere Inkarnationen und ermöglichten mir dadurch ein umfangreicheres Verständnis meiner heutigen Lebenssituation.

Ich erlaube mir aufgrund meiner subjektiven Erfahrung, davor zu warnen, zu früh, aus purer Neugier, sich mit dem Wissen über frühere Leben zu belasten, wo die Bewältigung der heutigen Lebenssituation oft schon ein unlösbares

Problem darstellt. Man muß für ein solches Wissen reif und vorbereitet sein!

Nun werde ich auf die Gesamtkonstitution des Menschen eingehen, um zu einem noch tieferen Verständnis unseres Themas zu kommen. Das Bewußtsein des Menschen wurzelt im Bewußtsein des Logos unseres Sonnensystems auf der höchsten Ebene und ist ein Teil von ihm. Es steigt Stufe um Stufe herab bis zur physischen Ebene und mani festiert sich auf den verschiedenen Ebenen durch verschiedene Bewußtseinsträger.

Die verschiedenen Körper, Hüllen oder auf Sanskrit „kosas", durchdringen sich gegenseitig und werden von der Peripherie zum Zentrum hin immer weniger materiell, das heißt, das Bewußtsein nimmt zu. Wenn wir vom göttlichen Bewußtsein Stufe um Stufe herabsteigen, verliert es seine göttlichen Eigenschaften immer mehr, bis schließlich auf der physischen Ebene, unserem physischen Körper, die äußerste Grenze, die niedrigste Schwingungsfrequenz, erreicht ist.

Bei den Yoga-Übungen ist es nun so, daß das Bewußtsein sich nach innen, Hülle um Hülle, zurückzieht, der Abstieg kehrt sich um in einen Aufstieg, das bedeutet, daß das Bewußtsein sich immer freier entfalten kann, unkonditioniert von den niederen Ebenen und sich so dem göttlichen Bewußtsein wieder annähert. Diese Erfahrung macht jeder Yogi, wenn er sein Bewußtsein von einer Ebene auf eine andere anhebt. Der noch stark materiell orientierte Mensch hat Angst davor, sich auf die ihm unbekannten Ebenen zu erheben und er fürchtet, die vitalen Freuden der physischen Ebene aufgeben zu müssen. Dabei verhält es sich genau umgekehrt, die physische Ebene ist nur eine düstere Widerspiegelung der höheren Ebenen des Geistes!

Beim Aufzählen der verschiedenen „Körper“ ist es wichtig, sich zu erinnern, daß durch diese einzelnen Hüllen immer nur ein Bewußtsein, nämlich göttliches Bewußtsein, wirkt und zwar unteilbar. Nur die Färbung des Bewußtseins, im wahrsten Sinn des Wortes, ist von Ebene zu Ebene, von „kosa“ zu „kosa“, verschieden.

Die drei niederen Körper mit der niedrigsten Schwingungsfrequenz sind laut Vedanta: „Annamaya kosa“ gleich physischer Körper, „Pranamaya kosa“ gleich Ätherkörper und diese beiden zusammen bilden den eigentlichen physischen Körper. „Manomaya kosa“ besteht aus dem astralen und niedermentalen Körper. Diese Körper bilden zusammen die Persönlichkeit, sind vergänglich und müssen deshalb bei jeder Inkarnation neu gebildet werden.

Die drei höheren Bestandteile unserer Konstitution sind: der Kausalkörper (höher mental), „Vijnanamaya kosa“, der buddhische Körper, „Anandamaya kosa“ und der Atmische Körper, sozusagen der Kern der spirituellen Seele, des sogenannten „Jivatma“. Hier ist sozusagen die Grenze unserer Selbstverwirklichung, doch müssen wir davon ausgehen, daß jenseits der atmischen Ebene noch weitere Ebenen vorhanden sind.

Die genannten drei höheren Bestandteile unserer Konstitution machen unsere Individualität aus, die selbstverständlich die Persönlichkeit mit einschließt.

Die Individualität stellt das spirituelle Element im Menschen dar und ist unser unsterbliches Selbst, das von Inkarnation zu Inkarnation seine göttlichen Eigenschaften durch die niederen Bewußtseinsträger zur Entwicklung bringt, also der Vorgang, den wir Transformation des Bewußtseins oder die Vergeistigung der Materie nennen.

Ein Mensch, der die Stufe der Individualität erreicht hat, ist sich seiner unsterblichen, göttlichen Natur bewußt und weiß um die Einheit des Lebens. Auf dieser Ebene sind auch all die Erinnerungen präsent, die der Mensch als verschiedene Persönlichkeiten in verschiedenen Inkarnationen durchlebt hat. Wir werden auf dieser Stufe sozusagen zu etwas, was wir im Grunde schon sind und verstehen von daher den bekannten okkulten Satz: „Werde, was du bist!"

Für den Intellekt sind diese Wahrheiten oft unannehmbar, denn hier geht es um die Kausalebene, die Ebene der Intuition, und man braucht das Licht dieser Ebene, um diese Wahrheit verstehen zu können. Albert Einstein drückte das Gesagte folgendermaßen aus:

> „Rein logisches Denken verschafft uns keine Erkenntnis über die wirkliche Welt: Alle Erkenntnis der Wirklichkeit beginnt mit der Erfahrung und endet in ihr. Alle Aussagen, zu denen man auf rein logischem Wege kommt, sind, was die Realität angeht, vollkommen leer."

Solange ein Mensch noch ganz in Gedanken und Gefühlen seiner derzeitigen Persönlichkeit lebt, also in seinem physischen, astralen und niedermentalen Körper, ist es unvermeidlich, daß sich im Tode dieses Ich auflöst. Gelingt es aber, das Bewußtsein von den Ebenen der Persönlichkeit auf die der Individualität zu transformieren, dann erkennen wir, daß wir diese geistige Wesenheit sind und all die Probleme, die zu unserer Persönlichkeit gehören, uns nicht wirklich berühren. Das, wonach wir uns alle sehnen, selbst der größte Materialist, Unsterblichkeit und Frieden, kann nie im Bereich der Persönlichkeit gefunden werden, obgleich die geistige Entfaltung der Individualität sich sicherlich in begrenztem Maß auch in der Persönlichkeit spiegelt.

Nach diesen etwas allgemeinen Ausführungen über die verschiedenen Ebenen möchte ich nun auf die Funktionen und Wirkungsweisen der einzelnen Körper im persönlichen Bereich untereinander, beziehungsweise aufeinander eingehen.

Die Natur entwickelt sich von unten nach oben, beginnen wir also beim physischen Körper, den wir alle am besten kennen. Wenn wir höhere, energetische Zusammenhänge begreifen wollen, müssen wir davon ausgehen, daß der physische Körper nur ein Werkzeug der Seele ist, das wir auf der physischen Ebene für unsere Arbeit benötigen. Das, was wir physischen Körper nennen, setzt sich in der Terminologie des Vedanta aus „Anamaya kosa“ und „Pranamaya kosa“ zusammen, dem grobstofflichen und ätherischen Doppel. Dieser ätherische Körper ragt etwa sieben bis zehn Zentimeter über den normal sichtbaren Körper hinaus und wird von hellsichtigen Menschen gesehen und auch gefühlt. In diesem Ätherkörper befinden sich die sogenannten „chacras“, die im Yoga eine so wichtige Rolle spielen. „Chacras“ sind Transformatoren für Prana, Lebensenergie, Sonnenenergie und die eigentlichen Kontaktpunkte zwischen dem physischen und astralen Körper. Die Aktivierung dieser „chacras“ wird durch die „Kundalini“, jene geheimnisvolle Energie, Schlangenkraft genannt, bewirkt, die ihren Sitz am unteren Ende der Wirbelsäule hat.

Ich erlaube mir in diesem Zusammenhang darauf hinzuweisen, beziehungsweise vor den ernsthaften Gefahren und Schäden zu warnen, die für den physischen Körper entstehen, wenn wir mit „Kundalini“ experimentieren, wie es heute leider in einer unwissenden und unverantwortlich verharmlosenden Art getan wird. Nur Fortgeschrittene auf dem Yogaweg und unter entsprechender Führung durch einen Meister sind für diese Kräfte und ihre Wirkungen vorbereitet. Ich erinnere an meine eigene Erfahrung in der Cheops-Pyramide und die leidvollen Auswirkungen, die ich über Monate zu ertragen hatte.

Allen an diesem Thema Interessierten empfehle ich die Lektüre des auf diesem Gebiet einmaligen Buches von Stanislav und Christina Grof *Spirituelle Krisen*, dessen Aussagen ich in vielen Punkten durch persönliche Erfahrungen nur bestätigen kann.

Yoga bedeutet Umgang mit Energie, und wer Energie sagt, meint Schwingung, Frequenz, die heute bis in feinste Bereiche mit entsprechenden Parametern nachweisbar geworden ist. Wenn ich von Materie spreche, so benutze ich diesen geläufigen Ausdruck für Energie mit einer niederen Schwingungsfrequenz, denn Materie nach dem alten Verständnis gibt es auf wissenschaftlicher Grundlage nicht, alles ist Energie!

Jede Verbindung von Materie ist auf allen Ebenen, in allen Körpern, mit einer bestimmten Schwingungsfrequenz identisch und kann von daher, nach dem Resonanzgesetz, nur in einem bestimmten Schwingungsbereich reagieren. Die Schwingungsfähigkeit unseres Körpers wird also durch die Qualität und das Verhältnis der unterschiedlichen Dichte von Materie in ihm bestimmt.

Einfach gesagt: Ein Mensch, dessen Körper sich aus feineren Verbindungen zusammensetzt, ist fähiger, auf höhere Schwingungen zu reagieren als ein Körper, der aus gröberen Verbindungen besteht und folglich viel mehr auf Schwingungen niederer Gedanken und Gefühle reagieren wird, die aus dem Astral- und Mentalkörper kommen. Hier spielt das Nervensystem eine ganz entscheidende Rolle, um Gedanken und Gefühle ins Bewußtsein treten zu lassen, die sich auf der physischen Ebene manifestieren. Die Schwingungen unseres Nervensystems sind es, die alle Bewußtseinsphänomene hervorbringen. Da nun der Zustand, die Qualität unseres Nervensystems vornehmlich, aber nicht nur, aufgrund seiner Ernährung vom ganzen Körper abhängt, kann seine Reaktionsfähigkeit auf verschiedene Schwingungsarten nur so sein, wie die des gesamten physischen Körpers.

Diese Tatsache veranlaßt heute immer mehr Menschen zu glauben, daß sie ihr Leben durch einen Vollwertspeisezettel und Fastenkuren spiritualisieren können, doch ich betone ausdrücklich, wenn die Reinheit des Körpers, die hier angestrebt wird, nicht mit einer spirituellen Lebensführung verbunden wird, ist sie wertlos, ja sinnlos.

Zum Astralkörper ist kurzgefaßt zu sagen, daß er Schwingungen, über unsere Sinnesorgane aufgenommen, dem physischen Körper in Form von Empfindungen zuführt, die über die Nerven zu den entsprechenden Zentren im Gehirn geleitet werden und von dort reflektiert in den „chacras“ zu Emotionen umgewandelt werden. Von dort geschieht dann die weitere Reflektion in den niederen Verstand, den Mentalkörper, und so erscheinen schließlich die Bilder auf dem Bildschirm des Verstandes... So werden also astrale Empfindungen durch Sinnesorgane in mentale Wahrnehmungen von Form, Farbe, Ton, Geruch, Geschmack und Tastgefühl durch den niedermentalen Körper umgewandelt. Verschiedene Wahrnehmungen werden zu einem Gesamtbild zusammengesetzt, im Gedächtnis aufbewahrt und ergänzt. Koordination und Kontrolle über die alltäglichen Bewegungen finden im niederen Mentalkörper statt. Wunsch und Gedanken bringen stets beide Körper, astral und mental, zum Schwingen, und ich kann hier leider nicht auf die Komplexität und das Verständnis der menschlichen Wunschnatur eingehen, die eine grundlegende Rolle in unserem Leben und in unserem gesundheitlichen Befinden spielt. Doch es lohnt sich, einmal ganz persönlich darüber zu reflektieren, daß die Welt, in der wir leben, in Wirklichkeit in unserem persönlichen Denken, also in uns ist, und daß wir inmitten von gröbsten Täuschungen leben, die der Inder als Illusion, „maya“ bezeichnet...

Zusammenfassend möchte ich noch einmal aufzeigen, daß unser Bewußtsein auf verschiedenen Ebenen durch verschiedene Körper wirkt und daß das Gehirn durch das Nervensystem lediglich die Prinzipien der verschiedenen Ebenen in unser Bewußtsein bringt. Nach meinem Wissen sind neunzig Prozent aller Erkrankungen durch Störungen im Astral- und Mentalkörper bedingt. Der physische Körper, als letztes Glied in der Kette von Prinzipien, zeigt die Auswirkungen und Störungen auf den darüberliegenden Ebenen.

Wenn wir wollen, und wer wollte das nicht, daß wir Meisterschaft über unseren Körper und damit über unser Leben erlangen, so müssen wir lernen, uns auf jede beliebige Aufgabe so lange zu konzentrieren, bis entweder die Aufgabe erfüllt ist oder wir entscheiden, unsere Konzentration von der Aufgabe abzuziehen. Die Beherrschung und Kontrolle unseres Verstandes muß vollkommen sein, ehe wir uns auf die höheren Ebenen, die jenseits des Verstandes liegen, begeben wollen und können...! Was eine regelmäßige Meditationspraxis angeht, sei hier einmal gesagt, daß man sich darin nicht versuchen sollte, solange der Mentalkörper nicht durch absolute Konzentration beherrscht werden kann. Wo nicht ein gewisses Maß an Abstraktionsfähigkeit erreicht wurde, besteht keine Möglichkeit, die niederen Regionen des Denkens zu verlassen und sich auf höhere Ebenen zu begeben. Die Verwechslung von Meditation mit mentalen Konzentrationsübungen ist heute weit verbreitet und Träumerei und unkontrollierter, freier Lauf von Gedanken, Worten und Bildern lassen niemals die Erfahrung und den Gewinn zu, der den Begriff Meditation verdient. Das oft angeführte Argument des sich Wohlfühlens und Ruhigerwerdens ist zwar ganz schön in einer Welt der Unruhe, doch geht es an dem Sinn und Inhalt einer Übung, die auf Verwandlung angelegt ist, voll und ganz vorbei.

Ich komme zurück zu meiner persönlichen Arbeit mit meinem Meister, Mr. Iyengar. Ich durfte die Möglichkeiten und Segnungen einer Yoga-Therapie, eingebettet in das Gesamtkonzept des Yoga und die klassische Meister-Schüler-Beziehung, wie die Tradition sie überliefert und vorschreibt, am eigenen Leib in harter Arbeit beiderseits an mir selbst erfahren. Es ist zu betonen, daß all die wunderbaren Wirkungen, die Yoga unbestreitbar auf all unsere verschiedenen Körper hat, sich nur und nur dann entfalten können, wenn die Übung ununterbrochen, wie „Patanjali" es fordert, durchgeführt wird, ohne Unterbrechung, als Exerzitium, das man auch dann macht, wenn man keine Lust und keine Zeit hat! Die biochemischen Veränderungen, die heute nachzuweisen sind, können sich nur in der Kontinuität des Übens einstellen und stabilisieren, alles andere ist nur ein Wassertropfen auf einen heißen Stein...

Ich hoffe nach diesen Ausführungen niemanden entmutigt zu haben, Yoga zu üben, wo immer er in seiner Entwicklung auf der große Jakobsleiter gerade stehen mag. Yoga ist die wundervollste Kunst und Wissenschaft und der holistischste Ansatz des Heilens, der mir bis heute begegnet ist. Ich staune immer wieder, wie ergiebig diese uralte Wissenschaft ist, daß immer wieder von erfindungsreichen Therapeuten Einzelaspekte des Yoga herausgegriffen werden, die dann als eine Neuschöpfung benannt, vorgestellt und an suchende Menschen „verkauft“ werden. Ich spreche hier nicht gegen die Therapeuten, sondern für Yoga!

Nach diesem Exkurs über Lehrinhalte meiner Yoga-Arbeit, möchte ich einige Ereignisse, die für meine weitere Entwicklung auf dem eingeschlagenen Weg bedeutungsvoll waren, erwähnen.

Im Jahr 1984 nahmen die Seminareinladungen zu, unter anderem lud mich der „Kneipp Bund e.V. Bundesverband für Gesundheitsförderung“ nach Bad Wörishofen ein, um dort im Herbst des nächsten Jahres ein einwöchiges Weiterbildungsseminar nach der „Iyengar Methode“ zu halten. Inzwischen hielt ich in den Yoga-Schulen von Kolleginnen, in und außerhalb von Saarbrücken, Seminare von unterschiedlicher Dauer.

Für November bereitete ich meinen dreimonatigen Aufenthalt bei Mr. Iyengar vor. Eine Woche vor meiner Abreise wurde mein Auto gestohlen, es war Buß- und Bettag, es hatte direkt vor der Haustür unter der Laterne geparkt. Die dadurch verursachten zusätzlichen Aktivitäten belasteten mich in hohem Maße und ich fühlte mich kurz vor einem physisch-psychischen Kollaps. Die mahnenden Worte von Sri Pandit: „Achten Sie darauf, Sie dürfen sich nie überanstrengen“ waren mir zu diesem Zeitpunkt nicht mehr präsent...

Irgendwie bekam ich alles „geregelt“ und als ich dann endlich in Poona in der Bibliothek des Instituts Mr. Iyengar bei einem ersten Wiedersehen gegenüber saß, war seine erste Frage: „How do you feel?“ (Wie fühlst du dich?). Ich antwortete „happy, to be here, but exhausted“ (Glücklich, aber erschöpft!). Mit beinahe drohender Stimme kam seine Antwort: „This word you have to wipe out of your dictionnary!“ (Dieses Wort mußt du aus deinem Wortschatz streichen!). Diese Aussage prägte sich mir zutiefst ein und ich richtete mich danach, sowohl während der mich extrem fordernden Yoga-Arbeit mit Mr. Iyengar als auch in der Zeit nach meiner Rückkehr aus Indien. Wie schon zuvor erwähnt, bekam ich bei meiner Abreise Ende Januar mein zweites Lehr-Zertifikat, das mir damals als sichtbarer Ausdruck einer vollbrachten Leistung erschien und der Erfolg erfüllte mich unbestreitbar mit einem gewissen Stolz...!

Beim heutigen Reflektieren der damaligen Situation drängt sich mir die Frage auf, wie weit hatte ich mich eigentlich von dem spirituellen Aspekt des Yoga entfernt?

Nach meiner Rückkehr nach Saarbrücken machte ich mich mit dem Gedanken vertraut, wieder ein eigenes Yoga-Institut zu haben und somit das Reisen und Unterrichten in fremden Räumen aufzugeben. Da ich schon immer auf Strahlungen jeder Art, vor allem jedoch auf Erdstrahlungen und elektromagnetische Schwingungen sehr empfindlich reagiere, machte mir meine Gesundheit immer wieder Probleme. Diese Tatsache war ein Hauptgrund für meine Suche nach geeigneten Räumlichkeiten. Am 15. August 1985 war es dann soweit, daß ich in einer der sogenannten besten Wohngegenden Saarbrückens, am Rotenbühl, in der Scheidter-Straße 144, mein Institut eröffnete.

Als das Institut-Schild, goldfarben mit weißer Schrift und meinem Logo, das ich vor Jahren schon symbolisch durchdacht und entworfen hatte, im Vorgarten des Hauses

installiert wurde, fühlte ich mich am Ziel meiner Yoga-Wünsche und war überglücklich...!
Ich möchte an dieser Stelle einmal eine Erklärung der in meinem Logo verwandten Symbolik geben, nach der ich oft gefragt werde: Es besteht aus einem Kreis, Symbol der Ganzheit und Vollkommenheit, dieser wird durch ein Kreuz in vier Quadranten aufgeteilt, im Schnittpunkt befindet sich ein Herz. Das Kreuz ist ein universelles Symbol und keineswegs nur auf den christlichen Bereich beschränkt. Es bildet die Orientierung im Raum, die beiden Achsen stehen für Zeit, vertikal, und Raum, horizontal, im Schnittpunkt die Gegenwart, der Mensch. Es repräsentiert die Vierheit (vier Jahreszeiten, vier Temperamente, vier Himmelsrichtungen, vier Elemente, vier Evangelisten...). Ich dachte dabei auch an die Kosmologie der Maya, wie sie zum Beispiel in „Palenque“, auf Yucatan, sich präsentiert mit den Kardinalpunkten, denen sowohl Farben als auch kalendarische Jahresträger zugeordnet sind. Durch meine Beschäftigung mit Astrologie zeigt mein Logo auch die Darstellung des Zodiakus, des astrologischen Tierkreises, der mit dem sogenannten kardinalen Kreuz die Horizont- und Meridianachse des Horoskops festlegt, im Schnittpunkt wieder der Mensch, der Horoskopeigner, durch das Herz symbolisiert. Die Zwölfer-Einteilung des Kreises, die Zahl zwölf, symbolisiert wieder die Vollständigkeit und Ganzheit, hat Bezug zu den zwölf Feldern des Tierkreises, die einzelne Gebiete zeigen, in denen sich mundan unser Leben abspielt, in denen wir unsere Betätigungsfelder und Möglichkeiten zur Erfüllung unserer Aufgaben, unseres Schicksals finden.

Der Berufsverband der Deutschen Yoga-Lehrer, kurz BDY genannt, lud mich als Referentin für „Yoga nach Iyengar" zu einem Wochenseminar in den Taunus ein. Dadurch wurde ich sowohl als Person, als auch meine Arbeit in einem noch größeren Kreis von Yoga-Freunden bekannt. Bald unterrichtete ich von Montag bis Freitag nach festem Zeitplan zehn Gruppen mit maximal vierzehn Teilnehmern und gab zusätzlich pro Monat ein Wochendseminar mit thematischen Schwerpunkten. Yoga war mein Leben geworden oder sollte ich es besser umdrehen und sagen: mein Leben war Yoga?

Ein absoluter Höhepunkt der damaligen Zeit war ein privater Besuch von Mr. Iyengar für einige Tage bei mir zu Hause. Nach einem „Natura-Kongreß" in Basel, wo Mr. Iyengar als Referent für indisches Heilen eingeladen war und wo wir uns getroffen hatten, kam er nach dem Kongreß mit Faëq Biria, einem gleichaltrigen Kollegen per Auto angereist. Faëq Biria ist im Iran geboren, lebt seit Jahren in Paris, inzwischen mit einer Französin verheiratet und leitet dort das „Iyengar-Yoga-Zentrum". Faëq begleitet Guruji auf fast allen Reisen und kümmert sich dabei um die persönliche Betreuung. Ich fühlte mich von Anfang an durch sehr viel Sympathie und Gleichheit der Interessen und Bestrebungen mit Faëq verbunden. Wir, das waren der Meister und seine beiden Schüler, verbrachten unvergeßliche Tage und „halbe Nächte" miteinander, denn meist gingen wir erst gegen Mitternacht schlafen und spätestens um fünf Uhr morgens war allgemeines Treffen in der Küche, wo Guruji uns „Patanjali" näher brachte bei einer homöopathisch dosierten Menge Filterkaffee, den wir vor dem Üben von „asanas und pranayama" zu uns nahmen. Wir übten meist in meinem großen Wohnraum, wo es genügend

Platz für drei plus Hilfsmittel, wie Stühle, Bänke und Polster gab.

Im kleinen Saal der Kongreßhalle zeigten wir den indischen Film über „Gurujis Leben", den er mitgebracht hatte. Anschließend stellte er sich den Fragen des zahlreich erschienenen Yoga-interessierten Publikums und ich fungierte als Übersetzerin. Das Interesse an seiner Person als auch an seiner Yoga-Methode war groß, wir kamen in diesen Tagen kaum zur Ruhe. Spontan begleitete er mich morgens, zusammen mit Faëq, ins Institut und übte mit der gerade anwesenden Klasse, Yoga-Therapie stand im Mittelpunkt. Für mich persönlich war es nicht so ganz einfach bei all den Aktivitäten, zu den Mahlzeiten frisch zubereitete Speisen auf den Tisch zu bringen. Guruji mag keine Restaurants und nach Yoga-Art werden Speisen nur frisch zubereitet gegessen, niemals aufgewärmt oder im voraus gerichtet. Prana, die Energie in der Nahrung, wäre zerstört und sie würde nur den Magen belasten und das Verdauungssystem stören. Es war Spargel- und Erdbeerzeit, beides mag Mr. Iyengar sehr und half mir, meinen vegetarischen Speiseplan etwas abwechslungsreicher zu gestalten.

Meine persönliche Energie muß damals auf einem so hohen Schwingungsniveau gewesen sein, daß einfach alles klappte und ich alles meisterte. Lebensfreude fand durch viel Lachen ihren Ausdruck, die Tage waren inhaltreich an innerem und äußerem Erleben. Sie vergingen wie im Flug. Als ich schließlich an der Autobahneinfahrt Richtung Paris, bis wohin ich die beiden begleitet hatte, winkend allein zurückblieb, fühlte ich mich unbeschreiblich allein gelassen... Loslassen in Dankbarkeit war angesagt, eine mir vertraute Übung...!

Noch ganz unter der Nachwirkung des Erlebten kam am nächsten Tag, am 26. April 1986, die Nachricht vom Reaktorunfall in Tschernobyl... Das Leben ist wahrlich kontrastreich!

Um zum Ende dieses Kapitels zu kommen, möchte ich noch einmal sagen, daß Yoga eine Heilige Wissenschaft ist und allen Menschen offen steht, die bereit sind, diesen Weg der Disziplin, der Ausdauer, der Geduld, der Hingabe und der nötigen Demut und Bescheidenheit zu gehen. Die Früchte, die uns dabei entgegenreifen, sind den Einsatz wert, wie wir an denen beobachten können, die diesen Weg gegangen sind. Wir müssen nur darauf achten, daß wir unsere Spiritualität in unser alltägliches Leben integrieren, die Freude, die Ehrfurcht und auch die Fähigkeit, dem Leiden ins Angesicht zu schauen. Wir müssen wissen, gerade an der Schwelle zu einem neuen Jahrtausend, daß, solange wir diese Qualität oder Schwingungsfrequenz von Frieden, Gelassenheit, Liebe, Freude, Präsenz und Aufrichtigkeit noch nicht in uns kultiviert haben, all unsere Handlungen von Verhaftetsein gefärbt sind. Da wir aber nicht warten können mit dem Handeln, gebrauchen wir also unser Handeln als einen Weg, um an uns zu arbeiten, zu unserem eigenen Wohl, zum Wohl unserer Mitmenschen, unseres Planeten und des ganzen Kosmos, denn ein erweitertes Bewußtsein wird uns eines schönen Tages alle erkennen lassen, daß wir Weltenbürger sind.

Krishnamurtis Worte enthalten eine einfache, doch ernstzunehmende Aufforderung:

> „Wir können sehr weit kommen, wenn wir mit dem Nächstliegenden anfangen – und das sind wir selbst. Wir fangen meist mit dem Fernsten an – mit dem höchsten Prinzip, dem größten Ideal – und verlieren uns in die Tagträumerei des imaginativen Denkens. Wer aber mit dem Nächstliegenden beginnt, bei sich

selbst, dem steht die ganze Welt offen, denn er ist die Welt. Mit dem, was ist, müssen wir beginnen, mit dem, was jetzt geschieht, und das Jetzt ist zeitlos."

Begegnung mit Heilern und paranormalem Heilen

Wochenlang hatte ich in meinem Institut die Einladung zu den „Baseler Psi Tagen 1986" aushängen, ein internationaler Kongreß für interdisziplinäre Diskussion von Grenzfragen der Wissenschaft. Das Thema: „Exotisches PSI, Paranormales in anderen Kulturen". Am Donnerstag, den 30. Oktober 1986, sollte der Kongreß beginnen. Ich hatte zunächst keinerlei Absicht, an diesem Kongreß teilzunehmen aufgrund meiner ausgesprochenen Aversion, die ich in den letzten Jahren entwickelt hatte gegen das, was sich in unserem Sprachraum unter „Geistigem Heilen" darbot. Ich hatte mehrfach Gelegenheit, zum Teil grotesk anmutende Erscheinungen und ihre Auswirkungen an Menschen zu beobachten, die sich zu diesem „Heiler-Konsum" hingezogen fühlten. Kranke heilten Kranke...! So stellte es sich für mich dar.

Doch dann kam eine spontane Sinnesänderung, als eine Schülerin aus meiner Mittwochmorgengruppe für Fortgeschrittene mir nach dem Unterricht ein Buch auf meinen Schreibtisch legte mit den Worten: „Das ist etwas für Sie...!" Das Buch hatte den Titel *Heilung beginnt im Unsichtbaren, Entdeckungsreise zur Medizin des Energiekörpers*. Mein Interesse war sofort geweckt und steigerte sich, als ich im Buch-Cover folgendes über die Autorin las: Dr. med. Janine Fontaine arbeitete lange Jahre als leitende Anästhesistin und Kardiologin vor allem in der Intensivmedizin, bevor sie sich in Sophrologie, Homöopathie, Akupunktur sowie anthroposophischer Medizin weiterbildete. Auf den Philippinen lernte sie bei Antonio Agpaoa Diagnose und Therapie der Energiefelder des Menschen. Eine anerkannte, hochspezialisierte Krankenhaus-Ärztin kehrt dem modernen Medizinbetrieb den Rücken und beginnt, alternative Heilweisen zu lernen. Den Anstoß hierzu gab vor über 15 Jahren der Krebstod ihrer Mutter, der sie fragen ließ, ob denn die Welt der uns sichtbaren materiellen Erscheinungen tatsächlich die einzige Wirklichkeit ist.

In diesem Buch beschreibt die inzwischen weithin bekannte Heilerin ihren Weg. Wir erfahren, wie sie sich zunächst über das Studium verschiedener traditioneller Systeme der Bedeutung der Energie für Gesundheit, Krankheit und Heilung bewußt wurde, wie sie lernte, die Astrologie zum Verständnis der Patienten und zur Wahl der Therapie einzusetzen, und wie sie sich auch spirituell auf den Zugang zur feinstofflichen Welt vorbereitete, den ihr die Arbeit bei Antonio Agpaoa, dem inzwischen verstorbenen philippinischen Heiler, schließlich eröffnete. So entdeckte Janine Fontaine die Medizin unserer drei Körper, des physischen, energetischen und spirituellen. Was diese französische Medizinerin so überaus bemerkenswert und ihr Buch zu diesem Thema so notwendig erscheinen läßt, ist die Tatsache, daß sie beides ist: Ärztin und Heilerin. Sie weiß: Jeder unserer drei Körper muß auf seine Weise geheilt werden, wenn Gesundheit, das heißt Harmonie, wiederhergestellt werden soll. Schulmedizin, energetische Medizin und Initiation gehören zusammen. Janine Fontaine hat einen Zugang zur feinstofflichen Welt des Unsichtbaren gefunden und gelernt, ihre Gesetze zu verstehen und ihre Symbolik zum Wohl der Patienten zu nutzen. An zahlreichen Beispielen zeigt sie in für Laien wie für Ärzte faszinierender Weise, wie sie die Medizin des Energiekörpers praktiziert.

Ich war so beeindruckt, daß ich einen Adrenalinschub zu spüren bekam und mich sofort an den Namen Reverend Jun Agpaoa Cruz erinnerte, den ich auf der Referentenliste des

PSI-Kongresses gelesen hatte, dabei war vermerkt, daß er der Neffe des weltberühmten Heilers Antonio Agpaoa war, also dem Meister von Dr. Janine Fontaine...

Ich griff zum Telefon und bestellte mir im Kongreßhotel in Basel ein Hotelzimmer, ohne irgendeinen Zweifel an meinem so spontanen Vorhaben aufkommen zu lassen. Heute weiß ich, daß ich von einer anderen Ebene her geführt wurde und deshalb war mein Entschluß auch nicht rational einzuordnen.

Nach einer Bahnfahrt, die ich genutzt hatte, das besagte Buch von Dr. Fontaine zu Ende zu lesen, fühlte ich mich auf die Thematik des PSI-Kongresses eingestimmt und in gewisser Weise vorbereitet. Als ich im „Plaza Hotel" des Kongreßzentrums ankam und auf die Rezeption zuging, kam mir von der anderen Seite her ein elegant gekleideter Philippino entgegen, strahlte mich an und reichte mir die Hand mit den Worten: „Welcome to the Congress", worauf ich mit der Frage antwortete „Are you Jun Agpaoa Cruz?", lachend bejahte er.

Ich konnte es kaum fassen, doch begibt man sich erst einmal in PSI-Bereiche, dann ist alles möglich...!

An dieser Stelle möchte ich etwas vorgreifend erwähnen, daß ich Dr. Janine Fontaine erst 1990 in Paris persönlich kennenlernen sollte.

Am Nachmittag saß ich dann im großen Saal des Baseler Kongreßzentrums und folgte fasziniert der Gegenüberstellung der verschiedenen Diagnosemethoden in Theorie und Praxis durch die verschiedenen Heiler. Es waren eintausendvierhundert Kongreßteilnehmer anwesend, eine Menschenmenge, die es für die Veranstalter zu organisieren galt. So trug ich mich für den Abend-Workshop mit Jun Agpaoa Cruz ein, dem mein besonderes Interesse galt.

Als ich am Eingang des Saales, der für diesen Workshop vorgesehenen war, ankam, befand sich dort schon eine ganze Ansammlung von Menschen. Als die Tür schließlich geöffnet wurde, konnten nicht alle eingelassen werden. So waren wir etwa fünfundzwanzig Personen, ich zum Glück darunter, die in einem Halbkreis saßen, in der Mitte eine Liege, eine Schüssel mit Wasser, Watte und Öl, auf der Liege eine große schwarze Bibel. Aus einem Kassettenrecorder tönte das Mantra „Om shiva namaya...", die Atmosphäre hatte eine ganz besondere Schwingungsfrequenz, die mein eigenes Empfinden und Befinden spürbar veränderte. Dann kam Jun Agpaoa, im dunklen Anzug, weißes Hemd, Krawatte und bat uns alle, ehe er mit dem Gebet beginnen würde, unsere Gedanken zu ordnen und positiv zu kontrollieren. Er wiederholte diese Aufforderung nach einigen Minuten mit der Bemerkung, daß es noch zu viel Negativität im Raum gäbe und wer nicht mit sich zur Ruhe kommen könne, möge bitte den Saal verlassen. Es gingen daraufhin tatsächlich drei Personen hinaus. Die erste Versuchsperson, besser gesagt, der erste vorher ausgewählte Patient, legte sich auf die Liege und Jun hielt die Bibel über ihn und betete. Philippinisches Heilen ist immer in Religion eingebunden, in die tiefe Gläubigkeit, daß durch die Person des Heilers nur Gott heilen könne. Es folgten noch weitere Heilung suchende Menschen, die Jun mit seinen Händen „magnetisierte". Die Atmosphäre glich einem Gottesdienst und da ich wußte, daß auf den Philippinen meist in der Kirche nach dem Gottesdienst geheilt, behandelt wurde, spürte ich den Zusammenhang von Gebet, Ritual und Magie sehr deutlich. Beim Beobachten von Jun empfand ich jede seiner Bewegungen als sichtbares Zeichen einer unsichtbaren

Welt, eine tief verinnerlichte Gefühlswelt wurde für mich spürbar, ich fühlte mich selbst mit hineingenommen in eine andere Dimension, vergleichbar in etwa meinem Erleben im „Aurobindo Ashram" in Pondicherry.

Am nächsten Abend war ich wieder unter den Teilnehmern seines Workshops, doch die Tür konnte nicht geschlossen werden, da ein nicht endender Menschenstrom sich hereindrängte und eine entsprechende Unruhe verursachte. Jun wußte keine andere Lösung, als die Teilnehmer, die bereits am vorherigen Workshop teilgenommen hatten, zu bitten, für die Neuen den Platz zur Verfügung zu stellen... Großes Bedauern, nicht nur bei mir, doch ich hatte Verständnis.

Was nun, ich stand im Kongreß-Foyer und mußte mich neu orientieren, vor allem hatten die Workshops der anderen Sensitiven ja bereits begonnen. Ich faßte den Entschluß, den Saal zu suchen, wo Dr. Jerzy Rejmer aus Warschau seine Abendveranstaltung gab.

Am Nachmittag hatte er im großen Saal eine mich sehr beeindruckende Vorstellung in „bioenergetischer Diagnose" gegeben, wobei seine linke Hand, ohne die Dame, die er diagnostizierte, zu berühren, einem Detektor vergleichbar, den ganzen Körper, vom Kopf bis zu den Füßen, erfühlte. Er war ein junger Mann mittlerer Größe, soignierte Erscheinung. In der Referentenliste stand: Dozent für Philosophie und Griechisch an der Universität Warschau. Seit 1980 arbeitet er im Nebenberuf als Bioenergotherapeut in der IZIS-Klinik in Warschau, wo er in Zusammenarbeit mit Ärzten mittels Erkennens und Beeinflussung des Biofeldes bei diagnostischen und therapeutischen Prozessen mitwirkt. Er erklärt und demonstriert diese alte traditionelle Methode in modernem Gewand in seinen Workshops. Er ist Leiter der staatlichen Prüfungskommission für Bioenergotherapeuten und gibt Ausbildungskurse.

Als ich den Vortragsraum betrat, war er bereits übervoll und wirkte auf mich beklemmend. Ich zögerte, ob ich dennoch bleiben sollte, als Dr. Rejmer mir freundlich zuwinkte und mir in der Mitte des Raumes und des anwesenden Publikums einen freien Platz zuwies. Nun mußte ich ja bleiben... Ich spürte und sah, wie Dr. Rejmer mich immer wieder ansah und zwar in einer besonderen Art des Schauens, so als würde er mich wie auf einem Negativ wahrnehmen. Ich kannte diese Art des Schauens, wenn ich selbst die Aura von jemandem wahrnahm, wie ich dies während meines Aufenthaltes in Pondicherry problemlos, absichtslos konnte. Ich hatte danach diese Fähigkeit wieder verloren. Schließlich sprach er mich an und entschuldigte sich mit den Worten, daß meine Aura so ungewöhnlich sei und er müsse deshalb immer wieder hinsehen; ich hätte wohl einen langen Übungsweg und Meditationspraxis hinter mir... Ich bejahte und dieses erste von Dr. Rejmer Angesprochenwerden, diese wenigen, doch sehr persönlichen Sätze, hatten für mich in diesem Augenblick bereits die Qualität einer bedeutungsvollen Begegnung, einer zukünftigen Beziehung. Oder war es die Fortsetzung einer alten Beziehung...?

Die folgende Nacht zum 1. November 1986 war eine Nacht ohne Schlaf, ich konnte einfach nicht einschlafen, was für mich ungewöhnlich ist. Ich meditierte, als kurz nach drei Uhr nachts das Telefon läutete und die Rezeption mich über einen Chemie-Unfall bei der Pharmazeutischen Fabrik Sandoz informierte, der die Öffentlichkeit noch lange nach jener Nacht beschäftigen sollte. Die Fenster sollten sofort geschlossen werden, das Hotel durfte nicht verlassen werden, man sollte die Informationen und Anweisungen der Polizei im Radio verfolgen. Ob der entsetzliche Gestank, der sich inzwischen in meinem Zimmer ausbreitete, giftig war oder nicht, blieb zunächst unklar. So ungewöhnlich und bedrohend die Situation sicherlich war, hatte ich nicht einen Augenblick Angst. Ich saß still, nicht frei werdend von einer immensen Flut von Gedanken. Dabei reifte in mir der Entschluß, Dr. Rejmer am nächsten Tag anzusprechen und um eine Behandlung meiner schmerzenden Schultern zu bitten.

Am Morgen kam dann die Entwarnung durch die Polizei, die Giftwolke war noch einmal an Basel, an uns, vorübergegangen...!

Ich fuhr gegen neun Uhr die Rolltreppe im Kongreßzentrum hoch, um im Foyer nach Dr. Rejmer Ausschau zu halten, doch das war nicht nötig, denn der Nächste, der von der Rolltreppe befördert wurde, war Dr. Rejmer. Wir lachten beide und unser Gespräch, in Englisch, war herzlich und so vertraut, als würden wir uns ewig kennen. Seine danach erfolgte bioenergetische Behandlung befreite mich von meinen Schulterschmerzen. Wir verabredeten ein neues Treffen zwecks einer weiteren Behandlung in der Schweiz.

Der PSI-Kongreß war insgesamt anregend bis aufregend, und ein spektakulärer Höhepunkt war zweifelsohne die Trance-Heilung durch den Brasilianer Dr. Edson de Queiros. Bei einer Trance-Heilung findet ein Persönlichkeitswechsel statt, indem das Ich-Bewußtsein verdrängt wird. In diesem Fall heilte ein gewisser „Dr. Fritz“ durch Dr. de Queiros. Dieser sprach als Einstieg in die Trance ein langes Gebet, danach zeigte sich die Veränderung der Persönlichkeit in „Dr. Fritz“ sehr deutlich in Stimme, Gestik, Mimik und Gang. Die brasilianische Trance-Chirurgie hat übrigens eine lange Tradition, achtzig Millionen Brasilianer sind Mitglied einer spiritistischen Organisation. Die Besonderheit der Trance-Chirurgie, wie sie von Dr. de Queiros, alias Dr. Fritz demonstriert wurde, beruht auf der Tatsache, daß er mit nicht sterilisierten Instrumenten arbeitete, ohne jegliche Anästhesie des Patienten, es entstand so gut wie keine Blutung, die Wunde wurde nicht vernäht, sondern mit einem denkbar einfachsten Verband verschlossen, wobei ihm seine Frau assistierte. Während des Eingriffs war der Patient die ganze Zeit über bei Bewußtsein. Ich war Zeuge einer Brustoperation bei einer Frau, der zwei Tumore entfernt wurden und eines operativen Eingriffs bei einem Mann, dem am Unterarm ein großes Lipom, Fettgeschwulst, entfernt wurde. Es war für mich spürbar, daß dieses unglaubliche Geschehen für viele der Anwesenden eine äußerste Herausforderung war, eine unvoreingenommene Haltung zu bewahren...! Einige Zuschauer kippten einfach um und bedurften ärztlicher Hilfe... Sicher ist es wichtig, daß man angesichts solcher paranormaler Phänomene weder mit allzu schneller Verneinung reagiert, noch mit unreflektierter Bejahung!

Im weiteren Verlauf des Kongresses hatte ich mit Jun Agpaoa nur noch Blickkontakt bei einem freundlichen Gruß im Vorübergehen. Es sollten noch drei Jahre vergehen, bis er 1989 mein spiritueller Lehrer werden sollte.
Alles hat eben seine Zeit...!

Dr. Jerzy Reimer traf ich im Januar 1987 in Zürich zu einer bioenergetischen Behandlung wieder. Bei dieser Gelegenheit fragte ich ihn, ob er mich in seiner Methode des Diagnostizierens und Therapierens ausbilden könne, vorausgesetzt, ich sei dafür „tauglich“. Er bejahte meine Frage mit einem herzhaften Lachen, er hatte längst „gewußt", daß ich ihm diese Frage stellen würde.

So entstanden die Seminare mit Dr. Rejmer in meinem Yoga-Institut in Saarbrücken, in einem kleinen Kreis von fünf Personen, im Abstand von einigen Wochen bis zu einem Abschluß mit Diplom am 25. Juni 1988, ausgestellt und unterzeichnet von dem Präsidenten der Parapsychologischen Gesellschaft der Schweiz, Prof. Alex Schneider und Dr. Jerzy Rejmer. Dr. Rejmer war dann jeweils von Freitag bis Sonntag bei mir zu Hause Gast und so lernte ich durch unser Zusammensein auch außerhalb der Seminare vieles, was unter anderem auch einen Bezug zu meiner Yoga-Arbeit hatte. Er beobachtete mich beim täglichen Yoga-Üben und machte sich darüber Aufzeichnungen, auf die ich an späterer Stelle eingehen möchte.

Im bescheidenen Umfang dieses Kapitels über paranormales Heilen möchte ich doch in komprimierter Form auf die Schulung in „Bioenergetischer Diagnose" und „Bioenergetischer Therapie" durch Dr. Jerzy Rejmer eingehen und versuchen, etwas Basis-Wissen zu vermitteln.

Es gibt drei verschiedene Diagnosemethoden, derer sich die sogenannten „Bioenergietherapeuten" bedienen. Die erste ist eine Diagnose mit Hilfe der Empfindungen in der Hand, die zweite eine „Beschauung" des Biofeldes mit den Augen, und die dritte erfolgt unter Verwendung eines radiästhetischen Gerätes, zum Beispiel eines Pendels.

Die Strahlung, die vom menschlichen Körper ausgeht, bildet eine Art Feld, Biofeld genannt und nicht zu verwechseln mit dem Begriff „Feld" in der Physik. Dieses Biofeld umhüllt sozusagen den ganzen Körper im Abstand von ungefähr fünf bis acht Zentimetern. Die radiästhetische Strahlung wird in der energetischen Diagnose von dem

Therapeuten mittels seiner linken Innenhand wahrgenommen, die als Detektor dient, in physiologische Reaktionen im eigenen Körper umgesetzt, gespürt und dadurch bewußt gemacht. Die Empfindungen sind thermischer und elektrischer Natur, wahrgenommen als Wärme- und Kältegefühl und eine Art Kribbeln. Alle Empfindungen können eine verschiedene Intensität aufweisen, die bei zunehmender Stärke auf eine Gleichgewichtstörung im Biofeld und damit im Gesundheitszustand des Patienten hinweist. Das Biofeld bildet normalerweise eine symmetrische Gestalt um den Körper, wobei die stärkste Strahlung am Kopf, in der Herzgegend, der Wirbelsäule und den Händen wahrzunehmen ist. Die schwächste Strahlung ist in den Beinen, insbesondere in den Füßen. Vor einer bioenergetischen Untersuchung meldet der Patient keine Beschwerden. Der Bioenergietherapeut teilt dem Patienten am Ende seiner energetischen Untersuchung das Ergebnis, die Diagnose mit.

Ich selbst fand es immer wieder verblüffend, daß man auch alte Beschwerden und nicht nur akute feststellen konnte; zum Beispiel herausoperierte Organe oder alte, verheilte Brüche. Wir, damit sind die anderen Teilnehmer Dr. Rejmer und ich gemeint, übten aneinander und versuchten uns so immer mehr für das Erspüren und Verifizieren der vom Körper emittierten Strahlung zu sensibilisieren. Nicht jeder besitzt eine gleiche radiästhetische Empfindlichkeit, doch kann sie entwickelt werden durch eine Steigerung der Konzentrationsfähigkeit und der davon abhängigen mentalen Einstellung.

Nun komme ich zum Diagnostizieren nach der zweiten Methode, dem „Beschauen“ des Biofeldes. Dieses zeigt sich dann als ein Bild, vergleichbar einem von einem Tiefstrahler beleuchteten Negativ. Die helle Umrahmung des menschlichen Körpers ist mehrschichtig, wobei die erste Schicht, die sich auf etwa fünf bis acht Zentimeter von der Körperfläche entfernt zeigt, die wichtigste für die energetische Diagnose ist. Innerhalb dieser Umrahmung zeigen sich flimmernde Flecken, manche Therapeuten nehmen sie nur in Schwarz-weiß-Schattierungen wahr, ich selbst sehe bunte Flecken, die den einzelnen Körperorganen entsprechen. Die größte Intensität des Leuchtens des Biofeldes zeigt sich am Kopf und über den Regionen der Drüsen mit innerer Sekretion, ebenso an den Händen. Wichtig ist für die Analyse auch die Beobachtung von Symmetrie, beziehungsweise Asymmetrie des Biofeldes, auch seine Größe und Helligkeit gibt Auskunft über den energetischen Zustand des Patienten.

Diese Methode des „Beschauens" des Biofeldes ist von den drei hier angeführten die schwierigste. Man bittet den Patienten, sich im Abstand von etwa einem Meter vor eine weiße Wand zu stellen, wobei der Therapeut sich auf etwa drei Meter Abstand davor begibt. Der zu Diagnostizierende wird gebeten, die Arme seitlich leicht zu heben, die Handrücken nach vorne zeigend. Es ist übrigens bei all diesen Untersuchungsmethoden sehr wichtig, einen entsprechend großen, leeren Raum zur Verfügung zu haben, in dem nichts ablenkt, vor allem sollten keine Metallgegenstände oder Spiegel vorhanden sein, auch Schweigen ist angesagt, dazu eine gute Belüftung... Die Arbeit ist sehr anstrengend und ich vergesse nie den Schreck, als ich nach dem ersten Wochenende der Aura-Diagnose mich abends im Spiegel ansah und meine Augen feuerrot und geschwollen waren. Jerzy, mit dem ich inzwischen per Du war, klärte mich auf, daß dies „normal" sei und aufgrund der physischen Belastung könne man diese Diagnose höchstens an zwei auseinanderliegenden Tagen pro Woche vornehmen.

Wir hatten inzwischen aus meinem Yoga-Schülerkreis einige Personen eingeladen, um sie zu diagnostizieren. Ich erinnere mich, als ich das erstemal im Biofeld einer Schülerin schwarze Flecken sah, Tupfen ähnlich. Es kam mir sehr unangenehm, fast unheimlich vor und Jerzy klärte mich hinterher auf, daß es sich um eine schwere, unheilbare Krankheit handelte, die zum Zeitpunkt meiner Diagnose noch nicht ausgebrochen war. Damit mußte ich erst einmal lernen umzugehen. Für meine Medizinerfreunde, die auch an diesem Seminar teilnahmen, war ein solches Wissen nichts Unbekanntes, doch ich wurde erstmals damit konfrontiert, leider nicht letztmals...!

Bei der dritten Methode des Diagnostizierens kommen wir zur Radiästhesie, wie sie unter Verwendung von radiästhetischen Geräten, wie Pendel oder Wünschelrute, erfolgt. Auch unbelebte Gegenstände oder andere Lebewesen als der Mensch senden Strahlung aus, das wird oft nicht bedacht. Seitdem ich diese Methoden erlernt hatte, überprüfte ich beim Kauf, in einem unbeobachteten Moment, Obst und Gemüse auf seinen Energiegehalt, das Gleiche tat ich im Blumenladen. Sie glauben nicht, wieviel, aus energetischer Sicht „halbtotes Zeug“ zum Kauf angeboten wird, dies ist für mich immer wieder eine erschreckende und belastende Feststellung!

Doch nun komme ich zur dritten Methode des energetischen Diagnostizierens unter Verwendung eines Pendels. Schwerpunkte sind auch hier, wie bei den vorherigen Methoden, die Konzentration, eine exakte Formulierung der mentalen Konvenienz (Übereinkunft), der „Eingang und Ausgang“ ins Biofeld unter Einhaltung genau vorgeschriebener Bahnen, die mit der linken Hand zwecks Diagnose auszuführen sind. Gleichzeitig wird in der rechten Hand das Pendel zwischen Daumen und Zeigefinger gehalten. Die Rotation des Pendels und die Frequenz der Bewegung, je nach vorheriger mentaler Konvenienz, geben dann Auskunft über den energetischen Zustand der mit der linken Hand geprüften Körperregion, beziehungsweise der einzelnen Organe.

Mich faszinierte auch die von Jerzy gelehrte Chromodiagnostik, die unter Verwendung eines sogenannten universellen Pendels ausgeführt wird. Das Biofeld des Menschen strahlt mehrfarbig, zum Beispiel über den Knochen violett, über den innersekretorischen Drüsen gelb, über der Lunge blau-weiß, über dem Herzen orange und über der Bauchhöhle grün...

Es gab in diesen Seminaren unheimlich viel zu lernen, zu spüren, zu „schauen" und zu wundern...!

Zur Überprüfung der Richtigkeit der erstellten Diagnosen testeten wir alle, inklusive Jerzy, die gleichen Versuchspersonen und erstellten danach einen schriftlichen Befund, alles schweigend. Anschließend wurden die einzelnen Ergebnisse gemeinsam durchgesprochen, beziehungsweise verifiziert. Es gab auch Fälle, bei denen wir aufgrund der erstellten Diagnose die Person baten, umgehend einen entsprechenden Facharzt aufzusuchen zwecks medizinischer Verifikation und Behandlung. Was sich jedesmal als richtig erwies!

Es gibt verschiedene Verhaltensregeln für einen Bioenergietherapeuten, zum Beispiel sollte eine Diagnose nie länger als dreißig Minuten in Anspruch nehmen, auf schweres Essen und Alkohol ist zu verzichten, gründliches Duschen und Kopfwäsche, sowie ein kompletter Kleiderwechsel im Anschluß ist Pflicht.

Ich erlebte die erste Unregelmäßigkeit in meiner Mensis aufgrund dessen, daß ich wenige Tage davor eine Diagnose und Behandlung durchgeführt hatte. Für Frauen ist eine Frist von acht Tagen vor der Periode und natürlich auch für die Dauer der Mensis dringend einzuhalten, in der keine Energie-Arbeit geleistet werden darf oder es entstehen Störungen im eigenen Organismus, wie ich sie erfuhr.

Bezüglich des Umgangs mit dem Pendel, den man nicht nur zu medizinischen Zwecken gebrauchen kann, möchte ich einiges anmerken, was mir aufgrund eigener Beobachtungen und Erfahrungen wichtig erscheint. Es ist heute weit verbreitet, alles, was sich vermeintlich einer rationalen Wahrnehmungs- und Entscheidungsfähigkeit entzieht, mittels eines Pendels zu erfragen. Ich habe für mich selbst zwei gravierende Fehlpendelungen gemacht, deren Ursache ich lange nicht verstehen konnte und die mich von daher sehr verunsicherten. Heute weiß ich, daß meine Motivation damals nicht selbstlos war! Neugierde war im Spiel und das bedeutet Mißbrauch der Pendelfähigkeit und zieht von daher ein falsches Resultat nach sich.

Ich kann in diesem Rahmen keine Anleitungen das Pendeln betreffend geben, dennoch halte ich einige Hinweise für angebracht. Die Pendelkraft hängt von der geistigen Entwicklung des Menschen ab und sollte durch einen fähigen anderen „Pendler“ geprüft werden. Je höher ein Mensch geistig entwickelt ist, desto höher die Stufe seiner Pendelfähigkeit. Eine zu geringe Sensitivität bringt fragwürdige Ergebnisse und davor kann ich nur warnen! Mit einer etwa fünfzigprozentigen Pendelkraft kann man rein materielles Pendeln betreiben (zum Beispiel, ob eine Speise oder ein Medikament für mich verträglich ist), um Krankheiten festzustellen, braucht man einen höheren Anteil und um Charaktereigenschaften und ähnliche Besonderheiten zu erfragen, bedarf es einer hundertprozentigen Pendelkraft. Spirituelles Pendeln ist nur wenigen Menschen möglich, diese Begabung ist ein „Geschenk Gottes“ und kann deshalb nicht willentlich entwickelt werden. Der Gebrauch dieser Begabung sollte einzig und allein als Dienst am Nächsten eingesetzt werden, selbstlos und reinen Herzens. Die Ergebnisse, wenn nötig, sind nur mit Gleichgesinnten zu besprechen, oft ist Schweigen angesagt, eine Eigenschaft und Fähigkeit, die sich auch erst ab einer bestimmten Entwicklungsstufe einstellt.

Zurück zum Aura-Sehen, auch hier gelten die letztgenannten Kriterien: Das elektromagnetische Strahlungsfeld des Menschen zeigt seinen Entwicklungsstand, die Farbe ist im unentwickelten Zustand matt bis grau. Ein dominierendes Energiezentrum (chacra) läßt in der Aura die Farbe dieses Zentrums vorherrschen. Beim „normalen“ Menschen bestimmen emotionale und mentale Prozesse den Zustand der Aura, mit jedem Gedanken- und Gefühlswechsel ändern sich die Farben und die Intensität der Strahlung. Diese geht übrigens über das vorher besprochene Bioenergiefeld bis etwa zweieinhalb Meter hinaus und erst an diesen Teil der Aura schließt sich, falls vorhanden, die spirituelle Aura an.

In den Seminaren mit Dr. Rejmer machten wir durch entsprechende Versuche viele ungeahnte Beobachtungen. Das „Sichtbarwerden“ unserer Gedanken- und Gefühlswelt und der Einfluß auf das Ganzkörpergeschehen haben mir Einsichten in die Komplexität und Ganzheit unseres Menschseins vermittelt, die mich bis heute mit großer Ehrfurcht erfüllen. Natürlich hat die Fähigkeit des Aurasehens auch eine Negativseite, die mir damals sehr zu schaffen machte: Die Unehrlichkeit, beziehungsweise die direkten Lügen um den Kopf der Menschen zu „sehen“, und sich selbst dabei so verhalten zu müssen, als würden sie die Wahrheit sagen, wahrlich, dies ist keine einfache Übung...! Eine schwere Erkrankung, die sich unweigerlich manifestieren wird, „sehen“ zu müssen, ließ mich die ganze Machtlosigkeit und Ohnmacht unseres Menschseins begreifen... Ich spürte den Druck einer großen Verantwortung, die mir mit meiner sensitiven Begabung aufgebürdet wurde.

Ich erwähnte bereits, daß Dr. Rejmer mich beim Ausführen verschiedener Yoga-Haltungen beobachtete und darüber Aufzeichnungen machte. Die Veränderungen im Biofeld waren in den einzelnen „asanas“ ganz verschieden und dennoch nach einem bestimmten Muster, das sich bei dem gleichen „asana“ reproduzieren ließ. Die Verweildauer in einer Haltung hatte nach einer bestimmten Minutenzahl die optimale Aktivierung des innersekretorischen Drüsensystems zur Folge. Das war eine einzigartige Verifizierung der zum Teil in der Literatur angegebenen Heilwirkungen des Yoga. Dr. Rejmer setzte seine Beobachtungen dann beim Yoga-Gruppenunterricht fort und war selbst von den hier gemachten Entdeckungen fasziniert. Wir besprachen dann die verschiedenen Ergebnisse und hatten eigentlich vor, darüber gemeinsam eine Veröffentlichung zu machen. Doch dazu kam es leider nicht oder sollte ich besser sagen, daß vielleicht die Zeit dafür noch nicht reif war?

Für mich persönlich ist dieses Sehen-Können bei meinen Schülern eine unschätzbare Hilfe und nur hier verwende ich heute noch diese Fähigkeit. Auch das Diagnostizieren praktiziere ich nur spontan, wenn ich darum gebeten werde oder eine bestimmte Situation es erfordert. Was das Pendeln angeht, so lasse ich im Laufe meiner weiteren Entwicklung immer mehr die direkte Intuition zu und bediene mich immer weniger des „Mittlers“ Pendel.

Worte von Laotse scheinen mir geeignet, dieses Kapitel zu beenden:

> Wer sich an den Geist anklammert und das Innere Leben sucht, bedarf keiner Gesetze.
> Denn der Übermensch führt ihn den rechten Pfad.
> Der Urgeist erzeugt, nährt, vermehrt, bildet und vollendet alles.
> Erzeugen und nichts sich aneignen,
> Wirken und sich nicht daran klammern,
> Vermehren und nicht beherrschen wollen,
> Das ist die Tugend des inneren Lebens.

Wiederbegegnung nach dreißig Jahren

Liebe ist keine emotionale, sondern eine ontologische Kraft, das Wesen des Lebens selbst, die dynamische Wiedervereinigung dessen, was getrennt war.
Paul Tillich

Es war Freitag, der 3. März 1989, als kurz nach zwei Uhr mittags mein Telefon läutete, an sich nichts besonderes. Doch es war mein Sohn Manuel aus Berlin, der „nur wissen wollte", ob ich zu Hause sei, da ich gleich einen wichtigen Anruf bekommen würde...! Merkwürdig, dachte ich, und da läutete erneut das Telefon, gespannt nahm ich ab. „Hier ist Raul", klang es in Englisch. Ich mußte mich setzen... Er sagte mir dann, daß er gerade in Bad Godesberg bei seiner Schwester Josefina eingetroffen sei, direkt aus Kolumbien kommend. Ich wußte von der Existenz seiner sechs Jahre jüngeren Schwester, mit der er sich von Kindheit an besonders verbunden gefühlt hatte, doch der Anlaß seines Besuches in Deutschland war ein überaus trauriger, Josefina, unheilbar an Parkinson und Krebs erkrankt, lag im Sterben. Er wollte in den letzten Tagen ihres Lebens bei ihr sein. Raul wollte wissen, ob er mich besuchen dürfe, von Manuel, unserem Sohn, wußte er, daß ich nach zwei Scheidungen allein lebte. Selbstverständlich freute ich mich über die Aussicht eines Wiedersehens nach dreißig Jahren und bejahte seine Frage. „Ich rufe dich gleich wieder an, meine Nichte Cindy findet eine Reisemöglichkeit nach Saarbrücken heraus..." war die Antwort. Es vergingen noch keine zehn Minuten, ich saß wie in Trance auf meinem Stuhl, als wieder das Telefon läutete: „Um 20.11 Uhr bin ich in Saarbrücken, ich muß mich sehr eilen, sonst erreiche ich den Zug nicht mehr". Ich konnte gerade noch fragen: „heute?", „natürlich" war die Antwort...

Ich legte auf, fassungslos, bemerkte, daß ich am ganzen Körper zu zittern anfing. Die Stimme meiner Hilfe brachte mich in die Gegenwart: „Ist etwas passiert, Frau Zielasko?" Sie war offensichtlich in Sorge über meinen momentanen Zustand. Ich sagte ihr, daß noch heute Abend mein Ex-Verlobter aus Kolumbien in Saarbrücken ankommen würde, den ich seit über dreißig Jahren nicht mehr gesehen hatte. Jetzt setzte auch sie sich spontan auf den nächststehenden Stuhl und teilte mit mir für einige Augenblicke einen Zustand der Fassungslosigkeit, Sprachlosigkeit!

Als wir schließlich beide die aktuelle Lage voll erfaßt hatten, begann eine fast unglaubliche Aktivität: Das Gästezimmer mußte gerichtet werden, in das Blumen- und Feinkostgeschäft mußten Eilbestellungen durchgegeben werden, das Dinner mußte geplant und vorbereitet werden, und, und, und... Ein prüfender Blick in den Spiegel, wie es denn um meine persönliche Präsentation bestellt sei, belehrte mich, daß auch hier noch einige Aufgaben zu erfüllen seien!

Um halb acht Uhr holte ich meinen Wagen aus der Tiefgarage mit der inneren Beruhigung, daß alles nach meinen Vorstellungen organisiert und geregelt wäre, dennoch wollte das „Pudding-Gefühl" in meinen Knien nicht aufhören.

Natürlich war ich viel zu früh auf dem Bahnsteig und spazierte, tief und rhythmisch atmend, in meinem leuchtend roten, fast bodenlangen Redingote-Mantel auf und ab. Wir hatten verabredet, daß ich diesen „Signal-Mantel" tragen würde, zwecks Erkennung, – man stelle sich einmal vor – nach dreißig Jahren konnte man doch nicht wissen, wie sehr wir uns verändert hatten...! Dann war es endlich soweit. Der Lautsprecher verkündete den einfahrenden Zug, ich stand in angespannter Achtsamkeit, der Zug hielt und direkt vor mir öffnete sich eine Waggon-Tür, aus der Raul als Erster heraustrat und wir uns buchstäblich in die Arme fielen...

Wir kamen in meiner Wohnung an und als Raul seinen Trenchcoat mit warmem Innenfutter auszog – ein Mann aus der Karibik friert in unserem Klima fast immer – nahm ich sehr bewußt seine äußere Erscheinung wahr, die braune Haut, die blitzend weißen echten Zähne, die leicht angegrauten Schläfen im schwarzen Haar, die tief dunklen Augen, all dies betont durch die Eleganz seiner Kleidung, Anzug mit Weste, weißes Hemd mit bordeaux-farbener Krawatte, dazu passend das Einstecktuch, all das gefiel mir sehr. Wir hatten immer den gleichen Geschmack gehabt, die gleichen ästhetischen Neigungen und waren von daher auch jetzt wieder fähig, mühelos und ganz selbstverständlich, wieder miteinander zu „schwingen", einer für den anderen und einer durch den anderen... Daran hatte sich nichts geändert, auch nicht an den Gefühlen gegenseitiger zärtlicher Zuneigung, die vom ersten Augenblick unseres Wiedersehens an einfach da waren, so, als hätte es in unserer Beziehung niemals eine Unterbrechung gegeben. Die gegenseitige Anziehung war noch immer unverändert. Wir machten da weiter, wo wir aufgehört hatten, nur daß dreißig Jahre gelebtes Leben dazwischen lagen...!

Raul machte sich frisch, sechsunddreißig Stunden Reisezeit lagen hinter ihm, und er zeigte keinerlei Ermüdungserscheinungen, weder innerlich, noch äußerlich. Ich holte den Champagner und wir waren überglücklich über unser

Zusammensein, erfüllt von einem Hochgefühl, das ich in Worten nicht auszudrücken vermag. Als ich mit der Vorspeise in der Hand, ich hatte ein Lachs-Carpaccio und Toast zubereitet, aus der Küche kam, tönte mir die Stimme von Julio Iglesias entgegen. Raul hatte eine CD mit spanischen Liebesliedern herausgesucht und aufgelegt. Er nahm mir die Vorspeisen aus der Hand und wir tanzten... wie einst... ich spürte dabei das Fließen einer starken Energie in jeder Zelle meines Körpers, Harmonie, Sympathie, Leidenschaft, Liebe, all dies und noch mehr waren darin enthalten... Seit meiner Scheidung hatte ich überhaupt nicht mehr getanzt...

Wir waren beim Hauptgericht angekommen, Kalbsmedaillons in Trüffelrahm, als Raul seine Serviette zur Seite legte, aufstand, meine Hände nahm und meinte: „Bei aller Köstlichkeit des Gerichts gibt es etwas noch Köstlicheres..."

Ein Spannungsfeld hatte sich zwischen uns in einer solchen Intensität aufgebaut, daß es einer Verschmelzung der beiden Pole bedurfte. Rückhaltlos konnten wir das erotische Begehren zulassen und erlebten die tiefen Gefühle des Eins-Seins in Vollkommenheit, die sich nicht verbalisieren lassen. Wir erlebten die Gegenwart als Ewigkeit, ohne Gedanken an Vergangenheit oder Zukunft, nichts zählte, nur das Hier und Jetzt. Auf der Ebene des Unbewußten findet im Liebesakt die innigste Verbindung von Geist zu Geist statt, denn es gibt auf dieser Ebene keine Konvention und somit auch keine Kommunikationsmittel, denn Konvention setzt Bewußtsein voraus. Die große Bedeutung des Liebesakts für die Evolution ist unbestritten, doch in den Augenblicken der Erfüllung, die eine wahre Liebe zu schenken vermag, in dieser Möglichkeit des komplementären Austauschs, kommt man dem Absoluten wahrlich ein Stück näher.

Am nächsten Morgen, es war Samstag, fuhren wir zusammen nach Mannheim an den Hauptbahnhof und konnten so noch zwei Stunden länger zusammen sein. Der Abschied fiel nicht allzu schwer, da wir uns in den nächsten Tagen wiedersehen wollten, abhängig von dem Gesundheitszustand seiner todkranken Schwester Josefina.

Die Trennung gab uns beiden Zeit und Gelegenheit, über das gemeinsame intensive Erleben, diese Wiederbegegnung nachzudenken und nachzuspüren. In mir war die Frage vordergründig, drängend geworden: Wieso hatte ich alles, was mit Raul zusammenhing, in all den dazwischen liegenden Jahren so verdrängt, daß es fast vergessen war? Wie konnte es geschehen, daß ich mich seinerzeit so stark beeinflussen ließ, offen war für ein neues Mich-Verlieben und schließlich die Verlobung löste? Schon damals, in jungen Jahren, hatten wir gespürt, daß wir uns auf allen Ebenen verstanden, sei es die emotionale, erotische Anziehung, die intellektuelle Verbundenheit oder das geistige Verstehen. Wir hatten uns vor Jahren als zusammengehörig „erkannt", wie konnte ich das vergessen haben? Die Erinnerung und In-Fragestellung der Vergangenheit wurde übermächtig. Gleichzeitig war die Gegenwart unerhört komplex und vielschichtig, meine Erlebnis- und Wahrnehmungsfähigkeit waren gesteigert und ich fühlte mich mit mir selbst und mit allem in einer neuen tiefen Verbundenheit, ein unvergeßliches Empfinden!

Wir telefonierten morgens und abends, unter anderem erzählte mir Raul, welche Lieblingsgerichte er für seine Schwester kochte und daß, zum Erstaunen der ganzen Familie, Josefina wieder aß... Im Fernsehen lief in diesen

Tagen ein Fortsetzungsfilm über das Leben von Hemingway, der unter anderem passionierter Angler und Hochseefischer war. Raul bestand darauf, daß ich mir in diesen Filmen die Schönheit der Karibik, seinem Lebensraum, ansah. Er hatte eine Jacht, die sowohl hochseetüchtig, als auch zum Hochseefischen ausgerüstet war und dazu eine eigene Karibik-Insel, auf die er sich wie Robinson Crusoe am liebsten allein zurückzog, soweit seine Geschäftsverpflichtungen und das Amt eines Gouverneurs von Barranquilla, der größten Hafenstadt von Kolumbien, dies zuließen. Selbst über das Medium Fernsehen fühlten wir unsere Verbundenheit und Gleichgestimmtheit.

Am Dienstagabend kam Raul wieder in Saarbrücken an. Am nächsten Tag stand ein Besuch in Landau, bei meinem Vater, auf dem Programm. Raul hatte sich ausdrücklich eine Begegnung mit dem Mann gewünscht, der als Adoptiv-Vater unseren Sohn Manuel großgezogen hatte. Meine Mutter war in diesen Tagen auf einer Italienreise, so daß keine Begegnung stattfand... Mein Vater, der seinerzeit eine Heirat mit Raul hauptsächlich wegen der geographischen Veränderung und auch aufgrund juristischer Erwägungen, boykottiert hatte, war spontan von der Persönlichkeit Rauls angetan. Es bestand nicht nur die optische Übereinstimmung an Körpergröße zwischen diesen beiden Männern, nein, sie verstanden und mochten sich ganz offensichtlich, ungeachtet der erforderlichen, übersetzenden Intervention meinerseits.

Als Raul nach diesem Besuch wieder nach Bad Godesberg abreiste, wußten wir beide, daß es sein letzter Besuch vor dem Rückflug nach Bogotá am 10. März war. Wir machten noch einen Kurzbesuch in meinem Institut und ich höre noch heute seine Worte: „Here is peace“...

Wider alle ärztlichen Prognosen ging es Josefina den Umständen entsprechend erstaunlich gut, die Freude über das Zusammensein mit ihrem Bruder schien noch einmal ihre letzten Lebenskräfte zu mobilisieren. Wir sprachen am Telefon miteinander und sie drückte ihr Bedauern darüber aus, daß sie zwar Manuel kennengelernt habe, mich aber leider nicht... Die Endgültigkeit, die hier zum Ausdruck kam, berührte mich zutiefst.

Am Donnerstagabend, um acht Uhr, waren wir am Frankfurter Flughafen im Sheraton-Hotel verabredet. Als ich am 9. März morgens aufwachte, konnte ich nicht sprechen, ich hatte keine Stimme. Was für eine Katastrophe, ich mußte ja auch noch meinen Yoga-Unterricht halten. Ein leises Flüstern, mehr ein Bewegen der Lippen, war meine einzige Verständigungsmöglichkeit. Am Nachmittag bekam ich dann Fieber... Meine Tochter Kati erkannte bei einem Anruf meine Notsituation und beruhigte mich, indem sie sich anbot, mich am Abend nach Frankfurt zu dem Treffen mit Raul zu bringen, da ich allein absolut nicht reisefähig war.

Auf der Fahrt nach Frankfurt bekam ich dann auf dem rechten Ohr einen Gehörsturz, jetzt war ich auch noch „halb taub", dazu schwoll mein Gesicht zusehends an... Die besten Voraussetzungen für eine letzte Nacht mit dem geliebten Mann! Ich verstand mich und die Welt nicht mehr... Doch wie sage ich immer: man bekommt im Leben auf alles eine Antwort, nur „wann" ist die Frage! Als ich mit dem Schreiben begann, kam ein hochinteressantes Buch von Nigel Calder heraus, mit dem Titel *Die launische Sonne – widerlegt Klimatheorien.* Ich las darüber in einer Buch-Kritik und kaufte mir dieses Werk umgehend. Aus der Buchkritik zitiere ich:

> Calder versteht es, packend zu erzählen. Zum Beispiel in der Passage, in der er die Beobachtungen vom März 1989 schildert, als die stärksten Eruptionen auf der Sonne während der letzten Jahre beobachtet wurden. Danach war der größte Ausbruch am 9. März. Die Beobachtungsstation der Nasa in Boulder (Colorado) gab Magnetsturm-Warnung. Die Heliosphäre geriet in Aufruhr. In Böen fegte der Sonnenwind am Planeten vorbei. Das Durcheinander im Magnetfeld der Erde an diesem und am nächsten Tag gilt als der größte Magnetsturm der letzten einhundertzwanzig Jahre, seitdem es regelmäßig beobachtet wird.

Meine Übersensitivität auf elektromagnetische Schwingungen war mir bekannt, doch solche Auswirkungen, wie ich sie in den genannten Tagen erleben mußte, waren für mich bis dahin unvorstellbar.

Am Abend des 9. März wartete ich mit meiner Tochter Kati im Restaurant des Sheraton-Hotels in Frankfurt auf die Ankunft von Raul. Er kam pünktlich, Kati und er aßen zu Abend, ich konnte nur als stummer Zeuge an dem Geschehen teilnehmen. Da Kati noch eine Rückfahrt nach Kaiserslautern vor sich hatte, begleiteten wir sie schon bald zu ihrem Wagen und gingen auf unser Zimmer. Ich verbrachte unsere letzte gemeinsame Nacht fiebernd in Rauls Armen. Jedesmal, wenn ich glaubte, er schliefe, versuchte ich mich vorsichtig etwas von ihm zu lösen, um cinc kühlere Stelle des Bettes zu finden. Sofort holten mich seine starken Arme zurück mit den Worten: „Honey, I am still here!“ (Liebling, ich bin noch da!). Er schlief also genau so wenig wie ich...

Da wir beide absolute Frühaufsteher sind, auch in diesem Punkt sind wir gleichgestimmt, begann der Tag des Abschiednehmens mit einem Frühstück auf dem Zimmer zu früher Stunde. Danach verliefen die verbleibenden Stunden mehr oder weniger nach Plan. Das Einchecken des Gepäcks, kleine Besorgungen, Rechnungen, was bei einer Abreise so alles anfällt und Zeit braucht, mußte erledigt werden. Schließlich landeten wir gegen Mittag an der Hotelbar und tranken eine Flasche Champagner, völlig ungeachtet meines gesundheitlichen Befindens; auch eine Art der Situationsbewältigung, denke ich mir heute beim Schreiben!

Als schließlich die Zeit zum Check-in gekommen war, begleitete ich Raul, das Gesicht mit meiner größten Sonnenbrille halb verdeckt, Arm in Arm, in schweigender Verbundenheit. Und dann kam der Moment der Trennung, wir blieben stehen, schauten uns in die Augen, Liebe stellt keine Fragen und sagten schließlich „unisono“: „God bless you!“... Solange es mir möglich war, folgte ihm mein Blick, er drehte sich nicht mehr um, ich wußte, daß er es nicht konnte, und es war für uns beide gut so...

Wie in Trance ging ich zurück zum Hotel, stand dort im Freien, die Sonne kam nach dem Grau der letzten Tage heraus und der Himmel klarte auf. Ich empfand dies als ein positives Zeichen... Ich wartete, bewegungslos stehend, wie lange weiß ich nicht, bis ich spürte, daß Raul „in der Luft“ war, auf dem Weg in seine Heimat, zurück in sein Leben mit all den übernommenen Verpflichtungen...

Danach ging ich noch einmal auf das von uns gemeinsam bewohnte und nun verlassene Zimmer, holte mein bereits vorbereitetes Gepäck und setzte mich in die Halle. Meine Gedanken, mein Fühlen, mein Bewußtsein waren weit weg, irgendwo... Das Auftauchen meiner Tochter Kati brachte mich in Raum und Zeit zurück. Sie „transportierte“ mich nach Hause und ich war ihr dafür sehr dankbar.

Nach seiner Rückkehr telefonierte Raul und fragte, ob ich soviel Geduld haben würde, auf ihn zu warten. Ich hörte mich antworten: „In alle Ewigkeit!“ und erschrak gleichzeitig über die Bedeutung der Worte, wissend, daß dies die Wahrheit ist.

Josefina verließ am 13. März 1989 ihren Körper, drei Tage, nachdem Raul abgereist war.

Seitdem sind zehn Jahre vergangen. Raul lebt mit seiner Frau Pilar, mit der er drei Kinder hat, zwei Söhne und eine Tochter. Unser gemeinsamer Sohn Manuel hat Kontakt vor allem mit einem Halbbruder, der ihn jährlich in Berlin besuchen kommt, wenn er zu Messeterminen in Europa weilt. Manuel hat inzwischen einen dreijährigen, bezaubernden Sohn, Julian, mein bisher einziges Enkelkind.

„Liebe ist ein Kind der Freiheit“, heißt es in einem alten französischen Lied. Die Ehe, wie ich sie zweimal erfahren habe, mag für viele Menschen, die einander lieben, eine gute Institution sein, das möchte ich in keinem Fall anzweifeln. Doch meine subjektive Erfahrung und Beobachtung lehrte mich, daß nach einer Eheschließung die Situation zwischen zwei Menschen sich meist grundlegend ändert. Der Ehevertrag gibt beiden Partnern das exklusive Besitzrecht auf den Körper, die Gefühle, die Zuwendung des anderen. Niemand muß mehr gewonnen werden, denn die Liebe ist zu etwas geworden, das man besitzt, zu einem Eigentum, wie Erich Fromm sagt. Die Liebe verliert ihre Schönheit, wird langweilig... Die Ursache hierfür sucht man beim anderen und fühlt sich dabei selbst, meist unbewußt und unausgesprochen, betrogen. Entweder man arrangiert sich auf dieser Ebene und statt sich zu lieben, teilt man gemeinsamen Besitz: Kinder, das Zuhause, gesellschaftliche Stellung, Geld und so weiter... Im besten Fall entsteht eine freundschaftliche Eigentümergemeinschaft... Solche Gedanken beschäftigten mich und diese realistische Feststellung hatte etwas Tröstliches.

In diesem Zusammenhang fallen mir Worte „der Mutter" über die Liebe ein:

> Zuerst liebt man nur, wenn man geliebt wird.
>
> Dann liebt man spontan, will jedoch wiedergeliebt werden.
>
> Später liebt man, auch wenn man nicht geliebt wird, doch liegt einem daran, daß die Liebe angenommen wird.
>
> Und schließlich liebt man rein und einfach, ohne ein anderes Bedürfnis und ohne eine andere Freude als nur zu lieben.

Für die letztgenannte Form der Liebe muß man mit einem Menschen durch viele Inkarnationen gegangen sein, so daß die anderen Formen durchlebt, durchkämpft, durchlitten und schließlich transzendiert werden. Mit Raul habe ich viele Leben geteilt, Freude, Schmerz, Macht, Gewalt, Verlust, Liebe in all ihren Formen und Ausprägungen. Unsere Begegnung in diesem Leben ist zu verstehen als Erinnerung und Wissen um eine Liebe im menschlichen, persönlichen Bereich, die ihre Höchstform gefunden hatte, um schließlich für die nächste Ebene, die der göttlichen Liebe, bereit zu sein.

Ich stellte während eines Sesshins bei Graf Dürckheim an einen Zen-Meister die Frage: „Ist die Stufe der All-

Liebe zu erreichen, ohne die persönliche Liebe erfahren zu haben?" Seine Antwort: „Never!" (niemals).

Entfernung, wechselnde Lebensumstände und Lebenskonzepte können die Kontinuität einer wahren Liebe nicht berühren oder verändern, sie bleibt, wie ich intuitiv gesagt habe: In alle Ewigkeit...!

Ablösung von meinem Meister

Rückblickend war das Jahr 1989 ein besonderes Jahr vor allem, was das Loslassen anging!

Anfang April fuhr ich zu einem privaten Treffen mit Mr. Iyengar nach Paris. Er weilte bei Faëq Biria, der das Iyengar Yoga Zentrum in Paris leitet, und wir trafen uns in der Wohnung von Faëq, der ja seinerzeit mit Guruji zusammen mein Gast war. Nach einem Frühstück in fröhlicher Runde und Atmosphäre fragte ich Guruji, ob ich ihm mein „neustes“ Problem vortragen dürfe, um seinen Rat zu hören. „Let me see...“ war seine Antwort und so deckten wir den Frühstückstisch am Boden ab und hatten Platz, daß ich mein Hüftproblem demonstrieren konnte. Ich wußte zwar, wie ich aus yogischer Sicht damit umzugehen hatte, doch der persönliche, sozusagen maßgeschneiderte Rat des anwesenden Meisters war mir eine willkommene Gelegenheit, mich in meinen Kenntnissen bestätigen oder korrigieren zu lassen. Nachdem wir den Fall besprochen und „eingeübt“ hatten, saßen wir uns am Boden im Gespräch gegenüber, als Guruji mich anschaute und zwei Sätze sagte, die meine Welt verändern sollten: „Now listen, don't ask me anymore! I have shown you all and I have given you all!“ (Nun höre zu, frag mich in Zukunft nicht mehr, ich habe dir alles gezeigt und alles gegeben).

Ich war einfach sprachlos... Beim Abschied konnte ich meine Tränen nicht verbergen, ich war physisch, psychisch und mental aufgewühlt, weit entfernt von yogischer Gelassenheit. Und das angesichts des Meisters!

Während der Bahnfahrt zurück nach Saarbrücken hatte ich Zeit und Gelegenheit und zum Glück ein Abteil für mich allein, um über die Worte von Guruji nachzudenken. Worte, Begriffe gingen mir durch den Kopf wie Abweisung, Zurückweisung, Loslösung, Abnabelung, Entlassung und ähnliches...

In all den Jahren, seit unserer ersten Begegnung 1976, war Mr. Iyengar nicht nur mein Lehrer, sondern mein Meister geworden, das heißt in der östlichen Tradition, ich war Schülerin geworden. Er hatte mich sehr konkret auf dem Yoga-WEG geführt, geleitet, herausgefordert, mir Auswege gezeigt, wo ich glaubte, in eine Sackgasse geraten zu sein. Mir geholfen, Gegensätze zu überbrücken, oft unerträgliche Spannungen und Schmerzen auszuhalten und zu überwinden, kraft seines Erfahrungsschatzes und seiner Liebe.

Oft verkörperte er für mich eine bedrohliche Macht, doch gleichzeitig helfend und faszinierend, hatte er einen tiefgehenden Einfluß auf mein Leben. Er verhalf mir zur Lösung von Bindungen, die mich in meinem Prozeß der Selbst-Werdung behinderten, zeigte mir immer wieder die selbstgesteckten Grenzen und Gegensätze auf und wies mir Wege, sie zu überwinden, zu transzendieren, in einer oft bis an die Grenzen gehenden gemeinsamen Arbeit, doch stets im Licht und in der Strahlung einer höheren Einsicht. Er hat mich gelehrt, mich der ewigen Unruhe, die mich von Jugend an verheißungsvoll getrieben hat, bewußt auszusetzen, sie als unumgänglich auf einem Weg der Verwandlung zu akzeptieren und, vor allem, ihr standzuhalten. „Stirb und Werde“ war die Formel unseres gemeinsamen Weges; er war für mich Mittler zwischen Himmel und Erde und ließ mich teilhaben an seiner überweltlichen Verankerung und Eingebundenheit in seiner Tradition und seinem Glauben. All das und so vieles mehr ging mir an diesem Tag durch den Kopf. Das konnte doch nicht alles mit einem Schlag, beziehungsweise mit zwei Sätzen, keine Bedeutung mehr haben! Das war unmöglich...!

Es dauerte mehrere Wochen, bis ich bereit war, zu verstehen und zu akzeptieren, daß ich meinem eigenen, inneren Meister durch meinen äußeren Meister übergeben worden war und nun meinen Weg allein, in Form eines neuen Wissens und Gewissens weitergehen mußte. Mir war klar geworden, daß ich von nun an in eine autonome Disziplin gestellt und nicht mehr der Autorität meines Meisters unterstellt war, die ich bis dahin mit Kopf und Herz bejaht hatte. Ich wußte auf einmal in meinem tiefsten Innern, daß die Verbundenheit und die Liebe, die zwischen Meister und Schüler, zwischen ihm und mir, unsterblich, ewig war... Diese Einsicht ließ mich Ruhe und Frieden finden. Mein Weg zu Mr. Iyengar war schicksalhaft vorgegeben, unausweichlich. Immer hatte ich ein tiefes Vertrauen zu ihm, auch dann, wenn ich nichts mehr verstand, zu allen Prüfungen, denen er mich unterzogen hatte, war ich bereit gewesen... Nun hatte er sich selbst zurückgezogen und mich in meine Eigenverantwortung und Freiheit entlassen.

Jun Agpaoa Cruz, Wiederbegegnung und Abschied

Was wahrhaft ist, bleibt wirklich stets,
und was nicht wirklich ist, kann nie in Wahrheit sein;
doch zwischen Sein und Schein zu unterscheiden,
das vermag die Weisheit dessen, der die Wahrheit kennt.
Anfang und Ende der Veränderung sind nur Träume,
die das Zeitliche betreffen.

Bhagavad Gita

Anläßlich meines fünfzigsten Geburtstages, am 27. Juli 1989, den ich im kleinen Kreis mit meiner Familie und ein paar Freunden feierte, besprach ich mit meiner Freundin Giesela, einer Unfallchirurgin, die Möglichkeit, Jun Agpaoa Cruz ausfindig zu machen, um seine Hilfe für meine fast ständigen Kopf- und Schulterschmerzen in Anspruch zu nehmen. Giesela hatte, berufsbedingt, die gleichen Probleme. Sie war 1986 mit mir zusammen beim Heilerkongreß in Basel gewesen und war trotz ihres schulmedizinischen Hintergrundes – oder gerade deshalb? – sehr beeindruckt von dem damals Erlebten und offen für alternative Heilweisen. Wir hatten die Idee, daß sie bei Frau Dr. Studer, die in Basel eine Schmerzklinik leitete und die wir ebenfalls beim Kongreß kennengelernt hatten, Erkundigungen einholen könnte über die Möglichkeit, Jun Agpaoa Cruz irgendwo zu treffen zwecks einer Behandlung. Auf diesem Weg erhielten wir tatsächlich eine Adresse von einem Zentrum für geistige Heilweisen in der Schweiz, wo Jun Agpaoa zu bestimmten Zeiten anzutreffen war.

Auf unsere Anfrage hin erhielten wir von der Leiterin des Zentrums einen Brief, der als Behandlungstermin den 10. November 1989, um 17.30 Uhr vorsah. Mitzubringen waren ein Bademantel oder Morgenrock, zwei große und ein kleines Frotteetuch und Hausschuhe.

Am 9. November 1989, einem grauen, nassen typischen Novembertag, fuhren Giesela und ich mit dem Wagen in die Schweiz, ich als Beifahrerin auf dem Liegesitz ausgestreckt, da es mir ausgesprochen schlecht ging und ich deshalb Schmerzmittel eingenommen hatte. In den Autoradio-Nachrichten hörten wir an diesem und am folgenden Tag immer wieder Berichte über die Reichspogromnacht, über Schweigemärsche, Mahnwachen, Gottesdienste und über das weltbewegende, historische Ereignis des Falls der Berliner Mauer... Was für ein historisches Datum!

Wie vorgesehen, waren wir pünktlich um 17.15 Uhr in Felben an Ort und Stelle und warteten an einem gemütlichen Kaminfeuer, bis wir zu einer Behandlung bei Jun aufgerufen wurden. Als es dann soweit war, gingen wir zunächst gemeinsam zu ihm in den Behandlungsraum. Er sah mich, strahlte mich an und kam mit folgenden Worten auf mich zu: „I am so glad you came back!" (Ich bin so froh, daß du zurückgekommen bist). Er erinnerte sich also an unsere frühere Begegnung, die drei Jahre zurücklag.

Giesela legte sich als Erste auf die bereitstehende Behandlungsliege, ich wollte inzwischen draußen warten. Doch Jun hielt mich zurück und plazierte mir einen Stuhl an der Breitseite der Liege und bat mich, dort Platz zu nehmen. Dann forderte er Giesela auf, sich ein wunderschönes Bild vorzustellen, das sie emotional in einen gehobenen Zustand versetzen würde. Danach nahm Jun selbst auf einem Stuhl am Kopfende der Liege Platz. Friede,

Konzentration und Gebet erfüllten den Raum, untermalt von sanfter, leiser Panflötenmusik. Ich fühlte mich in eine starke energetische Strahlung förmlich mit hineingenommen.

Es ist nicht erforderlich, einem Heiler, wie Jun einer war, die Beschwerden mitzuteilen, die einen zu ihm geführt haben. Jun war in der Lage, bereits in der Aura die vorhandenen Störungen wahrzunehmen und danach durch das sogenannte „feeling" seiner Hände.

Als ich an der Reihe war, kam mir spontan das Bild eines weißen Lilienfeldes, wie es mir kürzlich in einem Traum erschienen war. Weiße Lilien sind zudem meine Lieblingsblumen. Das imaginative Erleben war so stark, daß ich den betörenden Duft der Lilien roch...

In „savasana" (Totenlage) auf der Behandlungsliege nahm ich die Hände von Jun, ihre Bewegungen und Berührungen, als Vermittler eines unbeschreiblichen Glücksempfindens wahr, eines Zustandes gesteigerter Präsenz und Integration. Durch meine eigene geschulte energetische Sensibilität und Erfahrung wußte ich, daß Jun sowohl an meinem physischen Körper „arbeitete", als auch an meinem energetischen und spirituellen. Es ging hier um eine Heilbehandlung durch Vibrationen. Ich hatte damals das Empfinden, sehr leicht mit ihm mit-schwingen zu können, was er mir später in einem Brief bestätigte.

Ich war an diesem Freitag die letzte Patientin. Als ich wieder auf meinen Füßen stand, nahm Jun mich an seine linke Hand, Giesela an seine rechte, und die herbeigerufene Leiterin des Zentrums schloß den kleinen Kreis zwischen Giesela und mir. Jun betete auf deutsch das „Vater unser..." und wir sprachen alle drei mit. Solche Momente entziehen sich für mich der Verbalisierung, sie sind unvergeßlich...

Wir hatten uns schon verabschiedet und umgezogen, waren gerade dabei, unsere warmen Mäntel anzuziehen, als Jun auftauchte, mich um eine Visitenkarte bat und vorschlug, mich nochmals vor seinem Rückflug nach Manila in der kommenden Woche behandeln zu wollen. Er wollte mich von deutschen Freunden aus, die er im Rheinland besuchen wollte, anrufen, um einen Termin festzulegen. Ich war natürlich glücklich über dieses Angebot!

Jun umarmte mich dann ganz spontan, hielt mich schweigend fest; ich fühlte mich vibratorisch eins mit ihm...

Es war in dieser Inkarnation unsere letzte Begegnung in einem physischen Körper, was ich damals natürlich nicht wissen konnte, doch die Strahlungsintensität dieses Augenblicks des Zusammenseins war so immens, so überwältigend, daß sie die Qualität des Einmaligen, Unwiderbringlichen bereits beinhaltete.

Ich muß zugeben, daß ich beim Niederschreiben meiner ganz persönlichen Geschichte mit Jun Agpaoa eine gewisse Hemmschwelle überwinden mußte, denn ich werde versuchen, über meine Erfahrungen mit einer Wirklichkeit zu berichten, die sich mit Begriffen unserer „normalen" Vorstellungswelt nicht begreifen lassen. Die moderne Physik mit Quantentheorie und Relativitätstheorie spannt heute den Bogen zu östlicher Mystik und somit zu einer Erfahrung der Wirklichkeit, die nicht nur das intellektuelle Denken, sondern auch die Sinneswahrnehmungen durchdringt. Dieses einzig auf Erfahrung begründete Wissen verläßt sich nicht auf Unterscheidung, Klassifizierung und Abstraktion des Intellekts, die immer relativ sind! Es geht hier um einen Erfahrungsbereich, der sich in einem ungewöhnlichen Bewußtseinszustand abspielt, und in diesen Bereich sind meine Erfahrungen mit Jun einzuordnen.

William James drückt das so aus:

„Unser normales, waches Bewußtsein, das rationale Bewußtsein, wie wir es nennen, ist nur ein spezieller Typ von Bewußtsein, während überall herum, jenseits feinster Trennungswände, völlig verschiedene potentielle Formen von Bewußtsein liegen.“

Bei den Erfahrungen, die ich mit Jun mit gelenkter Energie durch Gedankenübertragung machte, muß natürlich das energetische Niveau des Senders und seiner Konzentrationskraft ebenso berücksichtigt werden, wie das des Empfängers. Nur vor dem Hintergrund einer ganz bestimmten Stufe der Bewußtseinsentwicklung sind solche Phänomene einzuordnen. Da ich mir bewußt bin, daß die zugrunde liegende Realität meines Erlebens jeder Beschreibung und Definition trotzt, ist sie doch jenseits aller Formen, will ich mich in meiner Schilderung auf möglichst pragmatische Gegebenheiten beschränken, soweit mir dies möglich sein wird.

Ein weiteres Treffen vor Juns Abreise ließ sich bedauerlicherweise von meiner Seite nicht mehr einrichten. Ich hatte in meinem Yoga-Institut keine Vertretung. Wir telefonierten mehrfach und verabredeten, 1990 ein gemeinsames Seminar zu veranstalten, „Paranormales Heilen auf den Philippinen“. Jun wollte einen Vortrag halten, Lichtbilder zeigen und natürlich Heilbehandlungen durchführen. Wir wollten alles genauestens planen und faßten auch schon die letzte Augustwoche als Seminartermin ins Auge.

Dann kam eine wunderschöne Weihnachtskarte aus Dagupan-City, der Stadt, in der Jun lebte. Ein Brief folgte, in dem er mir seine Telefonnummer mitteilte. Er hatte sich eigens ein Telefon legen lassen, so daß wir über das, was wir dann praktizieren wollten, auch miteinander reden konnten, und nicht nur auf die meist zwei Wochen dauernde Luftpost angewiesen waren. Jun schickte mir ein Foto und erbat sich umgehend eins von mir. Die Fotos sollten für uns beide möglichst immer im Blickfeld sein. Wir verabredeten telefonisch die Zeiten für regelmäßige spirituelle „meetings" und zwar jeden Freitag und jeden Sonntag, nachts von elf bis zwölf Uhr meiner Zeit. Völlige Ruhe und Ungestörtheit in meiner Umgebung waren die Voraussetzung für eine erfolgreiche Fernbehandlung.

Ich bereitete mich auf unsere „meetings" bewußt vor, nahm ein längeres Salzwasserbad, meditierte anschließend, bis ich zu Bett ging und entspannte mich dann zu gegebener Zeit völlig in „savasana". Bei unserer ersten Heilbehandlung fühlte ich eine sehr starke Energie auf mich herunterkommen, in mich eindringen und meine Körperzellen „zum Tanzen" bringen... Mein Atemrhythmus veränderte sich. Danach fühlte ich eine tiefe Ruhe in mir, ein Glücksgefühl durchströmte mich und in diesem Zustand schlief ich ein. Morgens erwachte ich fröhlich und in Hochform und so ging es bei den folgenden „meetings" weiter. Meine Schmerzen wurden deutlich weniger und ich fühlte mich in diesen Wochen ausgesprochen wohl.

Das gemeinsam geplante Seminar für Ende August 1990 verlangte Planung und Vorbereitung und es gelang mir, das Kongreßzentrum des Saarländischen Rundfunks auf dem Halberg für ein Wochenende zu mieten. Der Rahmen für unser gemeinsames Auftreten war mir wichtig und sollte dem Niveau des Seminars entsprechen. Zweihundert Personen waren für die Teilnahme vorgesehen.

Jun schickte mir seine Daten und ein paar Informationen, die seine Arbeit betrafen:

Er wurde am 9. Januar 1939 in Rosales, Pangasinan, auf den Philippinen geboren, war verheiratet und hatte drei Söhne und eine Tochter.

Zwanzig Jahre lang hatte er mit seinem Cousin Tony Agpaoa, der Meister von Dr. Janine Fontaine, deren Buch ich bereits erwähnt habe und das der Auslöser zu meiner Begegnung mit Jun Agpaoa war, zusammen Geistheilungen durchgeführt. Im Jahr 1965 fanden Tony Agpaoa und sein Heilerteam weltweite Beachtung, nachdem Frau Dr. Segrun Seuteman eine Gruppe von Wissenschaftlern, Ärzten, Therapeuten, Ingenieuren und einige medizinische Kapazitäten nach Baguio gebracht hatte, die sich von Tonys paranormalen Fähigkeiten überzeugen wollten. Ab diesem Zeitpunkt riß die Flut von Tausenden von Kranken, die vor allem aus Deutschland, der Schweiz und den USA kamen, nicht mehr ab. Jun war der Assistent von Tony, meditierte und betete mit ihm gemeinsam und begleitete ihn zu Opferhandlungen und Buße in die Berge, nach Tonys Auffassung war dies eine Möglichkeit, Körper und Geist von negativen Schwingungen zu reinigen. Bis zu Tonys Tod im Jahre 1982, verursacht durch zu hohen Blutdruck, der einen Hirnschlag auslöste, mahnte er Jun immer wieder, er müsse viel Geduld haben, große Opfer und harte Arbeit seien erforderlich und die volle Hingabe an Gott. Tony erschien Jun nach seinem Ableben im Traum und sagte: „Jun, du mußt weitermachen, was ich angefangen habe, du kannst es!“ Jun sagte mir, daß er danach allein das spirituelle Heilen fortgesetzt habe unter der geistigen Führung durch Tony. In großer Bescheidenheit sagte er, daß er nur durch die Zusammenarbeit mit Tony ein guter Heiler geworden sei.

Die spirituellen „meetings“ mit Jun erfuhren eine Veränderung, die mich zunächst beunruhigte und einer Klärung durch ein Gespräch bedurfte. Ich schlief auf einmal ein, kurz nachdem ich mich total entspannt hatte und träumte. Es waren Träume ganz anderer Art, als ich sie in meinem stets intensiven Traumleben kannte. Ich bewegte mich im Traum ohne der Schwerkraft ausgeliefert zu sein, erhob mich über die Erde, über Mauern, Häuser, Berge. Beim Erwachen hatte ich Schwierigkeiten, mich im Hier und Jetzt zurechtzufinden. Jun war über meinen Traum-Bericht hocherfreut und meinte, daß ich mich jetzt seinem Energie-Niveau annähern würde. Meine leisen Zweifel an der spirituellen Arbeit, die ich Jun anfänglich mitgeteilt hatte, würden jetzt verschwinden und mein Geist käme jetzt in Harmonie mit seinem Geist, was für ihn einen Energietransfer erleichtern würde. Dies spürte ich ganz deutlich in meiner Meditation, es gab eine nicht näher zu definierende Resonanz mit Jun, die ich vorher in dieser Form nicht hatte.

Mein energetisches Bewußtsein erfuhr in jenen Wochen eine starke positive Entwicklung, Veränderung. Ich spürte noch differenzierter als vorher die Schwingungen meiner Umgebung. Bei meinen Schülern sah ich in dieser Zeit – ob ich es wollte oder nicht – die Aura, ihre Gedanken, Ängste, Widerstände, zum Teil auch gegen mich gerichtet. Dieser Zustand war nicht einfach zu ertragen, mußte ich meine Wahrnehmungen doch absolut für mich behalten... Ich machte in dieser Zeit energetische Heilbehandlungen, wenn ich darum gebeten wurde und dem Feedback nach mit beachtlichen Erfolgen. Zu meinem Arbeitspensum gehörten der Yoga-Gruppenunterricht in zehn Doppelstunden, Wochenendseminare und dazu Einzelstunden mit „Yoga-Patienten“. Ich verausgabte mich und Jun registrierte dies.

Bei einem sonntäglichen Telefonat ermahnte er mich, daß ich dafür Sorge tragen solle, mehr Freizeit und Erholung für Körper, Geist und Seele zu haben. Zudem sollte ich vermehrt darauf achten, daß in meinem Umfeld der Friede gewahrt bliebe... Mein Nervensystem sei überlastet, was sich bald wieder in meinem somatischen Körper als Disharmonie bemerkbar machen würde...

Woher wußte Jun das alles und vor allem die Einzelheiten, über die er sprach, meine Umgebung, mein Zuhause und die Menschen betreffend, mit denen ich in engerem Kontakt stand?

Er beantwortete meine diesbezügliche Frage damit, daß er sich dieses Wissen durch eine Astralreise zu mir verschafft hätte... Ich wußte um solche paranormalen Fähigkeiten wie Teleportation, doch selbst betroffen zu sein, war wieder etwas anderes...! Die Intimität meiner Beziehung zu Jun wurde mir bewußt...

Jun lud mich erneut in unseren „meetings" mit feinstofflicher Energie auf, der „power-transfer" war für mich stets positiv und angenehm zu spüren. Ich versuchte auch, was mir nicht leicht fiel, mit meinem Kräftehaushalt bedachtsamer umzugehen. Meditation und Alleinsein halfen mir dabei, den Kontakt mit mir selbst nicht zu verlieren. Die Yoga-Gruppenarbeit schwächte meinen Energiekörper immer wieder, dies war abhängig von den energetischen Eigenschaften der Teilnehmer. Diese Tatsache ist bei meiner medialen Veranlagung noch heute mein Problem und wird es immer bleiben.

Bei einem weiteren „meeting" hatte ich einen ganz ungewöhnlichen Reise-Traum, ich flog über Kontinente, über Dschungel, Eingeborenen-Hütten, Meere, Seen, Flüsse, Städte mit Menschen, Verkehr und Lärm. Während dieser ganzen Astralreise wurde ich von Jun begleitet. Als ich nach Mitternacht aufwachte, hatte ich das Empfinden, mich völlig neu orientieren zu müssen...

Jun war mit meinen spirituellen Fortschritten sehr zufrieden. Ich berichtete ihm von einer spürbaren Energiezufuhr im Kopf- und Brustbereich und im Solarplexus. Er vermittelte mir immer das Gefühl, sofort verstanden zu haben, wovon ich sprach und was ich wissen wollte. In all unseren Gesprächen kam so viel Harmonie, Gleichklang und Liebe zu mir herüber, daß ich mich anschließend immer in einem erhöhten Zustand von Leichtigkeit, Wohlbefinden und Gelassenheit befand. Was für ein Geschenk des Himmels wurde mir mit diesem Menschen, durch diesen Menschen zuteil...!

Nach Ostern erhielt ich einen Anruf von Jun und er erzählte mir, daß er in seiner spirituellen Kirche die Osterbotschaft seinen Brüdern und Schwestern verkündet habe, es sei eine wunderbare Gelegenheit gewesen, diese frohe Botschaft mit Gästen aus den USA teilen zu dürfen. In seinem spirituellen Retreat sei er zu dem Wissen, er korrigierte sich und sagte, zu der Gewißheit gekommen, daß wir beide eine lange gemeinsame Vergangenheit gehabt hätten und daß es Gottes Wille sei, daß wir uns in dieser Inkarnation wiedergefunden haben. Seine Worte lösten in mir eine tiefgehende Erschütterung aus, ich wußte in diesem Moment um die Wahrheit seiner Aussage...

Juns Reiseplan nach Europa stand dann fest, am 10. Juni 1990 würde er in Zürich landen, wo sein Cousin ihn abholen würde. Vom 12. - 29. Juni würde er wieder in demselben Zentrum arbeiten, in dem wir uns zuletzt getroffen hatten. Er äußerte den Wunsch, daß wir die Wochenenden nach Möglichkeit zusammen verbringen sollten. Auch die

Detailplanung unseres für August vorgesehenen Seminars wollten wir bei dieser Gelegenheit besprechen. In demselben Brief, er ist vom 30. April datiert, schrieb er:

> Ich muß Dich wieder daran erinnern, daß Du Deinen Geist, Deinen Körper und Deine Seele nicht überlastest. Sichere Dir genügend Zeit, um Deinen Körper, Deinen Geist und Deine Seele auszuruhen. Ich hoffe, Du verstehst diese gut gemeinte Ermahnung von jemandem der Dich liebt nicht falsch... Für heute Aufwiedersehen, ich wünsche Dir Frieden, Glück und noch mehr „power" für Deine Arbeit... Ich schicke Dir meine Vibrationen und meine Energie...
>
> Paß auf Dich auf!

Dieser Brief war sein letzter Brief, seine letzten an mich gerichteten Worte wurden zu einem Vermächtnis...

Ich fand diesen Brief am Sonntag, den 20. Mai 1990, als ich abends von einem achttägigen Aufenthalt bei Freunden in Cannes zurückkam. Spontan wollte ich Jun anrufen, doch dann überwältigte mich die Müdigkeit von der Reise so sehr, daß ich es unterließ...

In unserem „meeting" in dieser Nacht – ich träumte – saß Jun wortlos an meinem Bett... Am Morgen bekam ich beim Aufstehen eine außerplanmäßige, starke Blutung, die mich beunruhigte, da ich so etwas nicht kannte.

Am Mittwoch erreichte mich ein Brief, Absender war die Leiterin des besagten Zentrums in der Schweiz. Ich öffnete ihn sofort, es war die Todesanzeige von Jun, sein Bild in der linken oberen Ecke freundlich lächelnd...

Der Text lautete:

> Am Dienstag, den 22. Mai 1990 um 13 Uhr aus heiterem, wolkenlosem Himmel haben wir die schmerzliche Nachricht erhalten, daß unser lieber Freund,

Reverend Jun Agpaoa Cruz, am Montag an einem Herzstillstand gestorben ist.

Jun befand sich in der Schweizer Botschaft in Manila und wollte das Visum und Flugticket für seinen Europaaufenthalt abholen.

Jun wird uns sehr, sehr fehlen – er war in unserem Leben ein heller, leuchtender Stern. Seine umfangreichen Aufgaben wird er in der jenseitigen Welt ganz sicher weiterführen...

Ich erlitt einen Schock, einen regelrechten Zusammenbruch. Mit Mühe konnte ich für meinen Yoga-Unterricht eine Vertretung organisieren. Zittern, Schüttelfrost und Weinkrämpfe ließen mich mein Bett aufsuchen, ich überließ mich der ganzen Intensität des Schmerzes, den ich in der Tiefe des Erlebens nicht zu schildern vermag.

In der Nacht – ich träumte – saß Jun wieder an meinem Bett, in einem weißen Hemd mit kurzem Arm, er nahm mich in die Arme, unsere Köpfe ruhten Seite an Seite aneinander, wir schauten in verschiedene Richtungen... Das Läuten des Telefons riß mich aus dieser tröstenden Zweisamkeit...

Am nächsten Morgen konnte ich nur mit Mühe aufstehen, Lumbalgie ist die Diagnose westlicher Medizin für diesen Zustand, in dem ich mich befand. Über Wochen hielten die Schmerzen und Behinderungen an. Ich wußte, daß es in diesem Fall keine ärztliche Hilfe für mich geben würde, da mußte ich allein durch. Allein? Oder mit Juns Hilfe?

Mein somatischer Körper reagierte auf dieses Trauma, indem ich ab diesem Zeitpunkt keine Mensis mehr bekam. In der Meditation spürte ich die energetische Präsenz von Jun, doch im Alltag war mir, als wäre ein Teil von mir gegangen, meine Ganzheit, dieses kostbare Empfinden, das er mir vermittelt hatte, war zerbrochen...

Ein japanischer Meister, danach gefragt, wie er auf die Nachricht vom Tode seines Sohnes reagiert habe, antwortete: „Eine Woche nicht gegessen und geschlafen vor Schmerz." Er sieht das erstaunte Gesicht des Fragenden und fügt hinzu: „Zeichen der Stufe ist nicht, nicht mehr zu leiden, sondern das uns auferlegte Leiden als Leiden durchleiden zu können."

Den Schmerz über den Verlust von Jun trage ich bis heute in mir. Das Schreiben dieses Kapitels war meine größte Herausforderung, die dieses Buch an mich stellte.

Die Welt jenseits der Formen hatte für mich wiederum eine neue Dimension bekommen, den Zugang zu dieser Welt des Unsichtbaren, des Feinstofflichen, hatte mir Jun gewiesen und ich behielt von da an einen Fuß in der „jenseitigen Welt" und einen in der „diesseitigen". Manchmal stelle ich mir die Frage, wo ich mein Standbein, beziehungsweise mein Spielbein habe...?

Dr. Janine Fontaine

Die Wandlungen sind es, wodurch die Heiligen und Weisen alle Tiefen erreichen und alle Keime erfaßt werden.

I Ching

Seit Juns Tod baute ich physisch und psychisch immer mehr ab, ich fühlte mich, als gäbe es ein Leck in meinem Energiesystem, das ich weder mit einer intensiven Asana-Reihe, noch mit Pranayama oder Meditation zu schließen vermochte. Zwei Freundschaften mit Frauen, die mir viel bedeutet hatten, gingen in dieser Zeit auseinander. Es mag unglaubhaft erscheinen, doch es gab für mich keinen ersichtlichen Grund für diesen Bruch, rational keine Erklärung. Es war eben so und war für mich wohl so gemeint, um mich noch mehr auf mich zu konzentrieren, auf meinen Prozeß und auf noch mehr Alleinsein.

Seit Monaten trug ich mich mit dem Gedanken, mich an Dr. Janine Fontaine in Paris um kompetente Hilfe zu wenden. Doch ich zögerte immer wieder, mein geschwächter energetischer Zustand stimmte mich nicht gerade unternehmungsfreudig. Eine Koinzidenz kam mir zu Hilfe. Ich behandelte energetisch eine Dame, eine selbständige Apothekerin, zusätzlich zu ihrer medizinischen Betreuung, sie litt an Parkinson und einem Brustkrebsrezidiv. Sie fühlte sich vor allem emotional nach meinen Behandlungen erleichtert und positiv gestimmt, was ihr viel bedeutete. Ich hatte ihr das Buch von Dr. Fontaine *Heilung beginnt im Unsichtbaren* zu lesen gegeben und sie kam daraufhin, es war der 11. November 1990, mit der Bitte, ich möge für sie einen

Kontakt, zwecks Behandlung, mit der Autorin herstellen, vorausgesetzt, ich würde sie begleiten, nicht zuletzt auch Dolmetscherfunktion übernehmen, da sie selbst die französische Sprache nicht ausreichend beherrschte. Ich erklärte mich bereit, die Dinge in ihrem Sinn in die Wege zu leiten. Seit Jahren hatte ich den Jahreswechsel im Ausland verbracht, in diesem Jahr wollte ich erstmals wieder in Deutschland bleiben. Nun war mir die Initiative, eine Begegnung mit Dr. Fontaine in die Wege zu leiten, sozusagen auferlegt worden und ich wußte, daß dies der richtige Zeitpunkt war.

Dr. Janine Fontaine antwortete umgehend auf meinen Brief, in dem ich ihr meine Verbindung zu Jun Agpaoa Cruz und dessen Tod mitgeteilt hatte, zusammen mit der Bitte, meine „Patientin" zu übernehmen. Sie schlug den 27., 28. und 29. Dezember 1990 als Behandlungstermine vor, da sie vorher aufgrund einer neuen Buchveröffentlichung in der Schweiz sei. Die „Patientin" wollte diesen Vorschlag unbedingt annehmen und so erklärte auch ich mich bereit, am zweiten Weihnachtsfeiertag mit ihr die Zugreise nach Paris anzutreten.

In Paris angekommen, fuhren wir mit dem Taxi nach Saint-Germain-en-Laye, in das Hotel „Le Pavillon Henri IV", das Dr. Fontaine mir vorgeschlagen hatte. Von da aus waren es nur zehn Taximinuten zu ihrer Adresse in Chambourcy. Der „Pavillon Henri IV" ist die Geburtsstätte Ludwigs des XIV. und überblickt, inmitten eines weiten Parks gelegen, „Les Grandes Terrasses" genannt und einst von Le Nôtre angelegt, das Seine-Tal von St-Germain bis Paris. Bei unserer Ankunft schauten wir auf ein Lichtermeer, Paris lag uns förmlich zu Füßen, traumhaft schön!

Die ästhetische Schönheit und Harmonie, die von den mit ausgesuchten Antiquitäten ausgestatteten Räumen ausging, vermittelte uns beiden an diesem stürmischen und regnerischen Wintertag ein Gefühl der Geborgenheit.

Die erste Begegnung mit Dr. Janine Fontaine fand am 27. Dezember statt. Eine elegante, vornehm gekleidete, dezent geschminkte, blonde Dame öffnete auf unser Läuten hin die Tür und bat uns, in ihrem Salon noch ein paar Minuten Platz zu nehmen, da sie noch einen Patienten hatte. Sie behandelte immer nur vormittags, mit aufsteigender Sonnen-Energie, wie sie mir später erklären würde. Zunächst stand „meine Patientin" im Mittelpunkt des Interesses. Durch meine übernommene Übersetzerrolle war ich direkt in die mich faszinierende Behandlung mit einbezogen.

Danach kam ich an die Reihe und war mit Dr. Fontaine allein. Sie bat mich um ein Foto von Jun, erkannte ihn sofort wieder und sagte, wie besonders warmherzig und liebevoll er im Heilerteam in Baguio stets gewesen sei, er war ihrer Meinung nach der Beste und der Bescheidenste und sie zeigte Bestürzung darüber, daß auch er jetzt die physische Ebene verlassen hatte. Danach machte sie per Computerausdruck die Horoskope von Jun und von mir und stellte eine tiefe Verbindung zwischen ihm und mir fest...

Während der Behandlung ließ sie mich zuerst auf französisch zählen, dann auf deutsch, ich stockte etwas bei neun, auf englisch ging es wieder mühelos... Neun, die Zahl der Veränderung, ein Entwicklungszyklus geht zu Ende. In meinen Träumen hatte ich seit einiger Zeit immer wieder mit den Zahlen neun und zehn zu tun.

Sie ertastete danach meinen Gallenblasenmeridian an Hals, Ohren, Schläfen, alle meine Schmerzpunkte, das Zervikal-Ganglion, daher eine Unterversorgung des Herzens, der siebte und achte Brustwirbel sind betroffen. Sie setzte einige Akupunktur-Goldnadeln, eine unterhalb des Nabels und überprüfte mit dem „feeling" ihrer Hand das Ansteigen der Energie, dann bekam meine rechte Niere eine Nadel gesetzt und die Energie stieg auf 72, ob das hält, fragte ich mich? Dr. Fontaine reorganisierte meinen Energiekörper, der mit dem physischen Körper verbunden ist. Sie ordnete ihn auch in bezug auf die sieben Regenbogenfarben, brachte all die Faktoren, die durcheinander geraten waren, wieder in Übereinstimmung. Als ich mir ein angenehmes Bild vorstellen sollte, erschien vor meinem geistigen Auge sofort Jun, der mich an der rechten Hand hielt, wir standen beide vor einem Altar, dahinter die ganze Buntheit und Leuchtkraft alter Kirchenfenster. Ich erkannte diese Fenster später in der „Sainte Chapelle", auf der „Ile de la Cité", wieder, das hieß, daß es diese Fenster in der Realität gab und mein Unterbewußtsein oder mein Energiekörper, wie immer man das benennen mag, die Information gespeichert hielt und in diesem Augenblick freigab... Doch an Staunen war ich gewöhnt! Ich bekam noch drei Goldnadeln etwas unterhalb des siebten Halswirbels gesetzt, die verbleiben sollten, bis sie von selbst abfielen. Dr. Fontaine bereitete mich darauf vor, daß ich sicherlich drei Tage lang heftige Reaktionen haben würde und sie wies darauf hin, daß ein „médium-guérisseur" (medialer Heiler), wie ich einer sei, andere Reaktionen hätte als „Normalmenschen", da der feinstoffliche Körper völlig anders beschaffen sei. Der Tod von Jun habe mich sehr durcheinander gebracht, doch sie bestätigte, was ich wußte, daß Jun bei mir wäre und wir nur durch eine Ebene getrennt seien.

Sie spürte Juns Vibrationen und meinte, daß ihre, Juns und meine Energie die gleiche Schwingungsfrequenz aufwiesen. Sie hielt drei weitere Behandlungen für erforderlich, um mein energetisches Gleichgewicht zu stabilisieren.

Nach der letzten Behandlung unserer „Parkinson-Patientin“ hatten wir eine Aussprache darüber, wie es weitergehen sollte. Die Patientin fragte, ob es möglich wäre, daß ihr Zittern noch einmal verschwinden würde. Dr. Fontaine setzte bei der Schwere der neurologischen Erkrankung ein Jahr Behandlungszeit fest und sagt dann: „Fragen Sie Jun, der hier ist, er weiß es....“ Dies traf mich zutiefst. Dr. Fontaine umarmte mich, schenkte mir ihr neuestes Buch *L'Enfer dans un Monde tout en blanc* (Die Hölle in einer Welt in weiß) mit einer persönlichen Widmung und dem Hinweis darauf, auch für mich ernstzunehmen, was sie in diesem Buch über sich und ihre schwere Herzerkrankung unter herausfordernden planetaren Transiten erlebt und beschrieben habe.

In der folgenden Nacht hatte ich, wie von Dr. Fontaine angekündigt, tatsächlich sehr starke Reaktionen, unglaubliche Hitze im Solarplexus und eine abgrundtiefe Traurigkeit ließ die Tränen in einem nicht versiegen wollenden Strom bis in die Morgendämmerung hinein fließen. Als ich aufstand, hatte ich keinerlei Schmerzen, fühlte mich aber schwindlig.

Ein köstliches Frühstück im Bett serviert, das Porzellan bezauberte mich, es war weiß, dekoriert mit einem königsblauen Band mit goldenen Bourbonen-Lilien, in der Mitte ein Emblem mit der königlichen Wiege, eine Krone darüber, datiert von 1638. Ich errechnete sofort die Quersumme dieser Jahreszahl: 9, da ist sie wieder diese neun! Um neun Uhr sollte ich Dr. Janine Fontaine noch einmal anrufen, um ihr zu berichten, wie es mir ergangen sei... Ich konnte ihre Vorhersagen nur bestätigen. Wir verabredeten, in Kontakt zu bleiben und sie wünschte mir ein gutes neues Jahr 1991...

Unsere Wiederbegegnung war auf den 2. April 1991 datiert, drei Behandlungen waren vorgesehen. Ich fuhr mit dem Wagen, wohnte im gleichen Hotel, wie beim ersten Besuch. Um zehn Uhr hatte ich meinen Termin bei Janine Fontaine. Es war ein herzliches, warmes Wieder-sehen. Die Untersuchung zeigte: 2-2-2-. Was das bedeutet, bitte ich den interessierten Leser in dem inzwischen so oft zitierten Buch von Janine Fontaine nachzulesen. Wir stellten fest, daß sich bei einer Ausrichtung Nord/Süd meine Vibrationen sofort negativ veränderten, bei einer Ost/West Ausrichtung positiv reagierten. Mein Bett stand Nord/Süd ausgerichtet und somit war eine Regeneration in der Nacht nicht möglich. Ich bekam eine Goldnadel in den Bauch, unterhalb des Nabels und wir verabredeten uns anschließend zu einem gemeinsamen Mittagessen in einem sehr schönen Restaurant in der Nähe, im „Cazaudehore La Forestière“ in St-Germain-en-Laye. Ich holte sie ab. Das Restaurant war schon von außen bezaubernd, der Frühling zeigte sich in seiner ganzen Fülle und Pracht. Als der Chef-Ober uns einen Platz anbot, handelte es sich um einen sehr schönen runden Tisch für vier Personen. Janine Fontaine und ich schauten uns wie auf Kommando vielsagend an und nahmen an diesem Tisch Platz. Das Restaurant war gut besucht und es gab auch Zweier-Tische... Janine Fontaine meinte, das wäre so ganz in Ordnung, unsere beiden „Herren“, gemeint waren natürlich Jun und Tony Agpaoa, hätten so ihren gebührenden Platz... Sie ging mit dieser „anderen Welt“ so leicht und selbstverständlich um, und ich empfand dies als äußerst wohltuend. Ich war ja immer nur auf mich und meine Empfindungen allein angewiesen, ohne die Möglichkeit eines Dialoges mit einem Gleichgesinnten beziehungsweise Gleichgestimmten.

Bei der Auswahl der Speisen stellten wir eine Übereinstimmung des Geschmacks fest und wir genossen das Essen, das schöne Ambiente, die perfekte Bedienung und natürlich unser Zusammensein! Wir sprachen über sehr Persönliches aus ihrem und aus meinem Leben. Die gegenseitige Vertrautheit war die Basis für Vertrauen. Wir fanden manche Parallele, was die Suche, die Rückschläge, die Anfeindungen und Enttäuschungen betraf. Sie sagte mir auch ihr Geburtsdatum, mit der Bitte, es für mich zu behalten. Wir haben die gleiche Quersumme, aus der 11 die 2. Sie sprach über die astrologischen Aspekte, schwierige Quadrate, Oppositionen und all die Herausforderungen, die damit verbunden waren. Wir konnten uns auch auf diesem Gebiet die Hand reichen. Ihre Feststellung, daß solch herausfordernde astrologische Konstellationen für einen Weg, wie wir ihn gingen, nötig seien, konnte ich nur bestätigen. Sie sagte, daß sie irgendwann, wenn sie über dem Schreiben ihrer inzwischen zahlreichen Bücher, noch einmal die Zeit finden würde, in einem kleinen Kreis lehren möchte; dieser müßte aber den enormen Anforderungen, die an einen Heiler gestellt werden, gerecht werden: Begabung, Schulung, Studium, Weisheit und Liebe!

Sie würde gerne mit mir eine Reise auf die Philippinen unternehmen, da sie bei all ihren Studienaufenthalten keine Zeit hatte, per Schiff die vielen wunderschönen Inseln zu besuchen. Ich fand diese Vorstellung verlockend, phantastisch! Wir sprachen auch über ihre Liebe zur Malerei und zur Musik, beidem wollte sie sich wieder mehr widmen, sobald ihre Zeit dies zulassen würde. Ja, die Zeit...!

Ehe wir uns am Nachmittag verabschiedeten, kam sie wieder auf Jun zu sprechen und ihrem einstigen Zusammensein auf den Philippinen. Er half ihr bei allem, ob Wohnungssuche oder was auch immer, „il était le plus chaleureux et le plus aimable" (er war der Warmherzigste und Liebenswürdigste), sie hatte sich mit ihm stets sehr verbunden gefühlt.

Welche Wege werden wir doch im Leben geführt...?

Bei meinem letzten Termin geschahen ganz außergewöhnliche Dinge. Ich berichtete ihr, sie sah es mir auch gleich an, daß ich in jeder Hinsicht in meinem Hotel eine schreckliche Nacht verbracht hatte. Meine „Beton-Schmerzen", wie ich sie nannte, wurden schlimmer und schlimmer, ich konnte mich kaum mehr rühren. Dazu kam eine Schnakeninvasion, die sich mit dem Löschen des Lichts über mich hermachte. Meine Jagd, jede halbe Stunde aufs neue, konnte dieses Heer jedoch nicht besiegen. Der Spiegel zeigte mir allein im Gesicht vierzehn Einstiche, ich sah aus, als hätte ich Masern. Ich fühlte mich verzweifelt und demoralisiert wie selten. Alle Anstrengungen, Hoffnungen, umsonst? Wieder die zermürbenden alten Schmerzen...! Janine Fontaine überprüfte sofort alle Meridiane, an den Fingern und den Zehen, alle waren o.k., doch alle meine drei Körper vibrierten auf 2, waren völlig desorganisiert. Sie prüfte meinen Kopf, den spirituellen Körper und sagte mit sehr ernster Miene, daß die Ursache für diese massive Störung aus dem spirituellen Körper käme. Sie ließ mich auf einem Stuhl Platz nehmen, forderte mich auf, an einen Mann zu denken, der mich im Leben enttäuscht hatte, dann an jemanden, mit dem ich angenehme Erinnerungen teilte, dann sollte ich an Jun denken. In diesem Augenblick begannen heftige Störungen, regelrechte Turbulenzen in meinem

Energiesystem... Sie interpretierte dies so, daß Jun mich aus irgendwelchen Gründen, mit einem Wissen, das uns unbekannt war, nicht losließe. Es gäbe schwerste spirituelle Angriffe auf mich, sie spürte materielle Zerstörung, Grauen und Tod...! Ich teilte ihr meine Befürchtungen mit, die ich spontan bei Juns Tod hatte, bezüglich der beiden Fotos und der Briefe, die Jun von mir besaß. Magie ist auf den Philippinen etwas alltägliches, selbstverständliches, ob weiß oder schwarz! Meine Befürchtungen bewahrheiteten sich, es gab jemanden, der durch schwarze Magie Jun auf dem Gewissen hatte und nun auch mich umbringen wollte. Es war eine überaus ernste Situation.

Wir konzentrierten uns beide in einem Ritual, Janine Fontaine sprach ein Gebet, indem sie Tony Agpaoa um Hilfe bat, sowohl für Jun als auch für mich. Er solle Jun zu sich ins Licht holen, daß er mich loslassen könne, Gott würde mich beschützen, mir helfen und mich heilen. Ich kann kaum beschreiben, was mit mir geschah, meine Stirn, mein ganzer Kopf wurden auf einmal frei, Tränen überströmten mein Gesicht... Janine Fontaine prüfte wieder meine Vibrationen und meinte: „Maintenant c'est fait! C'était un nettoyage complet!" (Es ist vollbracht, das war eine komplette Reinigung).

Wir waren beide tief ergriffen und sie sagte immer wieder: „C'est exceptionnel!" Das ist außergewöhnlich!

Der Angriff war global, man wollte mich umbringen. Das war einer der Fälle, wo nicht der Körper behandelt werden mußte, sondern die Seele...!

Wir saßen noch eine Weile in ihrem Wohnraum zusammen, sie wollte mich noch nicht abreisen lassen. Wir sprachen unter anderem über die Mondknoten-Stellung im Horoskop von Jun an seinem Aszendenten. Sie hatte die gleiche Stellung und sagte, daß dies eine für spirituelle Heiler signifikante Stellung sei. Ich habe den Mondknoten am Deszendenten und sie meinte, dies sei der Grund, daß die Heiler alle zu mir kämen... Mein Erd-Trigon sei eine große Hilfe. Der Mars am Zenith im Steinbock sei für mich „der Mann"! Wir lachten beide herzlich in nonverbalem Einverständnis und Verstehen.

Ich war ohne Pause nach Saarbrücken durchgefahren. Gleich nach meiner Ankunft richtete ich mein Bett von Ost nach West aus, nahm ein ausgiebiges Bad, meditierte und schlief dann von acht Uhr abends bis sechs Uhr morgens. Mein Solarplexus war beim Aufwachen heiß, abstrahlend, ich fühlte mich voller Elan, Vitalität, Leichtigkeit. Voll Freude rief ich, wie verabredet, um neun Uhr Janine Fontaine an und berichtete ihr. Sie brachte zum Ausdruck, daß es sehr gut gewesen wäre, daß wir uns begegnet seien und wir wüßten nun beide, daß Jun dort ist, wo er jetzt hingehöre und somit müßten wir beide, er und ich, nicht mehr gemeinsam leiden... Unsere Seelen blieben in Ewigkeit verbunden, denn das Band ist die Liebe.

Ich habe Dr. Janine Fontaine inzwischen nicht wieder gesehen, doch ich weiß, daß eine Wiederbegegnung stattfinden wird. Ich muß es immer wieder sagen: alles braucht die richtige Zeitqualität, die nicht von unseren „Chronometern" bestimmt wird!

Im Herbst des gleichen Jahres kam ein Wohnungswechsel auf mich zu. Die Etage über meinem Yoga-Institut wurde überraschend frei und so ergriff ich die Gelegenheit, Privatwohnung und Institut unter ein Dach zu bekommen. Ich widmete mich in dieser Zeit sehr intensiv meiner persönlichen Yoga-Praxis, der Meditation und dem Unterrichten in meinen regelmäßigen Yoga-Gruppen und den monatlichen Seminaren. Da es mir gesundheitlich wieder nicht gut ging, meine Schulter-, Nacken- und Kopfschmerzen machten sich erneut bemerkbar, zog ich mich noch mehr zurück, meine familiären und sonstigen sozialen Kontakte reduzierten sich fast auf einen Nullpunkt. Ich konnte aufgrund meines unvorhersehbaren, wechselhaften Zustandes nichts mehr planen, im Gegenteil, das Geplante, Vorgesehene, mußte immer öfter, meist mit belastendem Ärger verbunden, abgesagt werden. Wenn die Schwellungen im Gesicht mich zu stark entstellten, dazu noch meine Stimme versagte, mußte ich mich im Institut vertreten lassen. Zum Glück waren unter meinen langjährigen Schülern genügend Yoga-Lehrer, die, angesichts meines inzwischen beklagenswerten Zustandes, bereit waren für mich einzuspringen. Eine weitere Beunruhigung kam hinzu, Daumen und Zeigefinger wurden an beiden Händen immer öfter gefühllos und taub. Ich durchlebte in jeder Hinsicht eine schreckliche Zeit und wußte nicht, wohin mich all dies führen sollte. „Vertrauen in das Nichtwissen" zu behalten, war eine äußerst schwierige Prüfung geworden.

In dieser Zeit waren es die beinahe täglichen, langen Telefongespräche mit meinem Vater in Landau, die mir etwas Mut machten und mich daran erinnerten, daß ich stark genug sei, auch dieses Tief wieder zu meistern. Mein Vater hatte seit meiner zweiten Scheidung eine besondere Rolle in meinem Leben eingenommen. „Fernmündlich", ein altmodisch klingendes Wort, besprachen wir all die praktischen Probleme des Alltags, eigentlich die Themen, die ich früher mit meinem Mann besprechen konnte. In fast allen Bereichen konnte ich mir bei meinem Vater Rat holen, er hatte ein großes Allgemeinwissen, das er mir immer zur Verfügung stellte. Unser ambivalentes Verhältnis von einst hatte eine große Wandlung erfahren. Gesundheitliche Probleme machten meinem Vater sehr zu schaffen und auch er war von daher gezwungen, sich auf sich selbst zu besinnen, war sehr viel allein, auf das Haus angewiesen, aus einem stets aktiven Leben wurde notgedrungen immer mehr ein passives Leben, das ihm Zeit gab zur Reflexion, ihn mit Abstand vieles anders sehen ließ als in vergangener Zeit. Dazu hatte er ständig mit Schmerzen zu kämpfen, doch er klagte nie, sprach nur ungern darüber. Wir waren uns trotz der räumlichen Distanz so nah, von Bewußtsein zu Bewußtsein, wie nie zuvor.

Gedanken zum Tod des Vaters

Die nahen Kirchenglocken begannen um sechs Uhr abends den Feierabend einzuläuten, als ich am 6. Februar 1995 vor der Leichenhalle in Landau aus meinem Wagen stieg. Es war dunkel, nur von wenigen Laternen kam ein spärliches Licht und die nasse Kälte war ungemütlich, unangenehm. Beim Beerdigungsinstitut hatte man mir auf mein Insistieren hin zugesagt, daß mein Vater heute nach achtzehn Uhr in der Leichenhalle aufgebahrt sein würde, so daß ich ihn vor meiner Rückfahrt nach Saarbrücken noch sehen könne.

Ich ging auf und ab, den Mantelkragen gestellt. Außer meinem Wagen stand nur noch der Leichenwagen da, ein neuer Mercedes, der Innenraum in weißer Seide mit Bourbonen-Lilien ausgeschlagen. Er hatte zur letzten Autofahrt für meinen Vater gedient, standesgemäß, dachte ich...!

Die Stille des Ortes und die mir gegebene Zeit des Wartens, bis ich zu meinem toten Vater konnte, waren mir willkommen, um meinen Gedanken freien Lauf zu lassen, die letzten sieben Tage noch einmal chronologisch durchzugehen: Montags war mein Vater zu einer Prostata-Operation in die Klinik gegangen, dienstags wurde er operiert, mittwochs war ich zu einem Besuch gekommen und habe ihn in sehr schlechtem post-operativen Zustand vorgefunden. Er lag auf der Privatstation der Urologischen Abteilung in einem geräumigen, hellen Einzelzimmer, die Art und Weise der Betreuung durch das Pflegepersonal schockte und beunruhigte mich vom ersten Augenblick an. Ich bat, den Chef der Urologie und Operateur meines Vaters, um eine Unterredung. Er versicherte mir im Gespräch, daß die Operation bestens verlaufen sei und es ab jetzt mit meinem Vater nur noch bergauf ginge. Die Atemnot und Heiserkeit, die meinen Vater quälten, seien auf die Narkose zurückzuführen und wären bald behoben. Er würde gleich nach meinem Vater sehen und wenn nötig, einen Hals-Nasen-Ohren-Kollegen zuziehen, wie ich dies ausdrücklich gewünscht hatte.

Zurück am Krankenbett bei meinem nach Luft ringenden Vater, machte ich ihm Mut und Hoffnung, indem ich ihm das soeben aus berufenem Munde Gehörte berichtete. Danach mußte ich zurück nach Saarbrücken. Den Telefon-Berichten seiner Frau nach ging es meinem Vater zusehends schlechter und sie war über den verwirrten Zustand meines Vaters durch Morphium-Injektionen zusätzlich beunruhigt. Meine beiden Brüder kamen zum Wochenende aus München und Frankfurt, ich hatte für meinen Besuch den Sonntag vorgesehen, wenn Michael und Christian wieder abgereist wären.

Als ich am Sonntag das Krankenzimmer betrat, spürte ich sofort den veränderten Zustand meines Vaters. Ich traf ihn in vollkommen klarem Zustand an, sowohl im Denken als auch in der Rede. Er hielt meine Hand und ich konnte die Freude über meinen Besuch in seinen Augen lesen.

Er hatte sich Schokoladen-Pudding und Bier gewünscht und er bat, daß man ihn auf den Stuhl setzen solle. Nach langem Warten kam endlich ein Pfleger. Als ich das Zimmer wieder betrat, traf mich der sich bietende Anblick ins Herz: da saß diese ein Meter neunzig große Gestalt mit einhundert Kilo Körpergewicht, umgeben von Schläuchen und Flaschen, die in sein Körperinneres führten... Ich reichte ihm eine Portion des stets so geliebten Schokoladen-Puddings und wollte ihm beim Essen helfen, da ihm dies sichtbar Schwierigkeiten bereitete. Doch er gab den

Löffel nicht aus der Hand...! Das kühle Bier mundete ihm. Ich saß an seiner Seite und er suchte immer wieder meine Hand, so auch jetzt, als er sagte: „Siehst du, 'Mädchen', so schließt sich der Kreis, wie man als Kind angefangen hat, so endet man..." Er erfaßte die Situation so klar...!

Sein energetischer Zustand war äußerst schwach und machte mir große Sorge, so daß ich um ein Gespräch mit dem Stationsarzt bat, der Chef war am Sonntag noch nicht erreichbar.

Auf dem Gang, vor der Tür des Krankenzimmers, stellte ich dem Oberarzt sehr präzise Fragen und bat um eine dementsprechende Beantwortung. Es gab einen neuen Befund, der einen Tumor im Unterbauch nachwies. Man müsse eine neue Operation ansetzen, ein künstlicher Ausgang würde dabei unumgänglich werden. Diese Aussagen erschütterten mich, widersprachen sie doch diametral den Aussagen des Chefs und bestätigten mir dennoch das, was ich bereits gefühlt hatte und was mein Vater selbst wußte... Der Kreis schloß sich!

Mein Vater bekam wieder eine Morphiumspritze und schlief kurz darauf in meiner Gegenwart ein. Sein Atem war unruhig, nach Luft ringend. Ich stand an seinem Bett, meine linke Hand lag auf seinem Herzen, meine rechte hielt seine linke Hand. Ich spürte kaum noch eine energetische Strahlung von seinem Herzen ausgehen. Ich schloß meine Augen und kommunizierte mit meinem Vater auf einer Ebene, wo man die Sprache nicht benötigt.

Ganz plötzlich spürte ich eine Art Energie-Wolke auf mich zukommen, meinen Vater und mich umhüllend und ich wußte im selben Moment, daß es die Präsenz von Jun Agpaoa war. Ich bat ihn, meinem Vater in dieser kalten, anonymen Umgebung zur Seite zu stehen und ihn beim Übergang auf eine andere Ebene zu begleiten.

Die Nähe zum Tod hatte für mich in diesem Augenblick etwas Tröstliches, eine mir bekannte Leichtigkeit bekommen. Dieser Zustand erschien mir wie eine zeitlose Ewigkeit, in Wirklichkeit dauerte er vielleicht nur ein oder zwei Minuten... Dies war der Abschied von dem Menschen, den ich in dieser Inkarnation „Vater" genannt hatte...

Am nächsten Morgen läutete schon sehr früh das Telefon, die zweite Frau meines Vaters teilte mir mit, daß mein Vater in der Nacht an Herzstillstand verstorben sei.

Ich hatte daraufhin eine Kerze angezündet, ein Symbol des geistigen Menschen, der leuchten soll, und meditiert. Dann hatte ich in meinem Blumengeschäft ein Bukett von fünfzig dunkelroten Rosen bestellt, das ich auf meine Fahrt nach Landau mitnehmen wollte.

Beim Autofahren dachte ich darüber nach, daß es gerade drei Wochen her war, daß mein Vater mich angerufen und mir die Nachricht vom Tod meines zweiten Ex-Mannes mitgeteilt hatte. Er war an Weihnachten an Magenkrebs gestorben. Das kam überraschend für mich, da wir in den letzten Jahren keinen Kontakt mehr miteinander hatten und es beschäftigte mich noch immer.

In Landau erledigte ich zusammen mit meinem Bruder Michael all das, was so ein Ereignis mit sich brachte. Es war für mich das erstemal, daß ich mit den Vorbereitungen für eine Beisetzung konfrontiert wurde. Die Beerdigung war für Freitag angesetzt. Vom Krankenhaus aus war mein Vater gleich vom Beerdigungsinstitut abgeholt worden zur „Einsargung", wie es hieß. Ihn so wiederzusehen, darauf wartete ich nun...

Als ich schließlich den Raum betrat, in dessen Zentrum der Sarg mit dem Körper meines toten Vaters stand, von Kerzenlicht feierlich und würdevoll beschienen, war ich überwältigt von der Heiligkeit des Augenblicks, Friede und Erlösung lagen auf den mir vertrauten Zügen des Toten. Zuerst legte ich das Gebinde mit neunundvierzig roten Rosen in den Sarg, eine steckte ich in das Revers des Jacketts, danach legte ich, genau wie am Tag zuvor, meine linke Hand auf das Herz, meine rechte auf seine für immer gefalteten Hände, spürend, wie das organische Leben sich zurückgezogen hatte.

Die tiefen, komplexen Gefühle, die ich in diesen friedvollen Minuten an der Seite meines toten Vaters hatte, sind schwer in Worten auszudrücken. Doch so viel kann ich sagen: Im Vordergrund stand ein Loslassen der Vergangenheit und damit all dessen, was mein Vater mir – mehrfach drastisch in mein Leben eingreifend – angetan hatte, ich durchbrach einen Teufelskreis der Schuldgefühle und indem ich ihn mit Liebe und Akzeptanz betrachtete, entstand in mir ein tiefes Empfinden der Heilung meiner eigenen Gefühle, Friede erfüllte mich.

Wenn ich bis zu dieser Stunde mit meinem Vater noch nicht ganz „ins reine" gekommen sein sollte, wenn es irgendwo zwischen uns noch Reste von stillem Vorwurf oder vermeintlicher Schuld gegeben haben sollte, in diesem Augenblick empfand ich es als Glück, diesen Vater gehabt zu haben...

Martin Buber sagt: „Der Mensch wird zum Ich durch ein Du."

Mein Vater hatte in großem Maß als Stimulus für meine eigene Entwicklung gedient, und in tiefer Dankbarkeit weiß ich mich in Einheit und Liebe für alle Zeit mit ihm verbunden.

Als ich zum Abschied meine Hände zusammenlegte nach Art des indischen Grußes, kam nur noch ein „Danke" über meine Lippen.

Die Zeremonie der Beisetzung war in jeder Hinsicht, sowohl im Äußeren als auch vom Inhalt her, nicht nach meinem persönlichen Stilempfinden und ich spürte bei diesem besonderen Anlaß sehr deutlich, daß ich mit einigen Familienmitgliedern noch ein gutes Stück geistige Arbeit in Richtung Liebesfähigkeit und Reife vor mir hatte, um für sie das gleiche empfinden zu können, wie für meinen toten Vater...

Eine schicksalhafte Diagnose

Es war Weihnachten 1992, als eine Schülergruppe mir ein besonderes Geschenk machte: eine weihnachtlich dekorierte Schachtel in Würfelform, diese enthielt Tuben mit Künstler-Ölfarben. Das Geschenk war eine Aufforderung, mich wieder der Malerei zuzuwenden, die in all den zurückliegenden, ereignisreichen Jahren in Vergessenheit geraten war. Meine Schüler wußten von meiner Liebe zur Malerei und meiner vernachlässigten Begabung und bauten mir aus einem intuitiven Wissen heraus eine Brücke in das Land der Farben und Formen, das Balsam für meine wunde Seele werden sollte...

Ich suchte meine alte Staffelei im Keller, die verschiedene Umzüge und Entrümpelungen überlebt hatte und fand dabei sogar meinen alten Malkasten wieder, in dem noch einiges an Brauchbarem enthalten war. Auf Leinwänden im Kleinformat begann ich mich in Farb- und Pinseltechnik wieder einzuüben, die Formate vergrößerten sich bald, entsprechend meiner wieder entdeckten, sich steigernden Leidenschaft für das Sujet. Jede freie Minute, die ganzen Wochenenden verbrachte ich mit Malen. Meine künstlerische Schaffenskraft sprudelte, als hätte man ein Druckventil geöffnet. Und dann geschah das gleiche, wie in meiner Jugend bei meinen Malanfängen, die Bilder waren noch nicht trocken, da hatten sie schon ihre Liebhaber gefunden. Ein unbeabsichtigter, doch schöner Nebeneffekt, der mich staunen ließ.

Meine somatischen Beschwerden nahmen zu und ich erlebte Schmerzzustände, zum Teil elektroschockartig, anders kann ich sie nicht beschreiben. Die Malerei, die intensiven, leuchtenden, energie-reichen Farben meiner Bilder waren in jener Zeit eine Selbst-Therapie, ohne sie hätte ich die extremen Herausforderungen, die an mein Durchsteh- und Durchhaltevermögen gestellt wurden, wohl nicht gemeistert.

Inzwischen schrieben wir das Jahr 1995, das Todesjahr meines Vaters, als ich wieder einmal, an einem heißen August-Sonntag, mit migräneartigen Schmerzen auf meinem Balkon saß und versuchte, mich nach Einnahme eines starken Schmerzmittels, auf die Lektüre eines Buches zu konzentrieren, in der Hoffnung, die Schmerzempfindung mental deblockieren zu können. Das Läuten des Telefons veranlaßte mich aufzustehen, im selben Moment stürzte ich zu Boden. Der rechte Unterschenkel und Fuß waren gefühllos, wie eingeschlafen und so war ich nach rechts einfach umgefallen. Es war zum Glück nur eine Zerrung im Fußgelenk, die stark anschwoll und mich über Wochen behinderte. In dieser Nacht kamen zu den genannten Schmerzen noch Übelkeit und Erbrechen hinzu, beim Gehen war ich so schwindlig, daß ich mir ständig irgendwo Halt suchen mußte, um nicht das Gleichgewicht zu verlieren.

Aufgrund all dieses Geschehens war ich bereit, mich auf den mir sehr unangenehmen Weg der medizinischen Ausschluß-Diagnostik zu begeben. Beim Orthopäden fing ich an, der meinte, daß in meinem Alter unter Umständen die Hormone in Betracht zu ziehen wären als Ursache für meine komplexen Schmerzzustände. Der Gynäkologe verschrieb mir Hormone, die mir neue Beschwerden machten und deshalb mehrfach gewechselt werden mußten, was ihn veranlaßte, mir eine psychiatrische Konsultation zu empfehlen. Ich folgte dem Rat, ohne Ergebnis... Dann kamen die neurologischen Untersuchungen, alles ohne Befund, die Computertomographie vom Kopf wurde als „altersgemäß“

beurteilt. Altersgemäß verkalkt, scherzte eine innere Stimme, die ich nicht gefragt hatte! Die röntgenologische Darstellung meiner Halswirbelsäule ließ zwar zu wünschen übrig, doch als Ursache für meine unerträglichen Schmerzattacken kam sie wohl nicht in Frage... So lautete die Meinung des letzten Facharztes... Zumindest wußte ich jetzt, daß ein Tumor auszuschließen war, das war schon mal etwas, doch meine Beschwerden hielten unvermindert an und nur mit Schmerzmitteln hielt ich mich mehr schlecht als recht auf den Beinen.

Ein altes Sprichwort sagt: „Wenn die Not am größten, dann ist Gott am nächsten..."

Ich blätterte in einer Illustrierten und sah die ästhetisch schönen Abbildungen von einem Mann und einer Frau in Yogahaltungen im unverkennbaren „Iyengar-Stil". Der Artikel fand mein spontanes Interesse; es handelte sich um Herrn Dr. Hans-Wilhelm Müller-Wohlfahrt, den bekannten Orthopäden und Sportmediziner aus München, und seine Frau. Er pries die Wohltaten und Exaktheit speziell der „Iyengar-Methode", nach denen er selbst und auch seine Frau Yoga übten. Sofort wußte ich, daß ich zu diesem Arzt gehen mußte, daß er die Kompetenz besaß, mir endlich einmal genau sagen zu können, was mit mir nicht stimmte und warum meine Yogaübungen, für mich unerklärlich, aber dennoch eine Tatsache, einen gegenteiligen, negativen Effekt auslösten. Ein Orthopäde, der mit „Iyengar-Yoga" vertraut war, das war mein neuer Hoffnungsträger...!

Ich bekam bei Herrn Dr. Müller-Wohlfahrt meinen ersten Besuchstermin für den 6. Oktober 1995, um 13.15 Uhr. Da mein Sohn zu dieser Zeit in München wohnte, nutzte ich die Gelegenheit zu einem Besuch und reiste schon am Vorabend an. Ich verbrachte eine schlaflose Nacht in einem amerikanischen Wasserbett, auch das war eine Erfahrung der besonderen Art, und zählte am nächsten Tag die Stunden, die Minuten, bis ich endlich in die Praxis von Dr. Müller-Wohlfahrt, in der Fürstenfelder Str. 7, gehen konnte. Ich war per Taxe von Bogenhausen aus in die Stadt gefahren, wollte ursprünglich noch Geschäfte anschauen, das ein oder andere besorgen, doch mein Zustand verschlimmerte sich wieder bis zur Unerträglichkeit. An diesem Tag wollte ich keine Schmerzmittel einnehmen, da dies eine Diagnose erschwert hätte. Die letzte Stunde vor meinem Termin verbrachte ich in der „Theatiner-Kirche", im Zentrum von München, sie war in meiner Not ein Zufluchtsort, der es mir ermöglichte, die Schmerzen, die mich zu überwältigen drohten, zu kontrollieren, indem ich mich tief nach Innen zurückzog.

Nach einer zusätzlichen Wartezeit von fast zwei Stunden in der recht bewegten Praxis von Herrn Dr. Müller-Wohlfahrt – schließlich ist er der Vereinsarzt des FC Bayern München – bat mich eine freundliche Helferin in einem Besprechungszimmer Platz zu nehmen. Es dauerte nicht lange, bis ein großer, sportlicher Mann, braungebrannt und dunkelhaarig, eine glänzende Erscheinung, den Raum betrat. In meiner durch die anhaltenden Schmerzen gesteigerten Sensibilität spürte ich sofort eine sehr angenehme Energie von ihm ausgehen. Ich versuchte, sein Alter zu schätzen, was mir nicht so recht gelingen wollte, da er sehr jugendlich aussah und wirkte. Inzwischen weiß ich, daß er Jahrgang 1942 ist und im Zeichen des Löwen geboren. Als erstes sprach er mich auf Yoga an, da er auf dem Patientenblatt als Beruf Yoga-Lehrerin und selbständig gelesen hatte. Er war sichtlich beeindruckt von der Tatsache, daß ich eine persönliche Schülerin von BKS Iyengar und in

Indien ausgebildet war. Er sagte mir, daß er nicht nur selbst Yoga nach Iyengar übte, sondern auch all seinen zum Teil sehr prominenten Patienten Yoga empfehle und zwar nach dieser einmaligen Methode, die auf korrekte Ausrichtung und Streckung in den einzelnen Asanas aufbaute. Wir kamen zum Grund meiner Konsultation, meinem sichtbar lamentablen Zustand und ich übergab ihm die gewünschten, eine Woche alten Ergebnisse der Blutwerte: Kleines Blutbild, Rheumafaktoren, Spurenelemente, Elektrolyte, – wie ich bereits wußte, waren alle Werte bestens – die Röntgenaufnahme und die Computer-Tomographie.

Doch ehe er sich die Aufnahmen ansah, wollte er seine eigene Diagnose mittels Tastbefund stellen. Er diagnostizierte auf diese Art das, was er mir danach anhand des Röntgenbildes erklärte. Die Computer-Tomographie fand bei ihm nur wenig Interesse, er meinte, da könne man so gut wie alles hineininterpretieren, entscheidend für eine Diagnose sei für ihn eine einwandfreie Röntgenaufnahme. Bei Betrachtung des Röntgenbildes fragte er als erstes, ob ich vor mindestens fünfzehn Jahren eine Schilddrüsenoperation oder einen Unfall gehabt hätte, da es sich um die Spätfolgen eines Traumas handle. Ich bestätigte dies, es waren neunundzwanzig Jahre her, daß ich an der Schilddrüse operiert worden war, eine kosmetisch sehr schöne, kleine Narbe bezeugte dies... Er sagte mir, daß er jede Woche ähnliche Fälle habe und daß eine Extremlagerung des Kopfes in Narkose oft die Ursache für spätere Nackenbeschwerden sei.

Danach nahm er einen Stift und markierte auf dem Röntgenbild deutlich sichtbar die Bandscheibenschäden zwischen dem vierten und fünften Halswirbel, dem fünften und sechsten und dem sechsten und siebten. Dazwischen zeigten sich zapfenartige Knochenwucherungen, sogenannte Ekchondrosen, die durch Druck zusätzliche Nervenirritationen verursachten und von daher Störungen der Muskelfunktion. Seine Diagnose war C6 Wurzelreizsyndrom bei Bandscheibenschaden mit massiven Myalgien (Muskelschmerzen) im gesamten Nackenbereich.

Er sah mich mit besorgtem Gesichtsausdruck an und erkundigte sich, ob mein Yoga-Institut meine Existenz sei, was ich bejahte. Danach erklärte er mir, daß alles, was ich zur Zeit übe, kontraproduktiv sei, ich selbst könne gar nichts mehr machen, ich müsse mir nur noch helfen lassen! Zu dieser Feststellung war ich inzwischen ja selbst gekommen, doch nun hatte ich eine Erklärung!

Wir besprachen, ob eine wöchentliche Behandlung aufgrund der Distanz Saarbrücken-München in Frage käme, da er überzeugt war, mir helfen zu können. Ich war natürlich sofort einverstanden, nicht ahnend, wie das in der Praxis aussehen würde. Die erste Behandlung fand sogleich statt. Als ich auf einem Hocker sitzend, den Kopf nach vorn auf der Behandlungsliege ablegte und den Nacken frei machte für acht Injektionen und sechs Infiltrationsanästhesien kleiner Bezirke, kam mir spontan eine Erinnerung aus einem Teil meines Wissens, das mein Geist in früheren Zeiten gespeichert hatte und das in dem unbewußten Teil meines heutigen Ichs begraben lag: Mein Tod unter der Guillotine vor etwas mehr als zweihundert Jahren...

Nach der Behandlung, als ich den Kopf hochzunehmen und aufzustehen versuchte, fiel ich um. Ich lag fast eine Stunde auf der Behandlungsliege, bis ich, noch immer schwindlig, einigermaßen stehen und mit Unterstützung gehen konnte. Der nächste Behandlungstermin war für den folgenden Freitag festgelegt. Ein herbeigerufener Taxifahrer, der sich mit Patienten dieser Praxis schon auskannte, stützte mich bis zum Aufzug und von da ins Taxi.

Die Intensität meines inneren Dialogs – oder besser Monologs? – in den folgenden Stunden und Tagen entzieht sich meiner Fähigkeit des Verbalisierens.

Ich bat meinen Sohn Daniel, sich umgehend nach einer Rückflugmöglichkeit nach Saarbrücken zu erkundigen. Es klappte mit einer Buchung bei der Lux Air. Als ich an diesem 6. Oktober 1995, abends um halb elf Uhr meine Wohnungstür in Saarbrücken aufschloß, ließ ich buchstäblich alles fallen, auch mich selbst, und gab dem tiefen physischen, psychischen und mentalen Schmerz Raum.

Noch zweimal habe ich die mit der Behandlung verbundenen Strapazen auf mich genommen. Es ging mir gar nicht gut, zu den anhaltenden Schmerzen war ich absolut kraftlos, energielos. Der Schock eines irreversiblen Befundes saß tief und lähmte meine Anstrengungen, mit der gegebenen Situation entsprechend umzugehen. Beim dritten Besuch besprach ich mit Herrn Dr. Müller-Wohlfahrt meine Yoga-Übungsmöglichkeiten: Kopfstand sei passé, vielleicht käme irgendwann einmal wieder die Kerze in Frage, ansonsten nur Übungen, bei denen der Kopf unbeteiligt bleibt, möglichst am Boden liegend, kein Heben der Arme... Dr. Müller-Wohlfahrt sah mir wohl meine Gedanken an und meinte: „Eine Fach-Frau wie Sie wird Wege finden, mit den gegebenen Umständen zu leben und zu arbeiten..." Auch Autofahren, überhaupt langes Sitzen und Langstrekkenflüge seien zu vermeiden. Im übrigen müsse ich die Taubheit in meinen Fingern und die Schwierigkeiten im rechten Bein stets aufmerksam beobachten, denn im Falle einer Lähmung müsse ich umgehend eine Neurologische

Klinik aufsuchen, da im schlimmsten Fall eine Querschnittslähmung drohe. Was für Botschaften...!

Durch Nebel bedingt, der Jahreszeit entsprechend, fiel der nächste Flug nach München aus. Danach gab ich die Behandlung, die sich über viele Monate erstreckt hätte, notgedrungen auf. Ich hätte an Ort und Stelle sein und mehr Zeit haben müssen, der erforderliche Aufwand überstieg meine Kräfte und Möglichkeiten.

Das Erlebte löste in mir einen starken Konflikt und Angst aus. Die Versuchung, mit Ärger und Depression zu reagieren war groß! Doch ich wußte, selbst in diesem existenzbedrohenden Moment meines Lebens, daß Seelenfrieden immer eine innere Angelegenheit ist und daß nur ein friedvoller Geist in der Lage ist, eine friedvolle Wahrnehmung der Welt zu vermitteln. Meine Aufgabe war es, neue Möglichkeiten zu entdecken, meine Bereitschaft zu mobilisieren, die eigene Wahrnehmung und Einschätzung zu verändern und den Sinn und Zweck der mir auferlegten Prüfung zu erkennen und entsprechend zu reagieren. Das alles mußte im Hier und Jetzt geschehen, ohne Projektionen in die Vergangenheit und ohne Ängste vor der Zukunft. Ich mußte versuchen, meine tiefste Überzeugung, das „Vertrauen in das Nichtwissen“, die ich lehrte, auch weiterhin selbst zu leben.

Wandlungen

Jeder Weg ist nur ein Weg, und es ist kein Verstoß gegen sich selbst oder andere, ihn aufzugeben, wenn dein Herz es dir befiehlt... Sieh dir jeden Weg scharf und genau an. Versuche ihn so oft wie nötig. Dann frage dich, nur dich allein: [...] Ist es ein Weg mit Herz? Wenn ja, dann ist es ein guter Weg; wenn nicht, ist er nutzlos.

Carlos Castaneda, *Die Lehren des Don Juan*

Die schicksalhafte Diagnose mit der vorgegebenen Problematik war Auslöser für einen Wandlungsprozeß in verschiedenen Bereichen, äußerlich betraf er meine Lebensführung, Yoga mit eingeschlossen, innerlich galt es eine Neudefinition sowohl meiner Wertvorstellungen als auch meiner eigenen Identität vorzunehmen, es ging darum, die konkreten Probleme im Sinne von Wachstum zu nutzen und zu lösen. Dazu waren Erkenntnisprozesse erforderlich, das bedeutete, mir neues Wissen anzueignen und es in Erfahrung umzusetzen. Meine Yogaarbeit, sowohl an mir selbst als auch existentiell, war von der Neuorientierung besonders betroffen. Wissen und Erfahrungswerte aus der Vergangenheit konnten als Stütze dienen, doch die Änderungen, die jetzt erforderlich wurden, hatten mit Neuerungen zu tun und nicht mit Vergangenem, dessen war ich mir sehr bewußt. Hatte ich dreißig Jahre täglich „Kopf gestanden“, so hieß es jetzt, mein Leben auf den Kopf zu stellen... Disziplin und Mut gehören Gott sei Dank zu meiner charakterlichen Grundausstattung, beides brauchte ich jetzt in hohem Maße.

Die wieder entdeckte Malerei war mir in dieser Situation eine große Hilfe und Möglichkeit, mit meinem inneren Sein auf die äußeren Gegebenheiten zu antworten durch Ausdruck von Farbe und Form auf der Fläche der Leinwand. Durch die Möglichkeit, mir in meinen Bildern selbst zu begegnen und zu antworten, fand ich einen Weg, „zu mir selbst zu kommen". Der Zustand des Schaffens versetzte mich in jenen Zustand der Aufmerksamkeit, der nicht vom kritischen Verstand und zweckgebundenen Willen regiert wird. Ich war offen nach innen und nach außen. In der künstlerischen Gestaltung konnte ich einer Einheit und Ganzheit Ausdruck verleihen, die in der Wirklichkeit nicht sichtbar ist. Das Unbewußte verlieh meinen Bildern eine Bedeutung und eine Aussage, die über den vordergründigen Sinn weit hinausreichten.

Die Thematik meiner Bilder befaßte sich in dieser Zeit immer wieder mit der offenen Landschaft, wo hoher Himmel und flaches Land oder Wasser aneinandergrenzen, dazwischen die waagrechte Linie des Horizonts, „Wüste" war das Thema eines Bilder-Zyklus, „Indien" das eines anderen. Doch immer wieder erschien das Bild des Weges, der mich faszinierte, der Weg als Symbol des Aufbruchs, des Gehens und „der Weg als das Ziel"... Viele Bilder kamen mir in der Meditation als Vision, der ich dann nur noch künstlerisch Ausdruck zu verleihen hatte. Andere entstanden durch Impressionen, die ich spontan in einer auffallenden Leuchtkraft der Farben umsetzte. Die Begabung meiner Augen, die Kraft meines Geistes und die Lebendigkeit des Herzens schenkten mir durch die Malerei einen Zugang zu meinem Wesen, zu der Quelle, aus der ich für den Alltag Kraft schöpfen konnte, der in dieser Zeit höchste Anforderungen an mich stellte.

Ein Höhepunkt dieser überaus reichen Schaffensperiode war meine erste Ausstellung im Mai 1996. Die Worte von Hermann Hesse, die ich für die Vernissage-Einladungen gewählt hatte, entsprachen so ganz meinem eigenen Empfinden:

> „Ein Bild soll zeigen, daß die Unschuld der Natur, das Schwingen von ein paar Farben auch inmitten eines schweren und problematischen Lebens zu jeder Stunde wieder Glauben und Freiheit in uns schaffen kann."

Mein künstlerisches Schaffen war der aufbauende, harmonisierende Teil dieser Zeit, meine Yoga-Praxis war der andere, mich jetzt belastende Teil, da er mit Schmerzen und Frustration verbunden war.

In Jahrzehnten hatte ich durch diszipliniertes, tägliches Üben minutiös ausgearbeitete und bis ins Detail perfektionierte Körperhaltungen (asanas) erlernt, die mein physisches Wohlbefinden regulierten über Dehnungen der Muskeln, Beruhigung oder Anregung der Drüsenfunktionen und der inneren Organe. Ich hatte eine gewisse Kontrolle über das vegetative Nervensystem erreicht und dadurch die Fähigkeit erlangt, zwischen körperlichen und seelischen Vorgängen harmonisierend einzugreifen. Mein Körper war verläßlich diszipliniert durch „asanas", die Atmung reguliert durch „pranayama" und das „Zurückziehen der Sinne", „pratyahara", als Vorstufe zu Konzentration und Meditation, beherrschte ich meisterlich. Meine geistige Verfügbarkeit und mein Gedächtnis waren gefestigt. Doch all die Wohltaten, die dem Übenden sozusagen als Nebenprodukte auf dem Yoga-Weg zufallen, blieben in meiner jetzigen Situation aus. Ich empfand einen ausgesprochenen Mangel und Disharmonie in meinem gesamten System, das Feinstoffliche mit eingeschlossen, alle Bemühungen, jede erprobte Übungsfolge, waren auf einmal kontraproduktiv. Ich saß in einer Falle, so empfand ich mich in dieser Zeit. Mir war klar, ich mußte aktiv werden!

Als erstes holte ich meine Anatomie-Bücher und begann über Wochen zu studieren: Bewegungsapparat des Halses, Innervation und Wirkung der Halsmuskulatur, Oberflächenrelief des Halses und tastbare Skelettteile, Gefäß-Nervenstrang des Halses zum Kopf, Lage der Halsorgane, Leitungsbahnen im Hals- und Kopfbereich, Venen, Lymphstämme und Lymphknoten, Nerven, Nervengeflechte und Ganglien...

Mein theoretisches Wissen wurde beachtlich, doch in der Praxis des Übens war alles beim Alten... Ich konnte jetzt fast jeden Muskel, der schmerzte, lateinisch benennen, sah sofort vor meinem geistigen Auge die mich stets beeindruckenden Abbildungen aus dem Sobotta/Becher *Anatomie-Atlas*, konnte mir jedoch selbst nicht weiterhelfen.

Ich mußte einen neuen Zugang zu meinem Körper – oder zu mir selbst – finden, so viel war mir über meinem Studien-Aktivismus klar geworden, doch das Wo und Wie ansetzen, blieb mir verborgen.

Im menschlichen Gehirn gibt es ungefähr zwölf Billionen Zellen und jemand soll gesagt haben, daß viele von ihnen arbeitslos sind. Ich bat meine Intelligenz, mein Suchen zu unterstützen. Dabei hatte ich mir fest vorgenommen, das Einnisten von Zweifel zu verhindern, da es mein Weiterkommen bei der Suche nach einem neuen, situationsgerechten Weg blockieren würde. Vielleicht mußte ich lernen zu verlernen?

Ich suchte mir in Dr. Janine Fontaines Buch *Heilung beginnt im Unsichtbaren* die „Begrüßungsworte" von Agpaoa heraus, die er an seine Patienten gerichtet hatte. Da hieß es unter anderem:

> Ihre Leiden umfassen Ihren seelischen Kummer und Ihre Ängste. Die Mitarbeit des Patienten ist unerläßlich. Ich bitte Sie daher dringend, verbannen Sie aus Ihren Gedanken jeden klinischen Befund, aus dem Sie entnommen haben, daß Sie von einer unheilbaren Krankheit befallen sind. Geistheilung kennt keine derartigen Grenzen... Geben Sie weder dem Schicksal noch Ihrer Umgebung die Schuld daran. Nehmen Sie vielmehr Ihr Problem selbst entschieden in die Hand...

Mir war sehr wohl bewußt, daß die Harmonie meiner Körper auf den vier Ebenen gestört war, körperlich, emotional, intellektuell und spirituell, doch mein Suchen nach Lösungsmöglichkeiten orientierte sich immer wieder an vergangenen Programmierungen und Erfahrungen anstatt neue, ungeahnte Möglichkeiten im Umgang mit meinem Körper – mit mir selbst – zu entdecken. Mit allen mir möglichen Mitteln wollte ich den Schlüssel zu meinem Körper, der mir verloren gegangen war, wiederfinden. Den Verlust von Vitalität, Wohlbefinden und Selbstbestimmung erlebte ich sehr schmerzhaft. Mein Körper war mir mit all seinen spürbaren Einzelteilen eine Last geworden und der gewohnt disziplinierte Umgang mit mir selbst eine Belastung.

Ich fing an, bewußt auf meine Empfindungen zu achten, meinen Körper als mich selbst wahrzunehmen. Bei meinem täglichen, unbeirrten Üben begann ich, meine Physis als eine unteilbare Einheit zu betrachten und zu spüren und jede Bewegung behutsam mit der Intelligenz der Muskeln

Ilse M. Zielasko

Die Wüste blüht

auszuführen, nichts zu erzwingen, was meinem Körper in der gegenwärtigen Lage nicht mehr entsprach. Meine Muskeln mußten lernen, für mich und nicht mehr gegen mich zu arbeiten, die Nervenimpulse zwischen Muskeln und Gehirn mußten differenzierter werden, Automatismen, die sich im Lauf der Jahre gebildet hatten, hieß es zu unterbrechen, Spontaneität und absolute Offenheit waren jetzt gefragt.

Wenn ich am Boden auf meiner Übungsmatte lag, nahm ich mir Zeit, viele Details zu erspüren, sei es der Bodenkontakt meines Hinterkopfes, wie viele meiner dreiunddreißig Wirbel konnte ich am Boden fühlen, war ich in der Lage, den Lendenbereich mit den fünf Wirbeln und dem Kreuzbein abzulegen, warum preßte ich dabei meine Kiefer zusammen, warum klebte meine Zunge am Gaumen und vieles mehr... Ich arbeitete zuerst mit einer Körperseite, danach mit der anderen, lernte sanfte und präzise Bewegungen auszuführen, die meine total verspannten Muskeln lösten, so daß mein ganzer Körper sich allmählich wieder geschmeidiger fühlte. Es gab Rückfälle und gibt sie immer wieder. Eine falsche Bewegung oder eine ungünstige Schlafstellung bescheren mir auch heute noch Schmerzen und das Gefühl, daß mein Kopf, mein Hals, meine Schultern und Arme in einem Panzer gefangen sind. Doch ich gab nicht auf und meine Achtsamkeit richtete sich auf eine neue Sinneserfahrung und weniger auf die visuellen Wahrnehmungen. Nach und nach wurden meine Bewegungen in den verschiedenen Übungsabläufen natürlicher und ich verstand, wie die Bewegung eines Körperteils vom ganzen Körper erfahren wird und wie seine Einheit in der Gleichzeitigkeit und Übereinstimmung von Bewegungen besteht, die nicht gegeneinander wirken, sondern einander ergänzen. Ich fand auch meinen eigenen Rhythmus, mein eigenes

Tempo heraus, respektierte beide und ließ mir Zeit, neue Empfindungen zuzulassen und zu entdecken. Mein Üben war genau und präzise, wie vorher, doch eine neue Feinfühligkeit war hinzugekommen und ihr galt jetzt meine besondere Aufmerksamkeit.

In meinem Unterrichtsstil mußte ich einiges ändern, da ich die meisten Übungen nicht mehr selbst vormachen konnte. Meine verbalen Übungsansagen mußten so präzise sein, daß meine Schüler genau verstehen konnten, was zu tun war und gleichzeitig ermutigt wurden, auf ihre eigenen Sinneswahrnehmungen zu achten, anstatt zu versuchen, mich zu imitieren. So, wie ich selbst gelernt hatte im Umgang mit meinem Körper, mich differenzierter zu sehen und sensibler zu spüren, konnte ich nun auch andere in dieser neuen Qualität wahrnehmen und ihnen helfen, sich selbst für eine neue Achtsamkeit zu sensibilisieren. Meine Unterrichtsstunden sind nie vorbereitet, ich habe ein Schwerpunktthema, wie zum Beispiel „Standübungen“, „Vorwärtsbeuge-Übungen“, „Rückwärtsbeugen“ und so weiter, doch bei der Ausführung richte ich mich ausschließlich nach den Teilnehmern. Es genügt mir, sie anzusehen, um zu wissen, was sie nötig haben und mit welchen Schwierigkeitsgraden sie belastbar sind.

Mein Körper wurde mir in kleinen, behutsamen Schritten, trotz der unabänderlichen Bandscheibenvorfälle, wieder vertrauter. Allmählich gewann ich wieder die Freude am Üben und am Leben zurück. Es entwickelte sich ein neues Vertrauen und Wohlbefinden, nachdem es mir gelungen war, auf die Wünsche und Möglichkeiten meines Körpers einzugehen, anstatt ihn wie ein Tier zu dressieren. Unser Körper sucht nach Gründen, warum er geworden ist, was er ist. Er will die Geschichte, die er erzählt, „verstehen". Durch mein körperliches „Mißgeschick" lernte ich, daß Sich-Entwickeln nichts anderes heißt, als von Anfang zu Anfang zu gehen, immer wieder zu wagen, immer wieder zu beginnen!

Ich war auf einem neuen Weg, einem Weg der Wandlungen; ich war dabei, mein Leben und Erleben, außen und innen, neu zu definieren, indem ich konkret meine neu gewonnenen Erkenntnisse in die Praxis umzusetzen versuchte. Das Ziel des Weges, den ich seit Jahrzehnten verfolgt hatte, war schließlich Weisheit, Überwindung der Polarität, Vollkommenheit und Vereinigung mit Gott. Dabei war Yoga meine Orientierungshilfe, meine Wegweisung und ich durfte jetzt nicht dem Fehler verfallen, das Hilfsmittel mit dem Weg zu verwechseln...! Ich stellte mir die Frage, gibt es überhaupt einen Weg, den es zu gehen gilt, um „woanders hin" zu kommen? Geht es am Ende gar nicht darum, die Gegenwart immer wieder dazu zu benutzen, um weiterzukommen? Die Weisen und Mystiker aller Zeiten haben etwas anderes gelehrt...

Analog zu meinem persönlichen Wandlungsprozeß kam ein Ereignis in der Außenwelt, das diesen unterstützen, ja beschleunigen sollte. Es gibt eben keinen Zufall und hinter jedem Ereignis steht eine Gesetzmäßigkeit, auch wenn wir diese meist nur retrospektiv erkennen können.

Es kam eine Einladung von den Berliner Iyengar-Yoga-LehrerInnen zu einem Vortrag von BKS Iyengar am 10. Oktober 1996 in der Kongreßhalle in Berlin. Diese Gelegenheit wollte ich zu einem Wiedersehen mit Mr. Iyengar nutzen und dachte daran, ihm in einem persönlichen Gespräch meine neue Körperproblematik zu schildern, in der leisen, mir selbst kaum eingestandenen Hoffnung, wieder einmal einen hilfreichen Hinweis zu bekommen, wie ich noch besser mit meiner Nackenproblematik umgehen könnte. Nach unserem letzten Treffen in Paris hatte ich nicht gewagt, mich in einem Brief um Hilfe an ihn zu wenden.

In der Nacht vor dem Abflug nach Berlin hatte ich einen wichtigen Traum, den ich, mit einer Skizze versehen, in meinem Traumtagebuch festhielt:

> In einem großen Raum steht ein langes Buffet, an dem ich etwas vorbereite... Mr. Iyengar ist im Nebenzimmer, das weiß ich... Vor mir stehen zwei große weiße Kuchenplatten mit weißen und rosa Tortenstücken. Zu meinem Erstaunen fehlen auf jeder Platte mehrere Stücke, mitten heraus, ohne bestimmtes Muster. Ich bin entsetzt! So geht das nicht!... Ich nehme eine dritte weiße, leere Kuchenplatte und ordne eine neue, ganze Torte an, weiß und rosa symmetrisch aufgeteilt. Dabei bin ich hoch erstaunt, daß jedes einzelne Kuchenstück komplett mit Glasur überzogen ist, es gibt keine Schnittflächen... Ich sehe das fertige „Kuchen-Mandala" vor mir und wache sehr beunruhigt auf...

Auf eine Interpretation möchte ich verzichten, da die kommenden Ereignisse in einer sehr deutlichen Sprache meine beunruhigende Vorahnung erklären werden, die den Trauminhalt betraf.

In Berlin traf ich mich mit einer befreundeten Kollegin im „Hotel Kempinski", in dem ich bisher bei jedem Berlin-Besuch gewohnt hatte, allerdings mit Ehemann. Ein Stück Vergangenheit mit angenehmen Erinnerungen lebte hier wieder auf.

Am Nachmittag traf ich Mr. Iyengar in einem sehr schönen Yoga-Studio eines Berliner Kollegen, umringt von Presse und Iyengar-Yogalehrern, die aus ganz Deutschland angereist waren. Ein langes Buffet war aufgebaut und der Käse begann bereits empfindlich meine Nase zu irritieren. Nach dem offiziellen Teil verabschiedete ich mich und dachte, daß ich bei der Abendessen-Einladung im kleinen Kreis nach dem Vortrag in der Kongreßhalle mein persönliches Gespräch mit Mr. Iyengar ungestörter führen könne als in diesem Rahmen. Ich dachte..., doch es kam ganz anders!

Um acht Uhr abends saß ich ganz vorne an der Bühne in der Kongreßhalle, als Mr. Iyengar mit Verspätung die Bühne betrat. Nach einleitenden Darbietungen kam schließlich der Vortrag, das Kernstück der Veranstaltung. Mr. Iyengar nahm vor dem Mikrofon Platz, links und rechts flankiert von einer deutschen Yoga-Expertin, die bei den Sanskrit-Ausdrücken behilflich sein sollte, und einer Übersetzerin. Was sich dann abspielte, wurde in einem Bericht der *Wochenpost* vom 7. November 1996 wie folgt geschildert:

> Mr. Iyengar referierte über die „Kunst des Yoga". Yoga ziele auf die Vereinigung von Körper, Seele und Geist, auf die Einheit des individuellen Selbst und dem universellen Geist, der kosmischen Intelligenz. Die Yogis unterteilen den Körper in fünf Schichten, den physikalischen Körper, den physiologischen, den mentalen, den intellektuellen und den „bliss body", den Körper der Glückseligkeit, und diesen Schichten seien die Elemente Erde, Wasser, Feuer, Luft und Äther zugeordnet.

In diesem allgemein-philosophischen Stil ging es weiter und weiter. Immer mehr Sanskrit-Begriffe aus den Yogasutren des Patanjali tauchten auf, jenem Urvater des Yoga von vor zweitausend Jahren, den Iyengar als seinen „ersten und vornehmsten Guru" verehrt. Sie blieben unübersetzt, unerklärt. Aber auch mit dem, was verständlich war, war die Übersetzerin hoffnungslos überfordert.

Iyengar spürte, daß er so nicht durchkam zu den eintausend Leuten, die ihm da überaus geduldig zuhörten. Und so schritt er beherzt zur Propaganda der Tat. Etwa fünfzehntausend Yogademonstrationen habe er hinter sich, aber so was könne er nicht mehr: In zwei Monaten werde er achtundsiebzig, als „senior citizen", als älterer Mitbürger, überlasse er nun den Jüngeren die Praxis. Aber ein „educational artist", ein Künstler der Yogaerziehung, sei er noch immer, und dafür werde er sich nun umziehen.

Als Iyengar die Bühne wieder betrat, trug er nur noch eine blaue Badehose. Über deren Bund hing sein Bauchfleisch gute drei Zentimeter herab: „Lieber Gott mit Bauch", hieß es später in der *taz*. Hinter ihm breiteten ein paar Dutzend Schüler ihre Matten aus und warteten auf die Anweisungen ihres Meisters.

Doch den hielt es nicht länger: Diesem Auditorium mußte er einfach zeigen, wie toll er selbst es immer noch kann. Die Schüler hinter ihm, die mitzumachen versuchten, waren jetzt nur noch Staffage, schlechte Beispiele. Auf dem Kopf stand der kleine Mann, grätschte die Beine, schwenkte den Leib virtuos nach links und rechts und triumphierte: „Schaut meine Brust an, schaut ihre Brust an! Schaut, wie leicht mein Körper ist, wie schwer ihrer!"

Immer lauter brandete der Beifall durch den Saal, und Iyengar genoß seine Show. Zum Schluß grüßte er Hanuman, den „Superman“ der indischen Mythologie, und verriet sein letztes Ziel: „to die healthily“, gesund zu sterben, majestätisch und nobel.

Ich war geschockt von dieser Vorstellung, schaute meine Freundin an, ihr ging es ebenso. Wir fanden keine Worte, um das auszudrücken, was in dieser Show an innerem und äußerem Erleben stattgefunden hatte...

Spontan stand ich auf und ging über die leere Bühne zu Mr. Iyengar, der als Letzter noch an der Seite stand und sich unterhielt. Ich formulierte eine Entschuldigung, warum ich an dem nun vorgesehenen Essen nicht mehr teilnehmen würde und fragte, ob ich am nächsten Morgen mich telefonisch melden dürfe. Nichts Besonderes im Umgang zwischen ihm und mir in der Vergangenheit, doch jetzt blitzte er mich wütend an, riß dabei beide Arme hoch, als wolle er ein Gespenst verjagen und zischte: „you don't ask me anymore“, drehte sich um, ließ mich stehen und ging die Bühnenstufen hinunter... Dieser bedeutungsvolle Satz hatte mich schon einmal in Paris geschockt, doch auch dieses Mal traf er mich wieder wie ein Blitz aus heiterem Himmel! Im Hotel angekommen, legte ich mich in ein warmes Badewasser und ließ meinen Tränen freien Lauf. In der schlaflosen Nacht mußte ich mich mehrfach übergeben, die Galle lief mir im wahrsten Sinn des Wortes über und ich suchte nach einer Antwort auf die Frage, warum Mr. Iyengar sich in einer solchen Art und Weise verhalten hatte.

Das Erlebte stellte alles in Frage, was in zwei Jahrzehnten zwischen meinem Meister und mir gewachsen war, zerschlug unvorhergesehen mein bis dahin feststehendes Yoga-Weltbild, alles, was bisher für mich außer Frage stand, war mit einem Schlag fragwürdig geworden. Ich erlebte einen Zusammenbruch des Vertrauens in die Tragfähigkeit meines Yoga-Verständnisses, das mit seiner Person so eng verknüpft war. Die Komplexität des Erlebnisses verlangte wieder einmal eine Neudefinition auf verschiedenen Ebenen, ein wahrlich schmerzhafter transformativer Prozeß. Ich brauchte Zeit, um verstehen zu können, wofür es rational keine Erklärungen gab, Zeit, um nicht zu werten oder zu urteilen, wo etwas ganz Anderes gemeint war, Zeit, um wieder „Vertrauen in das Nichtwissen" zu finden.

Am nächsten Tag hatte ich ein Seminar mit Dr. med. Dr. phil. Stanislav Grof gebucht, der zur gleichen Zeit wie Mr. Iyengar in Berlin weilte. Ich habe alle seine Bücher mit großem Interesse gelesen und in mancher Schilderung einen Bezug zu mir selbst herstellen können. Ich freute mich sehr auf diese Begegnung, hatte sie mir schon lange gewünscht. Mein persönlicher Eindruck war so positiv, daß ich mich ermutigt fühlte, Herrn Dr. Grof um eine persönliche Unterredung zu bitten. Er gab mir am Ende unseres Gesprächs den Rat, mir für meinen weiteren Weg einen tibetischen Meister zu suchen... Doch schon das Wort „Meister" war unter den momentan gegebenen Umständen eher ein Reizwort als eine verheißungsvolle Zukunftsperspektive.

Der Schmerz und die Betroffenheit über die so jäh und endgültig abgebrochene Beziehung zu meinem Meister saß tief. Auch die Iyengar-Methode, wie sie sich in Berlin dargestellt hatte, war für mich inakzeptabel geworden. Von Gewaltlosigkeit, einer yogischen Grundsatzforderung, war in dieser Show nichts mehr zu erkennen, sondern das Gegenteil, allein das Zuschauen tat weh!

Meine Ölbilder aus dieser Zeit sind Ausdruck meines innerseelischen Geschehens und ihre Titel und Themen sprechen für sich selbst: *Die zerbrochene Form*, *Metamorphose*, *Der endlose Weg*, *Evolution und Involution*.

Altes mußte „sterben", damit Neues sich entwickeln konnte.

Während meines transformativen Prozesses, der durch das Erlebnis mit Mr. Iyengar eine Intensivierung erfahren hatte, wurde ich mir immer mehr bewußt, daß ich in meiner Yoga-Arbeit autoritär festgelegten Ordnungen und „eingefleischten" Vorstellungen verhaftet war. Es galt, mich von den einst wichtigen Wertordnungen zu lösen, vor allem von der Autorität des Meisters, um mit meiner eigenen Individualität wieder mehr in Kontakt zu kommen. Dies verlangte eine unverstellte Offenheit für das Leben und meine Arbeit, mit der eine unvermeidliche Verletzbarkeit einhergeht. So blieben Auseinandersetzungen mit meiner Umwelt, in Beziehungen, nicht aus. Sie hatten oft einen feindlichen Charakter, doch ich bemühte mich, dieses Geschehen für meinen Neu-Werde-Prozeß fördernd umzusetzen, wissend, daß jede Kränkung auf den Verursacher selbst zurückfällt.

In diese Zeit fiel auch der „Schlüssel-Traum", auf den ich am Ende dieses Kapitels näher eingehen möchte.

Mein „Berliner-Erlebnis" war Auslöser einer Wandlung sowohl auf mich bezogen als auch auf die Kontakte zu meinen Schülern, eine Auflösung überholter Zielsetzungen in meinem Beruf und in meiner häuslichen Umgebung wurden fällig. Ich spürte einen Zuwachs an Energie und Enthusiasmus, und es galt, diese in einer realistischen, situationsgerechten Haltung zu kanalisieren.

Meine Seminartätigkeit hatte ich inzwischen aufgegeben. Zuerst mußte ich mein eigenes Rad der Verwandlung weiter drehen und meinen Gesundheitszustand stabilisieren, ehe ich anderen wieder in der intensiven Form der Seminararbeit weiterhelfen konnte und wollte. Die Hindernisse, die sich mir im Alltag entgegenstellten, es waren nicht wenige, versuchte ich als Wachstumschance zu nutzen. Dieser Aspekt konkretisierte sich schließlich in einem Ortswechsel von Wohnung und Institut. Nach langem Suchen ergab sich eine für meine heutige Situation ideale Möglichkeit, Privat- und Unterrichtsräume auf einer großzügigen Etage zu vereinen und dies in einer überaus bevorzugten Wohnlage, direkt am Saar-Ufer gelegen, mit weitläufigen, gepflegten Grünanlagen vor der Haustür und den für meine Schüler wichtigen Parkmöglichkeiten.

Am 1. April 1998 war dann der Umzug in meine neue Umgebung ein sichtbares Zeichen für die in meinem innerseelischen Bereich stattgefundenen Veränderungen. Die Straße meiner neuen Adresse trägt den Namen des Schriftstellers und Lyrikers Emanuel Geibel, (*Der Mai ist gekommen...* stammt von ihm), und die Hausnummer 1... Hier begann ich dann im Mai über meinen Weg der Suche zu schreiben.

Erwähnenswert ist auch die Tatsache, daß ich zum vierten Mal ein Yoga-Institut einrichtete, über die Zahl vier als Ganzheitssymbol habe ich an früherer Stelle bereits geschrieben.

Bei meinem Umzug mußte ich meine vielen Bücher einzeln in die Hand nehmen und neu ordnen. Dabei fiel mir ein Buch von Graf Dürckheim aus der Hand, buchstäblich vor die Füße, sein Titel war *Der Ruf nach dem Meister.* Ich nahm es auf und fand ein Lesezeichen auf Seite fünfundvierzig, dort hatte ich einen Absatz angestrichen, dessen Inhalt mich in diesem Augenblick wie ein Blitz aus heiterem Himmel traf:

Das Auftauchen des Meisters ist wie das Grollen des Löwen, Ankündigung eines Kampfes auf Leben und Tod. Es ist der Kampf, der keinem zu höherer Stufe bestimmten Menschen erspart bleibt. Es ist der Kampf, dem kein Berufener ausweichen kann. Es ist der Kampf, der das Größte verheißt, aber auch das Schwerste voraussagt: Das wirkliche „Stirb und Werde“, nicht einmal, sondern als ewige Formel des Weges.

Der Meister erfüllt nicht die Vorstellung eines Ideals vom rechten Menschen. Er entspricht nicht dem Bild dessen, der man sein sollte, im Sinne der traditionellen Werte des Schönen, Wahren und Guten. Was vom Meister ausgeht, ist dem braven Bürger ein Greuel, so wie dieser das unerschöpfliche Angriffsziel für die spitzen Pfeile des Meisters. Der Meister ist kein konsolidierendes Element, sondern eine revolutionierende Figur. Man weiß nie, was kommt. Er ist unberechenbar und widersprüchlich wie das Leben, denn er verkörpert das LEBEN, ist Leben und Tod, ist Yin und Yang im ewigen Umschwung. Er wirkt als schöpferische und zugleich erlösende Macht. Der Meister ist das Leben mit seinem Sterben, gefährlich, unbegreiflich und hart. Der Mensch strebt nach Frieden, Sicherheit, Harmonie; der Meister hebt auf, was sich soeben gesetzt hat, wirft um, was festzustehen scheint, löst auf, was sich band, zieht den Boden weg, auf dem man steht; denn es ist das Gehen gemeint, niemals das „Fest-Stehen“, das Weiterschreiten, nicht das Ankommen, die Verwandlung, nicht die Voll-Endung. Leben ist nur im Übergang. Der Meister hält das Leben am Leben im ewigen Übergang.

> Der Meister wirft das Wohlgeordnete um. Doch kaum ist es vernichtet, vorhandenes Gefüge zerbrochen, die Unordnung scheinbar vollkommen und der Schüler wie am Boden zerstört, so spürt dieser, wie etwas Neues sich bildet, neue Ordnung sich fügt, neue Gestaltung hervorwächst. Und er erkennt in der Härte des Meisters seine Liebe und den Sinn der Nacht, in die der Meister ihn stürzte: Denn ein neues Licht zieht unvermutet herauf.

Diese Worte meines inzwischen verstorbenen großen und hochverehrten Lehrers trafen mich ins Herz und ließen in mir eine tiefempfundene Dankbarkeit aufsteigen sowohl für ihn, meinen westlichen Meister, als auch für meinen östlichen Meister, Sri BKS Iyengar...

Mit dem Schlüssel-Traum habe ich meine Autobiographie begonnen und möchte den Kreis am Ende schließen, indem ich näher darauf eingehe. Dieser Traum zeigte mir nicht nur meine derzeitige Aufgabe, sondern er enthielt für mich eine „verschlüsselte" Botschaft, ja, eine Aufforderung, in Form einer Niederschrift meinen Wandlungen durch sechs Lebensjahrzehnte nachzuspüren und über diesen Weg zu einer Integration all dessen zu kommen, was ich als unterdrückte, personifizierte Seelenanteile unter Verschluß gehalten hatte, wie der Traum bildhaft aufzeigte.

C.G. Jung sagte einmal: „Das Unbewußte will ins Bewußtsein fließen, um zum Licht zu gelangen, das heißt: Gott will Mensch werden."

Mein „Traum-Abstieg" in die „Unterwelt" symbolisiert eine Kontaktaufnahme und Vermittlung zwischen den Tiefenschichten des Unbewußten und dem Bewußtsein, das auf diese Weise einen Erneuerungsprozeß initiiert. Der Abstieg in die selbst gebauten Mauern eines unterirdischen

Raumes führte mich in die Tiefen meiner eigenen Seele. Ich begegnete dort all den verdrängten, entfremdeten Aspekten meiner Identität. Ich hatte sie hinter einer Glaswand unter Verschluß gehalten, dort konnten sie mich nicht mehr bedrohen und bedrängen, ich wähnte mich vor ihnen in Sicherheit. Der Schlüssel wurde mir gereicht, ein symbolischer Akt der Aufforderung und der Möglichkeit zugleich, die abgeschlossenen, gefürchteten Aspekte, den Schatten, hereinzulassen. Die Tür ging nach innen auf und was da an Gestalten herein kam und an mir vorbei nach oben ins Licht stieg, war meine eigene Fehlbarkeit und Schwäche, meine Grenzen, meine Vorstellungen darüber, wie die Welt und ich selbst zu sein hätten, alles, was ich fürchtete und deshalb auf Distanz gehalten hatte, meine Bemühungen, anderen und auch mir selbst etwas beweisen zu müssen, die Last meiner eigenen Lebensgeschichte mit unbeantworteten Fragen und ungelösten Konflikten... Ich hatte den Kräften der Tiefe die Tür öffnen dürfen und war bereit zur Re-Integration.

Der Leser, der mir auf meinem Weg durch sechs Jahrzehnte gefolgt ist, mag sich die Frage stellen, was denn bei all diesen „Stirb-und-Werde-Prozessen" für mich subjektiv herausgekommen ist, wo und wie sich ein konkretisierbares Ergebnis zeigt. Mit der Beantwortung dieser Frage habe ich zugegebenermaßen meine Schwierigkeiten, denn es geht um einen inneren erreichten Zustand, wo die Lösung meiner Lebensproblematik und meiner Sinnsuche sozusagen im Verschwinden des Problems zu finden ist. Es ist mir klar geworden, daß es eigentlich nichts zu suchen gibt, daß die Heilung meines Leidens an der Bipolarität des Lebens in all ihren Spielarten und Ausprägungen da aufhört, wo ich die Gegenwart nicht mehr benutze, um „irgendwohin" zu streben. Das heißt für mich konkret, im Hier und Jetzt die volle Verantwortung für alles zu übernehmen, was mir widerfährt. Ich war lange genug davon ausgegangen und überzeugt, daß mir in meinem Leben viel Schmerzhaftes wider meinen Willen angetan wurde. Heute bin ich bereit, voll und ganz zu akzeptieren, was Alan Watts so formulierte: „Was dir passiert, ist dein eigenes Tun, dein eigenes Karma."

Die Probleme meines Lebens, gegenwärtige und zukünftige, sind damit nicht gelöst, doch meine Haltung ihnen gegenüber hat sich gewandelt, indem ich Selbstverantwortung übernommen habe. Am Ende meines Buches, das gegebenermaßen von der Vergangenheit handelt, bin ich bereit, diese loszulassen, ebenso das Planen und Sorgen für die Zukunft. Ich bin mir bewußt und akzeptiere, daß das Leben ein nie endendes Risiko ist! Dies ist kein Lippenbekenntnis, sondern eine oft genug schmerzhaft erfahrene Tatsache.

Meine Aufmerksamkeit richtet sich heute auf die Gegenwart, auf die Leiden und die Freuden, mich selbst betreffend und die Menschen meiner Umgebung, die JETZT sind, in diesem Augenblick, denn es gibt immer nur diesen und keinen anderen. Ich habe aufgehört, die Sinnhaftigkeit des Lebens zu hinterfragen, die Wahrheit zu suchen, zu kämpfen für mich und andere. Mein tiefster Wunsch entspringt meiner innersten Überzeugung: Einfach „dazusein" in kontinuierlicher Achtsamkeit für die Pflichten und die Freuden, die das Leben in dieser Inkarnation und darüber hinaus noch für mich bereithält.

Ich verabschiede mich von meinem geduldigen Leser, der mir bis hierher gefolgt ist, mit den an dieser Stelle passenden Worten von Hui-neng:

„In diesem Augenblick gibt es nichts, was anfängt zu sein. In diesem Augenblick gibt es nichts, was aufhört zu sein. Es gibt kein Geburt-und-Tod, das beendet werden müßte. Daher die absolute Stille in diesem gegenwärtigen Augenblick. Sie ist wohl in diesem Augenblick, doch dieser Augenblick hat keine Grenzen, und darin liegt ewige Freude.“

Bibliographie

BERTHERAT, Thérèse
Der entspannte Körper. München: Ehrenwirth, 1990

DÜRCKHEIM, Karlfried Graf von
- *Der Alltag als Übung*. Bern: Hans Huber, 1970
- *Der Ruf nach dem Meister*. Bern/München/Wien: Scherz, 1975
- *Erlebnis und Wandlung*. München: O. W. Barth, 1978
- *Überweltliches Leben in der Welt*. München: O. W. Barth, 1968

FONTAINE, Janine
Heilung beginnt im Unsichtbaren. München: Kösel, 1986

GROF, Stanislav und Christina
Spirituelle Krisen. München: Kösel, 1990

KLOSTERMANN, Michael
Auroville – Stadt des Zukunftsmenschen. Frankfurt a.M.: Fischer Taschenbuch, 1976

LINDENBERG, Wladimir
Über die Schwelle. München: Ernst Reinhardt, 1972

MERZ, Blanche
Die Seele des Ortes. München: Herold, 1988

WILBER, Ken
- *Mut und Gnade*. Bern/München/Wien: Scherz, 1991
- *Spektrum des Bewußtseins*. Bern/München/Wien: Scherz, 1987